바로 찾는 행복의 문

바로 찾는 행복의 문

和因 이종홍 지음

다산글방

1장

| 머리글

　이 책의 제목 '바로 찾는 행복의 문'에서 '바로'는 '곧바로'와 '올바로'를 동시에 뜻합니다. 필자는 다양한 업무분야에서 사람과 세상에 대한 생각을 넓혀왔고, 중년 초 무렵 직장 생활을 정리하고 나서 한동안 사업 준비 기간을 거치면서 여러 가지 인생 수양서를 접하게 되고 동서양의 고전도 살펴보며 삶의 문제를 깊이 생각하게 되었습니다. 공백 기간을 통해 인생의 쓴맛, 단맛을 피부에 닿게 느끼게 된 경험 또한 지금에 와서 보면 소중한 재산이 되었고 인생에 양념을 더해준 것으로 느끼게 됩니다.

　중국의 문인 구양수는 "사람들이, 시를 쓰는 사람은 가난해 진다고 하지만 가난해져 본 사람이 시를 잘 쓰게 되는 것"이라고 말했습니다. 가난해져 본다고 모두가 시를 잘 쓰게 되는 것은 아니겠지만 가난과 여유를 넘나들어 겪고 보면 쓰고 싶은 소재가 생기게 되는 것은 분명한 것 같습니다. 인생에 관한 통찰은 직업이나 연령을 떠나 모든 사람에게 공통의 과제임을 깨닫고 나서 처음에는 스스로의 살핌을 위해서, 한편으로는 자손들에게 남겨주겠다는 생각으로 인생의 과제를 정리해 보았습니다.

　원고가 대략 완성되고 나니 널리 알릴 만하다는 주변의 권고에 더욱 세심하게 살피고 다듬게 되었고 "자신에게 도움이 되는 말은 그 말을 누가 했느냐는 문제 되지 않는다"는 말에 용기를 얻어 출판의 뜻을 갖게 되었습니다. 대부분의 인생 지침서가 저자 나름의 전문 분야에 편중되어 인생의 전반적 부분을 함축할 수 없는 아쉬움이 있었기에 『한 권의 책』으로 초년기, 청년기, 장년기, 중년기, 만년기에 닥칠 수 있는 인생의 과제를 두루 살필 수 있도록 하였습니다. 만년에 내는 한 권의 책이니 감히 가벼운 마음으로 써 나갈 수 없었고 정성을 다하고 나니 요즘의 풍조로 책 읽기를 꺼리는 분들께도 『한 권의 책』으로 권해볼 만하게 되었습니다.

1장 「행복의 문」, 2장 「좋은 꿈」은 초년기의 과제(동시에 평생의 과제).

3장 「배움과 직업선택」, 4장 「역경과 희망」은 청년기의 과제.

5장 「인격」, 6장 「인간관계」는 장년기의 과제.

7장 「일과 경제」, 8장 「건강과 스트레스」는 중년기의 과제.

9장 「감사와 종교」, 10장 「나눔」은 만년기의 과제라 할 수 있는데 미리 읽어두고 과제별로 생각의 고비를 맞이할 때 다시 열어 보면 뜻이 새로워질 것입니다.

인생의 깨우침을 주고 참고가 되게 하여 주신 고금의 현인들과 가까이에서 인생의 조언을 들려주신 선후배 지인분 들께 감사의 말씀을 올립니다.

필자는 단지 그분들의 말씀과 명견을 체험과 고심으로 달여내 독자님들이 연령과 처지에 따라 마음에 담기 편하게 다듬어 엮었을 따름입니다. 편하게 다듬었어도 주제의 내용에 따라 소설을 읽는 것처럼 술술 넘기기 쉽지 않은 부분도 있겠는데 인생이 그렇게 어려운 것도 아니지만 그렇게 쉽기만 한 것도 아니기 때문이겠지요.

　차분히 생각하며 읽어 의미 속의 맛을 즐기면서 인생 설계에 작은 힌트가 되고 살아가는 과정에 마음의 잣대가 되며 아픔과 시련을 맞았을 때 의연한 극복의 단서가 되고 인생의 소명을 깨닫고 실현하는 동기가 되길 기원합니다.

　이 책은 감히 독자 여러분을 가르치려 하지 않습니다. 같이 생각을 나눠 보면서 공감되는 한두 개의 구절이 가슴에 담겨져 인생의 소양이 되길 기원합니다. 독자 여러분이 바로 저의 형제, 친지, 후배라는 애틋한 정으로 이 글을 바칩니다.

2019년 1월 19일

和因 이종홍

개정판을 내면서

애초의 생각이 자손들에게 남겨주겠다는 뜻이었기에 아들(한제)과 며느리(하나)의 결혼식 때 초판을 발행하여 자손과 양가 하객분들게 나누어 드렸습니다.

많은 하객분들이 『인생의 귀감이 될 글』이라며 가족, 친지들과 같이 읽겠다는 인사를 전해주셨고. 특히, 국문학에 조예가 깊은 박사님과 대기업의 연수부서 책임자분들이 나이를 떠나 누구에게나 도움 될 『현대판 명심보감』이라 할 만한 인생 수련의 잠언이라고 평가해 주셨습니다.

출판 후 세세히 살펴보니 다소의 오자도 눈에 띄고 문구의 연결이 매끄럽지 못한 부분도 있어 이러한 단점을 접어두고 좋은 평가를 해 주신분들께 송구한 마음이 더 커지게 되었습니다.

그분들이 접어둔 질책을 더 큰 질책으로 받아들여 미흡한 부분을 세세히 살펴 잘못된 부분을 바로잡고 약간의 내용을 더해 넣었으나 페이지를 늘려 장황하지 않고자 세세한 설명을 줄인 아쉬움은 여전합니다.

한문학에 조예가 깊으신 사촌 맏형님 한림원 이종덕 교수님과 국문학 박사이신 고교 동창 인하대 김석회 교수님께서 최종 원고를 살펴주셔서 오류의 걱정을 덜게 되었습니다.

초판부터 개정판까지 원고 정리에 도움을 준 딸(한경)과 사위(김민호)의 노고가 고맙고 편집을 도와주신 우림디자인과 득실을 접어두고 출판을 도와주신 다산글방에 감사드립니다.

필자도 지난시절 뚜렷한 인생의 지표를 터득하지 못하고 살아온 부분이 늘 안타까운데 독자분들은 인생의 큰 틀을 정할 때와 중요한 고비를 맞이했을 때 잠언(병을 고치는 침과 같은 말)을 처신의 잣대로 삼아 이러한 아쉬움이 없기를 바라는 마음으로 이 글을 바칩니다.

침은 효험이 빠르고 여럿에 놓아주어도 줄어들거나 무뎌지지 않으니 잠언의 힘도 이와 같을 것입니다.

『한 권의 잠언』을 남기는 것이니 흠결없이 알차게 하고자 퇴고에 고심을 겪었으나 완벽은 본시 범부의 역량 밖인지라 이 글은 생각의 틀만 열어드리고 독자 여러분의 관심과 호응으로 보완되어 널리 전파되고 계승되어가길 기원합니다.

2022년 6월 21일 (나로호 쏘아올린 날)

和因 이종홍

차례

1장 행복의 문 — 13

- 01 잊어버린 행복 _ 16
- 02 행복의 걸림돌 _ 23
- 03 행복 찾기 _ 26

2장 좋은 꿈 — 29

- 01 가슴 설레는 꿈 _ 32
- 02 꿈의 점검 시기 _ 38
- 03 발상의 전환 _ 40
- 04 창의 _ 44
- 05 나의 영역 선택 _ 47
- 06 꿈의 실현 _ 49

3장 배움과 직업 선택 — 57

- 01 배움의 중요성 _ 60
- 02 배움의 원리 _ 67
- 03 직업의 의미와 중요성 _ 82
- 04 직장선택 시 고려할 점 _ 84
- 05 직장인이 갖추어야 할 자질 _ 89
- 06 직장에서의 초기 적응 _ 94

차례

4장 역경과 희망 — 99

01 역경은 필연 _ 102
02 역경의 분석과 대처 _ 106
03 역경이 위인을 _ 112

5장 인격 — 117

01 인격의 중요성과 덕목 _ 120
02 인(仁) _ 122
03 의(義) _ 126
04 예(禮) _ 130
05 지(智) _ 137
06 신(信) _ 141
07 중용(中庸) _ 146
08 인격의 수양 _ 149
09 민주시민의 자질 _ 152

6장 인간관계와 리더십 — 159

01 가장 소중한 사람들 _ 162
02 사회적 관계 _ 177
03 리더십 _ 188

7장 일(직무)과 경제 — 193

01 돈(부)의 양면성 _ 196
02 일의 원칙 _ 198
03 경영의 원칙 _ 203
04 투자(재테크)의 유의점 _ 220
05 개인 거래 관계의 주의점 _ 228

8장 건강과 스트레스 — 237

01 몸의 건강 _ 240
02 마음의 건강 _ 245
03 스트레스 사절 _ 248
04 스트레스 극복 _ 252
05 스트레스 해소 _ 259
06 안전관리 환경 _ 264

9장 감사와 종교 — 269

01 감사가 행복의 출발 _ 272
02 지족(족함을 알기) _ 279
03 천명(하늘의 命)과 종교 _ 283
04 죽음과 내세 _ 291
05 천도(선악에 따른 응보) _ 294

10장 나눔 — 297

- **01** 나눔의 중요성 _ 300
- **02** 나눔의 실천 _ 304
- **03** 아름다운 만년 _ 309
- **04** 인생은 나눔으로 완성 _ 313

부록 같이 생각해 볼 과제 — 319

- **01** 독립기념관 명칭에 관해 _ 322
- **02** 화학식 표현에 관해 _ 323
- **03** 세기(Century)의 표현에 관해 _ 324
- **04** 무분별한 신조어에 대해 _ 325

1장

행복의 문

01 잊어버린 행복

02 행복의 걸림돌

03 행복 찾기

행복의 문

　사람들은 모두가 성공을 향해 달려가는데 돈이나 명예(지위)는 남들과 비교해야 성공의 정도를 가늠할 수 있고 성공을 인정받고자 남의 눈을 의식하게 되는데 남의 눈에 비친 성공보다는 내 인생의 잣대가 따로 있어야 합니다.
　성공은 더 큰 성공을 향해 당신을 몰아세워 더욱 고단하게 만들기도 합니다. 성공은 멋진 일이지만 나를 행복하게 하는 의미 있는 성공이 되어야겠지요.
　이제는 차분히 멈춰 서서 행복에 눈을 돌려 보세요.
　우리는 성공을 보여주기 위해 태어난 것이 아니라 행복한 인생을 누리기 위해 태어난 것입니다.

성공과는 거리가 멀다고 낙심하는 분들도 행복에 관하여는 그만큼 멀리 떨어져 있지 않습니다.

행복은 성공 속에 있는 것이 아니라 행복을 찾아내려는 우리 마음속에 있기 때문입니다.

성공은 정상 찍기에만 몰두하는 등산과 같아서 높은 곳에 오르면 더 높은 곳이 보이지만 어차피 내려와야 될 텐데 내려오는 길이 더 조심스럽습니다.

행복은 소풍날의 보물찾기 같아서 딴전을 피우면 아무것도 찾을 수 없지만 일단 찾아 나서기만 하면 일부러 어렵게 숨겨놓은 것이 아니니 여러 가지 보물들이 줄줄이 나타나게 됩니다.

01 잊어버린 행복

禍福無門 唯人所召.(화복무문 유인소소.)
화(禍)와 복(福)은 스스로 문을 내고 드나들지 않는데
오로지 사람이 불러낼 뿐이다.

위의 구절은 『춘추좌전』에 있는 말입니다.

서두에 이 말을 인용하게 된 것은 우리가 늘 잊고 살아가는 행복을 찾아내는 단서가 되기 때문입니다.

행복은 열심히 살고 출세하고 성공하고 나면 저절로 따라오는 것이지 미리 생각해서 될 일이 아니라고 제쳐두고 있나요?

우리는 어려서는 '착하게 살아라', '공부 열심히 해라', '나이 들어서는 '열심히 일해라', '검소해라', '책임을 다해라'는 말을 들으며 그 말들의 가치에 충실하고자 하루하루를 바쁘게 살다보니 나중에 저절로 오기로 약속된(?) 행복에 대해서는 생각할 겨를이 없었던 것이 사실입니다.

막연히 행복이 약속(?)은 되었다 치고 그렇다면 그 행복이 언제쯤 저절로 당신에게 찾아들까요? 출세는 어디까지 하고 나서, 성공은 얼마만큼 하고 나서, 돈은 얼마쯤 벌고 나서 당신이 저절로 행복해질까요?

"내일"이라는 것은 생각 속에만 있는 말일 뿐 아무도 내일을 직접 만나보지 못하는 것처럼 행복이란 저절로 약속되어 다가오는 게 아닙니다.

화(禍)와 복(福)의 한자를 풀어 보면 두 글자 모두 볼 시(示) 변이 있는데 살펴본다, 찾아 나선다는 의미가 숨어 있습니다.

복은 찾아 나서서 불러내야 비로소 우리 곁에 다가옵니다. 늘 우리 곁에 맴돌고 있으니 불러내기만 하면 되는 겁니다. 화는 살펴 조심하라는 뜻이고 재앙은 조심하는 집 문 앞에는 들지 못한다 하였습니다.

우리말에 "복을 부르는 일"도 있고 "화를 자초하는 일"도 있는데 담긴 뜻이 깊다 하겠습니다.

행복은 늘 우리 곁에 머물며 우리가 불러내 주기를 기다리고 있습니다. 행복을 느끼지 못하는 분들은 행복을 잃어버린 게 아니라 잊어버렸을 뿐입니다.

맹자께서 "사람이 기르던 닭이나 개를 잃어버리면 당장 찾아 나서지만 잃어버린 마음은 찾아 나서지 않으니 안타까운 일이다" 하였는데,

여기서 "잃어버린 마음"을 "잊어버린 행복"으로 생각해보면 어떨까요.

콜럼버스가 신대륙을 발견한 것은 본인에게는 물론 전 세계를 들썩이게 한 역사적 대업인 것은 분명하지만 없는 것을 만들어낸 것이 아니라 있는 것을 찾아내었을 뿐이기도 합니다.

우리 자신에게는 잊어버린 행복을 찾아내고 불러내는 것이 콜럼버스의 발견보다 백 배는 더 중요한 발견이 아닐까요?

행복을 찾아내고 불러내는 일은 그간 생각지 않았던 일이라 생소하긴 할지라도 마음 하나만 바꾸면 쉬운 일이기도 합니다.

마음의 열리고 닫힘의 차이를 보여주는 일화가 있습니다.

선불교의 큰 별 혜능선사가 스승을 모시고 수도하던 때 스승이 밤중에 혜능을 홀로 밖에 두고 방에 먼저 들어가 한참 후에 들어오게 하고는 "밖에는 무엇이 있더냐?" 하고 물었습니다.

이에 혜능이 "깜깜합니다. 밖에는 아무것도 없습니다" 라고 대답하자 스승은 "아니다. 밖에는 맑은 바람, 푸른 들, 꽃과 나무, 모든 것들이 다 있다. 우리 눈에 보이지 않을 때도 세상은 여전히 아름다운 것들로 가득하다"고 말씀하셨습니다.

이 말에 혜능은 크게 깨달음을 얻었고 나중에 선불교의 큰 맥으로 우뚝 서게 됩니다.

직관적인 깨달음을 많이 얘기하는 불교의 일화를 인용하였으나 깨달음은 종교를 떠나 누구에게나 필요한 지혜입니다.

방 안 가득한 공기는 느끼지 못하다가 문을 열고나서면 그때서야 바람을 느끼게 되게 마련입니다.

바깥바람은 공기이고 방안 공기는 빌 공(空) 이었나요?

우리가 행복에 눈을 돌리지 못해온 데는 이해할 만한 까닭이 있습니다. 가장 흔한 이유는 눈코 뜰 새 없이 바쁜 생활입니다. 처음에는 생존을 위해 바쁘고 다음에는 더 나은 여유를 위해 바쁘기 마련입니다.

오죽하면 '바빠야 산다', '사업에 바쁘니 잘 된 일' 이라고 칭찬할까요? 바쁜 건 축복이라 쳐도 "너무" 바쁜 건 탈이 됩니다.

눈(目)이 망(亡)한 것을 '눈멀 맹(盲)'이라고 하는 것처럼 마음(心)이 망(亡)한 것을 '바쁠 망(忙)'이라고 합니다.

마음이 망하고 나면 가장 소중한 것들을 외면하고 쓸데없는 데 정신이 팔리게 됩니다. 가장 소중한 가족과 친지들을 생각해 볼 틈이 없게 되고 그보다 더욱 소중한 자신의 행복을 돌보고 가꿀 생각을 잊게 됩니다. 높은 데로 오르려는 마음뿐일 때는 주변의 다른 것들이 보이지 않습니다. 짧은 시 한 구절을 가만히 음미해보세요.

"내려올 때 보았네 - 올라갈 땐 보지 못했던 그 꽃"

바쁨의 8할은 돈과 출세를 위해서인데, 돈과 출세가 행복의 보증서가 되지 못하는 게 문제입니다.

개개인을 살피기에 앞서 국민 전체를 놓고 GNP와 행복의 연관을 살펴보니 일 인당 GNP가 8,000달러를 넘어서면 행복이 소득에 따라 늘어나지 않는다는 조사결과가 있습니다.

한국의 경우 행복을 위한 기본 소득보다는 훨씬 초과하였으나 행복(만족) 지수는 그대로 머물러 있는 게 현실입니다.

물론 행복을 수량화하여 측정한다는 것은 한계가 있는 게 사실입니다. 하지만 돈만으로 행복이 채워지지 않는 것이 분명한 만큼 이제는 다른 처방을 찾아보아야 할 것 같네요.

행복으로 가는 첫 걸음은 자신이란 존재의 소중함을 깨닫는 데서 출발합니다.

조선시대 젊은이의 교과서라 할 수 있는 『동몽선습』의 첫 구절은 "천지지

간 만물지중에 유인이 최 귀하니(하늘과 땅 사이에 오직 사람이 가장 귀하니)"라고 시작합니다.

억 만년 간 억 만개의 생명이 태어나고 소멸하였지만 사람만큼 소중한 게 없고 억만 명의 사람이 태어나고 돌아갔어도 자신만큼 소중한 존재는 없습니다.

불교에서는 가장 귀한 것(BEST)을 뛰어넘어 오로지 (ONLY) 나 자신만이 존엄하다는 뜻으로 "천상천하 유아독존"으로 높여주었습니다.

모든 중생이 부처님이 될 수 있다고 길을 열어 놓았으니 "유아독존"은 부처님 혼자의 말씀이 아니라 우리 모두의 말이 되는 것입니다.

생명을 가진 모든 것들은 존엄한 가치를 갖고 있으나 스스로 깨닫지 못하고 사람만이 스스로 존엄한 가치를 깨닫고 살아갈 수 있으니 이것이 인간으로 태어난 축복이지요.

소중함에 더하여 '단 한번' 주어진 인생이고 언젠가는 죽음에 자리를 비워줘야 하는 '길지 않은' 인생이니 소중함이 더욱 절실해집니다.

당신이 지금은 흙 속에 묻혀 빛이 가려 있다 해도 당신은 빛나는 보석이고 순금보다 소중한 보물입니다. 보석과 순금에 비유한다는 게 송구스러울 만큼 당신은 값지고 소중합니다.

특히 젊은이들은 자신의 소중함을 제대로 깨달아야 합니다. 청소년에 대한 호칭을 김군, 이군처럼 군(君)으로 부르는데 군이라는 말은 예전의 황제와 제후 가(家)의 사람들에게 붙혀주는 호칭으로 모든 것을 이루어 낼 수 있는 젊은이의 가능성을 고려한 최고의 예우가 담긴 호칭이 아닐런지요.

여자들은요?

그 말이 생긴 때는 옛날이고 요즘에 와서는 여성 평등을 넘어서서 여성 상위 시대이니 당연히 그 이상이니까 『공주』라고 부르지요.

대부분 대학을 거치는 시대여서 졸업하고 나면 '학사'가 되는데 '배운 선비'라는 호칭을 가볍게 생각하지 말고 자부심과 걸맞은 기품을 지켜야 되겠지요.

나 자신은 별것 아니라고 자책하는 분이 계시면 당신의 어머니께 여쭈어 보세요. 하늘이 당신에게 보낸 천사께서 당신을 세상 최고의 보물로 다루고 계시니 당신은 하늘 아래 가장 소중한 존재입니다.

자책과 불평 속에서도 속마음엔 가장 확실하게 천당에 갈 수 있는 사람이 누구냐고 물으면 80% 이상이 자신이라 대답한다네요.

죽으면 천당에 갈 자격을 갖추었다면 살아있는 이승을 천당처럼 누리고 살 자격이 있는 게 아닐까요?

당신은 기적의 주인공이기도 합니다.

"기적이란 하늘을 날거나 물 위를 걷는 게 아니라 땅 위를 걸으면서 경이로운 세상을 체험하는 것"이라는 중국 속담이 있습니다.

당신이 억만 개의 생명 중 가장 귀하게 태어난 것이 탄생의 기적이며 어린 생명이 이만큼 자랐으니 성장의 기적이며 지금도 온전히 남아 경이로운 세상을 체험하고 있으니 존재의 기적입니다.

이러한 경이를 체험하는 것만으로도 당신은 기적을 증명하고 있습니다. 이쯤이면 당신이 마음만 먹으면 못 해낼 일이 없고 이루지 못할 일이 없음을 깨달을 때가 되었네요.

　당신이 소중한 기적의 존재임이 확인 되었으니 이제 눈을 돌려 행복을 찾아 불러낼 차례가 되었습니다.
　세상은 이미 당신을 〈행복 0순위〉 자리에 모셔놓고 기다리고 있습니다. 당신이 제일 먼저 행복해지고 나서 세상도 차례로 행복을 나누게 되어 있네요.

　그동안 명예와 이익만을 가꾸며 살았다면 명예의 나무와 이익의 나무가 아무리 커지더라도 그 나무에 행복의 열매는 열지 않는다는 것을 깨달아야 합니다.
　이름은 섞으면 그럴 듯하지만 Pine(소나무)과 Apple(사과)을 섞어 심고 아무리 잘 키워도 Pine Apple (파인애플) 이 열리지는 않습니다
　행복의 나무는 별개의 품종이니 지금 바로 행복 나무의 씨앗을 뿌리세요. 명예와 이익의 나무는 베어내지 말고 그대로 두고 그 곁에 같이 키우면 되니 손해 볼 게 없는 농사입니다. 그동안 이루어온 명예와 이익이 밑거름이 되어 행복의 나무는 더 빨리 자라날 수 있습니다.
　늦었다고 생각할 분이 있을지 모르겠지만 당신께는 오늘이 남은 일생 중 가장 젊은 날이니 젊어서 시작하는 셈입니다.
　시작이 반이라고 나머지는 힘들지 않게 이루어집니다.
　행복 나무는 당신의 잊지 않는 관심 하나면 물 주고 거름 줄 필요 없이 무럭무럭 자라나서 신비의 열매를 맺어 주게 됩니다.

02 행복의 걸림돌

우리는 행복에 관하여 몇 가지 착각을 갖고 삽니다.

첫째, 성공과 부를 갖추고 나면 저절로 행복해질 거라는 착각.

주변을 잠시만 살펴보아도 출세하고 성공한 사람, 남 못지않은 부자이면서도 행복과는 멀리 떨어져 있는 경우를 흔히 보게 됩니다.

이스라엘의 행복 전도사 사하르는 젊어서 스쿼시 실력이 뛰어났는데 전국대회에서 우승하고 나서 이전에 상상한 행복을 느끼기는커녕 더 큰 마음의 부담과 허무함에 시달리게 되었습니다.

그래서 그는 성공에 행복이 없다면 어디에서 행복을 찾을까를 고심하기 시작했습니다. 그런 끝에 일의 성공뿐 아니라 가정, 인간관계, 자신의 균형 잡힌 삶, 무엇보다도 스스로 행복을 추구하는 것 자체가 행복임을 깨닫게 되었습니다.

성공을 위한 몸부림 이전에 먼저 자신을 돌보고 감싸는 용기와 정성이 행복의 출발입니다.

둘째, 지금 나는 모자람이 많아 행복을 누릴 수 없다는 착각.

이런 분들은 완벽주의거나 맹목적 비교의 함정에 빠져있는 경우가 많습니다.

가장 흔한 비교가 재물에 관해서인데

"사람들은 자기가 부자로 살기를 바라는 게 아니라 남들보다 낫게 살기를 바란다" 하니 자기보다 나은 사람이 눈에 띄지 않는 장소를 찾기가 쉽지 않은 노릇이지요.

금에도 순금이 없는데 사람인들 완벽할 수가 있나요.

다른 사람이 행복해 보이는 이유는 남의 행복에는 그가 많이 갖고 있는 것을 보지만 나의 행복에는 나의 모자라는 부분만 보기 때문입니다.

어느 제자가 소크라테스에게 세상에서 가장 귀중한 것은 무엇인지 묻자 소크라테스는 아무 대답 없이 제자를 데리고 다른 사람들을 찾아가 똑같은 질문을 하니 대답은 제각각이지만 모두

"가지고 있다가 잃어버린 것"이나 "아직 얻지 못한 것"이었습니다.

우리는 이미 귀중한 것을 많이 가지고 있지만 가지고 있을 땐 모르다가 잃어버리고 나서야 비로소 그 소중함을 깨닫게 됩니다.

잃어버린 부분에 집착하지 말고 아직 얻지 못한 것에 매달리지 말고 지금 가지고 있는 것을 소중하게 생각하고 모자람은 받아들여야 합니다.

곡식은 꽃이 화려하지 못해도 열매의 쓸모 있음으로 족하고,
화초는 열매는 쓸모없어도 꽃이 아름다움으로 족하고,
잡초는 꽃도 열매도 내세울 것 없이 농부만 번거롭게 하지만,
벌나비와 풀벌레에게 꿀과 쉼터를 주는 것으로 족한 것이지요.

구태여 행복의 조건을 따져보고자 하면 그것은 이미 모든 사람들이 갖추고 있는 것들입니다.

계절의 풍광을 담은 자연과, 사랑하고 아껴주는 사람들과, 향기 있는 한 잔의 차와, 약간의 음식 정도면 충분히 행복한 시간이 될 수 있고 그런 시간들이 쌓여 행복한 인생이 되는 것입니다.

셋째, 행복은 아껴두면 나중에 더 크게 누릴 수 있다는 착각.

잔칫날 잘 먹자고 열흘을 굶는 것과 다를 바 없습니다. 더구나 행복의 재료는 매일 하루치씩 배달되는데 묵혀두면 시들고 상할 뿐이고 그날그날 조리해서 즐겨보아야 솜씨도 늘고 제맛도 알게 됩니다.

행복의 재료는 유통기간이 '당일'입니다.

넷째, 행복은 하늘이 내리는 것이니 마음대로 조정할 수 없다는 착각.

먹어야 살고 숨을 쉬어야 사니 사람의 삶은 하늘과 땅에 바탕을 두고 있는 것은 어쩔 수 없는 사실이지만 하늘은 모든 생명에게 생존의 기본을 갖추어줄 뿐 더 이상의 친절을 베풀지 않습니다.

모든 새들에게 충분한 벌레와 열매를 만들어 주지만 각각의 둥지에 배달해 주는 일은 없습니다.

옆에 준비된 행복의 재료를 나름대로 요리해 즐기는 것은 자신의 몫입니다.

하늘은 완성된 행복을 내려주는 게 아니라 행복의 재료만 내려줍니다.

03 행복찾기

　인생에서 가장 큰 기쁨은 나 자신의 새로운 면을 발견하고 숨겨진 능력을 찾아내었을 때의 감동이 아닐까요?

　아직도 부족하지만 내가 원하는 모습으로 변해가는 자신을 발견할 때 스스로 대견함을 느끼게 됩니다.

　내가 세상의 꼭대기에 서지는 못할지언정 내 나름의 역할이 있고 그 역할에 대해서는 누구보다 잘 해내고 있는 것을 자랑으로 여겨야 합니다.

　내가 선 곳이 세상의 꼭대기는 아닐지언정 내 세상의 중심입니다.

　이제는 스스로 떳떳해지세요.

　당신이 날개를 펴고 날면 개똥벌레가 반딧불이가 되고 고니가 백조가 되는 겁니다.

　스스로 낮춤을 미덕이라고는 하지만 행복의 열쇠는 남에게 맡기지 말고 스스로 주인이 되세요.

　서양 사람들은 이런 면에서는 한 수 앞서있는 것 같습니다.

　"나"는 스스로 키워 불러 'I'는 항시 대문자로 씁니다.

　당신이 보는 '나(me)'는 작을지라도 내가 보는 '나(I)'는 위대하다는 자부심이 아닐까요?

세상은 뜻대로 될 수 없는 것 투성이지만 매일 기쁘고 행복하게 살기로 마음먹는 것이 당신의 인생에서 가장 중요한 전환점이 됩니다.

**사람은 행복한 사람, 불행한 사람으로 나눠지는 게 아니라
행복을 찾을 줄 아는 사람과 그럴 줄 모르는 사람으로 나눠집니다.**

생각지 않던 일이라서 갑자기 달라지기 어색하면 하루씩 연습해 보세요.
"일일청한이면 일일선(一日淸閑 一日仙)"이라는 말이 있습니다.
하루라도 마음이 맑고 한가로우면 하루의 신선이라네요.
처음에는 가끔 하루씩, 나중에는 자주 신선되는 연습을 하다보면 언젠가 아예 신선이 될지도 모르죠.
당신이 행복해지기로 마음먹은 이상 다른 사람의 허락을 받을 필요는 없으니 아무 눈치도 볼 것 없이, 나중으로 미루지 말고 지금 바로 행복해지세요.
내일로 미루고 나면 내일이 되면 다시 내일의 내일로 미루게 되니 내일은 절대로 만날 수 없는 날이지요.

시간을 기다려 행복이 더 커지고 잘 익어갈 때를 기다리나요?
인삼은 6년을 기다려 캐야 제값을 받는데 산삼은 언제 캐내지요?
바보가 아니면 보는 순간 캐지요. 그러지 않으면 남의 것이 될 테니까요.
연수를 가리지 않고 캐내도 적어도 인삼보다는 귀한 것이고요.
행복을 찾는 일도 산삼 캐내듯 하세요. 그것이 산삼보다 더 귀한 보물인데 바로 캐내지 않으면 당신 것이 아니니까요.

이 세상이 천국인 것처럼 사세요.

(Live like it's heaven on earth)

행복해져서 웃음이 나오기를 기다리지 말고

당신이 웃으면 그 순간부터 행복해지는 거예요.

내가 울면 혼자 울게 되지만 내가 웃으면 세상이 같이 웃어줍니다.

살다 보면 무슨 일이 닥쳐 행복의 문이 닫히는 모습을 보게 될 수도 있으나 너무 절망하지 마세요.

헬렌켈러는 "행복의 문은 하나가 닫히면 다른 문들이 열리는데 사람들은 닫힌 문만 바라보다가 새로 열리는 문을 보지 못한다"고 했습니다.

잠깐 더 생각해 보면, 하나가 닫히면 다른 게 열리니 행복의 문은 항시 열려있는 셈이지요.

2장

좋은 꿈

01 가슴 설레는 꿈
02 꿈의 점검 시기
03 발상의 전환
04 창의
05 나의 영역 선택
06 꿈의 실현

좋은 꿈

　꿈은 인생의 목표이며 설계이니 목표가 없으면 갈 곳이 없고 설계가 없으면 주먹구구로 그럭저럭 만들어가게 되겠지요.

　젊어서 가졌던 꿈을 간직하고 실현한다면 가장 큰 행운이겠고 나이 들고 나서도 꿈의 중요성을 잊지 말아야 합니다.
　당신의 꿈을 어느 정도 이루었다고 느끼면 상황에 맞춰 진화된 더 좋은 꿈을 새롭게 가져야 합니다.

젊어서 꿈이 없다면 닥치는 대로 그럭저럭 살아가는 인생이 될 테니 안타깝고 나이 들어 꿈이 없다면 남은 인생을 죽음에 가까워지는 과정으로 살아갈 것이니 처량한 일입니다.

꿈은 무엇이 되겠다는 꿈으로 그칠 게 아니라 무엇이 된 후에
어떤 일을 어떻게 할 것인가를 명확히 해야 됩니다.

자리나 지위가 그 사람을 빛나게 하는 게 아니라 누가 그 자리를 어떻게 빛나게 하는가가 중요하기 때문이지요.

01 가슴 설레는 꿈

미국의 윌슨 대통령이 말했습니다.

"우리는 꿈이 있어야 위대해질 수 있습니다. 어떤 사람은 살면서 자신의 꿈을 잊어가지만 어떤 사람은 어려움 속에서도 꿈을 지키고 키워서 현실로 이뤄냅니다"

여기서 말하는 꿈은 평생을 간직하고 몰두할 가슴 설레는 꿈을 말합니다.

마틴 루터킹 목사는 1963년 8월 23일 노예해방 100주년 기념 평화대행진에서 'I have a dream(나에게는 꿈이 있습니다)'으로 시작하는 연설을 통해 인종차별 금지를 제창했습니다.

그 연설은 많은 사람들의 호응을 얻어 1964년 인권법으로 미국의 인종차별이 금지되고 미국이 인권과 평등의 모범국이 되게 하는 꿈을 이룰 수 있게 되었습니다.

세계의 부러움을 받는 미국의 인권과 평등은 불과 오십여 년 전 한 사람의 꿈에서 출발한 것입니다.

꿈이 가치 있는 것은 꿈 자체에 그것을 이루게 하는 성취의 씨앗이 들어 있기 때문입니다. 작은 씨앗을 심으면 싹트고 자라나서 꽃이 피고 열매를 맺고 그 열매는 다음 세대까지 준비합니다.

우리의 마음도 이와 같아서 마음속에 모든 게 다 들어있습니다.

꿈에는 이처럼 성취의 씨앗이 들어있어 시작은 미약하나 끝은 창대하게 되는 것입니다.

미국의 탐험가 존 고다드는 어릴 때 꿈의 목록을 작성했습니다.

세계의 높은 산 오르기, 나일강과 아마존강 등 큰 강 탐험하기, 사하라 사막 횡단하기 등 남들이 한 가지도 하기 힘든 꿈을 빼곡히 적었습니다. 이러한 여러 가지 꿈들이 꿈의 신통력으로 하나씩 현실로 이루어져서 그를 위대한 탐험가로 만들게 됩니다.

사람마다 자기에게 맞는 가슴 설레는 꿈을 가져야 합니다. 꿈이 커서 다 이루지 못함은 부끄러울 게 없으나 꿈이 없음은 부끄러운 일입니다.

꿈의 중요성에 대한 의미 있는 조사 결과가 있습니다.

하버드 대학에서 환경과 역량이 비슷한 학생들을 대상으로 그들이 가진 꿈에 대해 조사해보니 꿈이 없는 사람이 약 27%, 막연한 꿈을 가진 사람이 약 60%, 구체적이지만 단기적인 꿈을 가진 사람이 약 10%, 구체적이고 장기적인 꿈을 가진 사람이 3%로 나타났는데 세월이 지난 후 그들의 모습을 다시 조사해보니, 구체적이고 장기적인 꿈을 가졌던 3%의 사람들이 사회 각 계층에서 지도적 위치로 성공한 삶을 누리고 있었습니다.

꿈의 신통력을 새삼 느끼게 해주는 결과이며 세계의 수재들이 모인 하버드대학에서도 3%의 극소수만이 좋은 꿈을 가졌다는 건 충격이기도 합니다.

꿈은 사람의 숫자만큼 다양하겠지만 좋은 꿈에는 몇 가지 조건이 있습니다.

첫째, 세상을 이롭게 하는 꿈이면 좋습니다.

세상을 이롭게 하는 꿈의 모델은 우리의 건국신화에 있습니다.

단군의 건국이념이 '홍익인간'인데 인간을 널리 이롭게 한다니 얼마나 웅대한 포부인가요.

우리는 단군의 후손이니 핏속에 똑같은 꿈과 포부가 흐르고 있을 것이고 그러니 한국인임이 자랑스러운 일입니다.

세상을 이롭게 하는 꿈의 장점은 또 있습니다. 옳은 일에는 따르고 돕는 자가 있기 때문입니다.

농작물보다는 잡초가 생명력이 강해서 농작물을 제치고 자라나지만 잡초가 이긴 것을 본 적이 있나요?

농작물은 인간을 이롭게 하고 잡초는 인간을 이롭게 하지 않으니 농부가 뽑아버려 잡초가 지고 작물이 이기게 되는 것입니다.

인간사에서도 간신들이 교활한 재주를 다 부려도 결국에는 충신이 간신을 제거하게 됩니다. 이런 일들을 '농부거초, 충신제간'이라고 표현해 왔습니다. 간신이 무리를 이루어 충신을 욕보이는 경우도 있을 수 있지만 그래도 하늘을 속일 수는 없어 그 끝이 있게 마련입니다.

충신을 욕보인 간신에게는 민심이 응징에 나서고, 민심이 하늘을 찌르면 천심이 발동하는데 하늘의 그물은 빠트리는 법이 없다네요.

하늘의 그물은 넓고 넓어서 성글지만 빠트리는 적이 없다 하였습니다.

"천하의 근심을 해결하는 자는 천하의 즐거움을 누리고 천하의 화를 제거하는 자는 천하의 복을 얻는다" 하였으니, 세상을 이롭게 하는 꿈을 꾸어 보세요.

세상을 이롭게 하는 꿈에는 세상과 인간을 사랑하는 마음이 바탕에 깔려 있습니다.

사랑을 담은 고생은 고통이 아니라 보람으로 느끼며 꾸준히 이루어 낼 수 있는 성취의 에너지가 그 안에 들어 있습니다.

<u>둘째, 웅대하고 큰 꿈을 가져야 합니다.</u>

내 자신이 미약하니 그에 걸맞게 자그마한 목표를 세우고자 하면 그 목표는 쉽게 이루어낼 수 있을지 모르지만 세상에서 제일 귀한 당신이 거기 머무는 것은 안타깝습니다.

천 리를 가고자 계획한 사람이 100%를 이루고, 만 리를 가고자 하는 사람이 20%까지만 이루었다 치면 누가 더 많이 간 건가요.

서글픈 일이지만 자신의 모든 꿈을 이루기에는 누구나 힘이 벅차게 마련이니 꿈은 크게 가지고 다 이루지 못함은 자책하지 마세요.

새우잠을 자는 형편일지라도 고래의 꿈을 가져보세요.

<u>셋째, 통속적인 꿈에 머물지 마세요.</u>

많은 사람들이 지위와 명예, 가장 흔하게는 돈을 목표로 삼는데 인생은 물질의 향연이 벌어지는 곳이 아니라 영혼을 수련하는 곳이어야 합니다.

미국의 철강왕 카네기는 "돈을 벌겠다는 것은 가장 나쁜 목표다. 눈에 보이는 재산뿐 아니라 눈에 보이지 않는 재산도 보고 넓은 의미의 가치를 추구하라"고 했습니다.

물질이 행복의 보증서가 아닌 건 앞 장에서 이미 확인한 바 있으니 돈은 뿌리칠 대상은 아닐지언정 매달릴 대상도 아닙니다.

평생을 간직할 가슴 설레는 꿈이 되려면 혼자를 위한 돈이나 명예 따위의 통속적인 것을 뛰어넘어야 합니다.

혼자 잘 먹고 잘 살자는 꿈은 누구나 가질 수 있으나 그야말로 혼자만의 것일 뿐 아무에게도 관심과 협력을 얻어낼 수 없는, 그저 "욕심 같은 것"이라 할 수 있습니다.

넷째, 구체적이고 시간을 정한 꿈이어야 합니다.

막연하고 시간을 정하지 않은 꿈은 해보는 대로 해보다가 안 되면 말겠다는 뜻이기도 합니다.

당신의 꿈을 글로 정리해보면 구체적이고 거기에 시간표도 넣을 수 있을 것이며 때때로 점검할 수도 있게 될 것입니다.

꾸준히 점검하지 않으면 세월이 가면서 차츰 잊혀지고 맙니다.

다섯째, 꿈은 변화하고 진화할 수 있고, 평생을 간직해야 합니다.

젊어서 가졌던 꿈이 빗나갔다 해도 그것으로 낙심하고 좌절할 이유는 없고 상황과 능력에 맞는 새로운 꿈을 가지면 그것 자체가 커다란 발전입니다.

애초의 작은 꿈이 그럭저럭 이루어졌다면 좀 더 진화된 꿈을 새롭게 가져야 합니다.

어떠한 경우에서든 꿈은 평생을 간직하고 있어야 합니다.

꿈은 당신의 영혼이니 육신의 죽음에 앞서 영혼의 죽음을 맞이해서는 안 되기 때문입니다.

살다 보면 '왜 사는가?' 하는 의문에 빠질 수 있습니다.

꿈이 없는 분들에겐 일찍 닥칠 문제이고 꿈을 가진 분들께도 언젠가는 닥칠 수 있는 문제입니다.

왜 사느냐 하는 문제는 종교인이나 철학자의 기본 숙제이지만 명쾌한 답변은 아직 아무도 정확히 내놓지 못합니다.

'왜?'는 접어두고 다만 어떻게 살 것인가에 집중하는 게 현명한 선택이 아닐까요?

"어떻게 살것인가?" 당신이 누구한테 질문하는 게 아니라 "어떻게 살 것인지" 당신이 대답해야 할 일이고 말로만 대답할 게 아니라 행동으로 실천을 보여줘야 되는 겁니다.

무엇이 될 것인가는 중간 목표일 뿐 그 무엇이 되고 나서 어떻게 살 것인가에 초점을 맞춰야 합니다.

자리나 직함이 중요한 게 아니라 그 자리에서 무엇을 이루어 내고 그 자리를 어떻게 빛나게 하느냐가 중요합니다. 우리 역사의 조선시대에만 해도 수백 명의 정승이 거쳐 갔지만 사람들에게 기억되는 건 황희 정승과 맹사성 정승 두 분 정도라는 걸 생각해 보면 간단한 이치입니다.

02 꿈의 점검시기

꿈은 평생을 간직하고 추구할 과제이지만
꿈에 대해 꼭 생각하고 점검해야 할 세 번의 고비가 있습니다.

첫 번째. 사람마다 약간의 차이가 있겠으나 15세 무렵이 되면 자신도 세상에 대해 어느 정도 알게 되었다고 느끼게 되고 이 무렵이면 자신의 장래에 대해 설계하고 방향을 잡아가게 됩니다.

이때 참신하고 아름다운 꿈을 가지면 공부에도 동기가 생겨 덜 지루하고 재미를 붙일 수 있게 됩니다.

다만 아직은 세상 물정에 미숙하니 부모나 주변의 보살핌이 꼭 필요하지만 자신의 꿈이 되어야지 보살피는 사람의 꿈으로 변질되어서는 안 됩니다.

특히 부모의 못다 한 꿈을 자녀를 통해 이루어 보려는 것은 배려가 아니라 걸림돌이 될 뿐이지요.

두 번째. 대학 초년 정도가 되면 많은 분들이 그저 좋은 대학에 들어가면 인생이 저절로 풀리는 것으로 알고 있다가 이제 시작이라는 것에 놀라게 됩니다.

취업의 어려움 등에 막연한 불안도 느끼고 전공 분야가 차선으로 선택한 분야라면 양이 안 찰 수도 있겠으나 자신의 분야에서 모든 가능성을 따져보고 남들이 선망하고 몰려가는 길보다 자신이 꼭 하고 싶고 남보다 앞설 수 있는 방향을 찾아야 합니다.

공부하는 것보다 번민하는 것이 훨씬 어렵고 괴로운 일이니 자신 있게 자기의 길을 정하고 나서 정해진 방향에서는 자신이 최고가 되겠다는 열정을 쏟아야 합니다.

세 번째. 자신의 목표를 그럭저럭 이루었다고 생각되는 때, (직장인이라면 정년을 앞두는 시기)가 되면 자신의 꿈과 삶의 의미를 꼭 점검해야 됩니다.

대강 다 살았다고 생각하지만 아직 삼십 년이 남았고 어떤 의미로는 자신을 위한 인생의 중요한 할 일이 시작되는 시점입니다.

인생 철학자들은 사람의 팔자를 초년, 중년, 만년으로 구분하는데 만년 팔자가 가장 중요하다 하니 지긋한 나이가 되고 나면 자신이 진정으로 좋아하는 일을 시작하고 세상도 살필 수 있는 꿈을 꼭 찾아내야 합니다.

03 발상의 전환

나에게 맞는 꿈은 과연 어떤 것일까? 어떤 일로 내 인생의 의미를 찾을까? 남들이 한다고 그대로 따라갈 수 없는 것이 "나의 꿈"이니 참신하고 번득이는 꿈을 가지려면 우리의 생각부터 새롭게 해보는 게 좋을 것 같네요. 발상의 전환은 고정관념을 깨뜨리는 것에서 출발합니다.

친구 몇 명이 등산을 합니다. 꽤 높은 산이어서 두 시간을 꼬박 걸려서 정상 근처까지 왔는데 한 친구가 내려갈 때는 오 분이면 충분하니 조금만 힘을 내자고 하네요. 모두들 농담이나 뻥이라고 믿지 않자 그 친구가 내기를 하자고 하네요. 내기를 걸만도 하지만 너무 큰돈은 걸지 마세요. 더구나 절대로 목숨은 걸지 마시고요.

정상에 가보기 전에는 거기에 행글라이더 센터가 있을지, 당신이 모르던 케이블카가 생겼는지, 그 친구가 헬기 한 대를 준비해 두었는지 알 수 없는 일이니까요.

당신의 고정관념에 불가능한 것으로 접어두었던 많은 일들이 생각을 바꾸면 길이 열리고 이루어 질 수 있게 되는 겁니다.

생각의 틀을 깨는 것을 흔히 적극적 사고방식이라 하는데 적극적이라는 말에서 '적'은 '쌓아 나가는 적'(積)이며 소극적이라는 말에 '소'는 '닳아 없애는 소'(消)이니 말뜻만 새겨보아도 어느 방식으로 살아야 할지는 분명해집니다.

그저 그런 인생을 벗어나려면 그저 그런 생각에서 적극적인 생각으로 바꾸고 더욱 중요한 것은 생각만이 아니라 적극적인 실천의 노력이 포인트가 됩니다.

신은 '전지전능'해서 모든 걸 알고 모든 걸 이루어 낼 수 있지만 사람은 본시 '반지반능'으로 태어난 탓에 관심을 갖는 분야만 알 수 있으며 자기가 할 수 있다고 믿는 일 중에서 꼭 이루고자 노력하는 일만을 이루어 낼 수 있게 됩니다.

생활에 흔히 닥치는 문제를 생각해 볼까요?

옥상 슬라브를 할 때 사방을 같은 높이로 맞추느라 고생하고 나면 어딘가에는 빗물이 고이게 되고, 방수공사가 잘 되지 않으면 두고두고 문제가 되는데 어느 한쪽으로 조금만 기울게 하면 탈날 일이 없습니다. 2%의 기울기면 충분합니다. 사방으로 수평을 맞춰야 되겠다는 고정관념이 화근입니다. 이것은 마당이나 큰 건물의 외부 공간도 마찬가지입니다.

중국에서 강을 건너는 카페리호를 타고 깜짝 놀란 적이 있습니다.

우리 차가 일찍 탄 상황이어서 내릴 때는 뒷차들이 내리고 나면 맨 나중에 내리려니 생각했는데 그 배는 앞쪽에도 똑같은 차량 출구가 있어서 배가 진행하는 방향 그대로 도크에 대고 나서 앞쪽 차부터 그대로 전진해서 나가게 되니 신선한 충격이었죠.

알고 나면 별거 아닌 일이지만 생각의 틀을 깨지 않으면 떠오르지 않는 일들이지요.

아무 생각 없이 하는 일이 혼돈을 주는 경우도 흔합니다.

부동산 사무실 같은 곳에는 주변의 지도를 벽에 붙여두는데 이 때 반드시 북쪽 벽에 지도를 붙여야 실제 지형과 방향이 일치해서 손님이 바로 알아볼 수 있게 됩니다.

모든 지도가 위가 북쪽으로 만들어져 있으니 이것을 동쪽, 서쪽, 남쪽으로 걸어두면 방향이 실제와 달라 혼동되게 됩니다.

버스정거장, 등산로나 공원입구의 안내판 등도 방향과 맞게 설치해야 합니다.

또 다른 사례로 주차라인은 대부분 진입차로와 직각 방향으로 표시하는데 T 자로 출입하는 데 애로가 많고 종종 사고를 일으키기도 합니다. 45°정도의 빗금 방향이라면 그대로 들어가고, 쉽게 후진해서 편히 나올 수 있고 출입차로의 폭이 줄어들게 되어 면적당 효율성도 훨씬 높아지게 됩니다.

나무사이에 못을 박아 고정할 때 똑바로 박으려고 신경쓰는데 45°의 기울기로 박으면 결속력이 두 배 이상 강해집니다.

고정 관념을 털어버릴 일들이 우리 주변에 널려 있습니다.

고정관념을 깨는 것이 궁리의 출발인데 모든 일에 시간을 멀리 보고 시각을 넓혀 보는 게 중요합니다.

나무를 심으려면 그 나무가 완전히 자라 거목이 되었을 때를 미리 생각해 보세요. 중간에 속아낼 계획도 잡을 수 있습니다.

과일이나 열매를 수확하려면 거져생긴 묘목을 심어 다 자란 뒤 후회하지 말고 품종의 특성을 확인하고 심어두세요.

당장은 넘어가지만 시간이 가면서 꼬이는 일들을 미리 방지하는 것이 중요한 발상의 전환입니다.

04 창의

고정관념을 헐어 버렸으니 이제는 세상을 이롭게 할 궁리를 시작해 보기로 하지요. 궁리란 세상의 이치를 깨우치는 노력입니다. 조선시대 민족의 정신적 지도자였던 퇴계 이황 선생의 가르침을 한마디로 표현하면 '거경궁리(居敬窮理)'라 할 수 있는데 경건하게 살면서 세상의 이치를 깨우치라는 말씀입니다.

우리가 흔히 "궁하면 통한다"는 말을 자주 쓰는데 아주 어려워지면 살길이 통한다는 뜻으로 받아들이는 분들이 많지만 "궁리하면 살길이 통한다"는 게 올바른 뜻이리라 생각합니다.

궁리의 목적은 창조적 생각을 끌어내기 위함입니다.

남들이 다 갖고 살아온 생각만으로는 그저 그런 일은 만들어 낼 수 있을지언정 남다른 성취를 꿈꾸는 당신께는 어울리지 않네요.

창의는 먼 데 있지 않습니다. 우리가 늘 겪는 불편이 있는 곳엔 반드시 해결할 수 있는 창의의 길이 숨어 있습니다.

가정 살림에 있을 수도 있고, 회사 운영에 있을 수도 있고, 사회와 나랏일에 있을 수도 있습니다. 작은 개선이 될 수도 있고 세상의 틀을 바꾸는 혁명이 될 수도 있습니다.

창의를 가로막는 의외의 걸림돌이 있습니다.

새로운 착상이 떠 올랐을 때 "이런 생각쯤은 누군가 벌써 했겠지~"하고 접어버리려 하는데 누군가 해 봤으면 어때요?

그 사람 생각과 내 생각은 다른 것이고 그 사람은 생각만으로 그친 것이니 당신께선 제대로 궁리하고 가꾸어 창의의 꽃을 피워보세요.

창의라고 대접받으려면 세상에 쓸모가 있어야 하고 상상으로 머물지 말고 과감히 도전하고 이루어낼 수 있는 것이라야 됩니다.

공상으로 끝난 천 개의 생각보다 현실로 이루어 낸 한 개의 아이디어가 진정한 의미의 창의입니다.

오늘날 '좋은 세상'이 누군가의 창의와 노력으로 이루어진 것이고 당신의 창의로 '더 좋은 세상'이 열리게 됩니다.

기업에 종사하는 사람들은 소비자가 무엇을 불편해 하는지, 어떻게 하면 더 좋은 상품이나 서비스를 제공할 수 있을지 아무도 생각지 못한 기발한 착상을 이끌어 내도록 해야 합니다.

세상을 이끌어가는 사람들은 국민들이 무엇을 불편해하고 어려워하는지, 그들이 바라는 세상은 어떤 모습인지를 늘 생각해야 합니다.

세상을 개혁하는 데도 역사와 현재에서 물려받고 계승해야 할 것과 없애고 고쳐야 할 것을 제대로 구분해야 합니다. 개혁이란 현재를 무너뜨리기 위한 것이 아니라 더 나은 쪽으로 고쳐나가는 것을 의미하기 때문입니다.

골똘한 생각만으로 창의를 끌어내려 하지말고 새로운 것을 많이 보고(견

見), 사람들의 말을 귀담아 들어(문聞) 견문을 넓히고 독서와 배움으로 식견을 높이면서 이치를 깊이 궁리해야 합니다.

무언가 새로운 생각이 날 때 나혼자 이루고자 웅크리고 문을 닫지는 마세요. 세상 일이 나혼자 이루어 낼 수 있는게 없고, 주변의 조언과 협력으로 더 크게, 더 멋지게 해 낼 수 있으니까요.

한국인의 창조성은 한글을 보면 쉽게 증명됩니다.

세종 때 스물여덟 자로 고안하여 지금은 스물 네자(모음 열 자, 자음 열네자)로 세상의 모든 소리를 알기 쉽게 표현하고 배우기도 쉬운, 세계에서 가장 뛰어난 글을 만들어 국민 모두가 편히 사용합니다.

근래에 모음 열 자를 "천(·) 지(-) 인(ㅣ)" 세 자로 압축하여 또 한 번 천재성의 진화를 보여 주었습니다.

세계인류 문화학의 거장 제레드 다이아몬드는 한글은 "인간의 창조성과 한국인의 천재성을 보여주는 위대한 기념비"라고 칭송하였습니다.

우리는 창의성에 관하여는 자부심과 자신감을 갖기 충분한 천재들이니 마음을 활짝 펴고 다 같이 창의의 바다로 나가 봅시다.

05 나의 영역 선택

굼벵이도 구르는 재주가 있다 하듯이 모든 사람에겐 나만의 특이한 재주가 있습니다.

나의 잠재력과 우세를 발휘할 수 있는 영역을 찾아내면 창의성도 더 발휘되고 성취가 확실해지게 마련입니다.

인간의 마음에 관한 연구에 세계적 권위자인 하워드 가드너는 『마음의 틀』이라는 저서에서 다중지능 이론을 제시하였습니다.

사람마다 언어, 논리, 수학, 음악, 공간, 신체운동, 대인, 자기성찰, 자연 등 분야별 지능이 각각 다르며 그 차이가 자기의 경쟁력을 달리한다는 견해입니다.

모든 일을 잘할 수 있는 사람은 없으며 그럴 필요도 없습니다.

팔방미인도 여덟 개의 인생을 살 수는 없고 어차피 한 인생을 살아갈 수밖에 없으니 여덟 과목에 고루 90점인 사람보다 한 과목에 99점인 사람이 인생의 점수로는 앞선다고 볼 수 있습니다.

자기에 맞는 분야에 집중하다 보면 운동으로 근육이 발달하듯이 탐구심과 궁리가 뇌를 자라게 하여 새로운 역량을 길러줍니다.

'내가 잘할 수 있느냐' 만큼 중요한 또 하나는 '내가 좋아하는 길이냐' 입니다. 좋아하는 일은 즐기게 되고 남들보다 앞서게 되지요.

재능이란 건 특별한 천재적 기질을 말하는 게 아니라 자기가 좋아해서 열심히 할 수 있는 소질을 뜻하는 것입니다.

하나 더 생각할 것은 세상에 유익하고 필요한 일인가이죠.

내가 잘할 수 있고 좋아하는 일이 세상에 도움이 되는 일이라면 망설임 없이 나의 영역으로 선택하세요.

제대로 선택하고 나면 '해야 할 일'이 바로 '하고 싶은 일'이니 능률도 오르고 성취의 가능성이 높아지지요.

삶의 과정에서 특별한 계기로 세상을 위해 '꼭 해야 될 일'에 눈을 떠서 인생의 방향을 달리할 수도 있습니다.

세상을 빛낸 위인들은 자신을 버리고 세상을 위해 '꼭 해야 될 일'을 이루어낸 사람들입니다.

기도와 명상을 통해 더 높은 가치에 눈 뜰 수도 있게 됩니다.

'내가 하는 일이 세상에서 가장 소중한 일'을 찾아내면 평생을 즐겁게 몰두할 수 있겠지요.

단군의 가르침대로 인간을 널리 이롭게 하는 꿈을 갖고 인류에 공헌한다면 노벨상도 당신의 몫이 아닐까요?

06 꿈의 실현

2002년 월드컵이 한국에서 개최될 때 "꿈☆은 이루어진다"는 말이 한국인을 한데 묶어준 캐치프레이즈가 된 적이 있습니다.

소중한 꿈, 간절한 꿈은 그 안에 성취의 씨앗을 품고 있습니다.

'피그말리온 효과'라는 게 있습니다. 키프로스의 왕 피그말리온은 솜씨 있는 조각가였는데 자기의 마음에 쏙 드는 아름다운 여인을 조각해 놓고 나서 아프로디테 여신에게 그 조각에 생명을 불어 넣게 해달라고 기도하였습니다.

그의 기도가 애틋하고 끈질겨 아프로디테는 그의 말을 들어주게 됩니다. 세상은 소망하는 대로 이루어지는 것입니다. 종교의 믿음은 각자의 자유지만 '꿈☆은 이루어진다'는 믿음만은 한 분 한 분 모두가 꼭 가져야 합니다.

자기의 소망을 실현하려면 이것저것 욕심내지 말고 한 가지의 소망에 집중해야만 합니다.

과수나무의 불필요한 가지를 잘라내야 알찬 열매를 맺게 됩니다.

과일의 개수가 많기를 바라면 과일이 작아지게 마련이고 큼직한 과일을 바란다면 과일의 개수를 줄여야 합니다.

특히 재주가 많은 사람일수록 한 가지에 집중해야 합니다.

세계적 성악가 루치아노 파바로티는 성악은 물론 작곡에도 관심이 많아 둘 다 해보고 싶어했는데 그의 아버지가 "네가 두 개의 의자에 한꺼번에 앉으려 하면 어떻게 되겠니?"하고 물으셨다네요.

두 개의 의자에 한꺼번에 앉으려 하면 두 의자 사이로 떨어져 버리는 수밖에 더 있겠어요? 이 질문에 깨달음을 얻어 한쪽으로만 집중해서 세계적 성악가가 되었고 그에게 성공의 비결을 물으면 『한 개의 의자를 선택한 것』이라고 말합니다.

꿈은 꿈 자체가 아니라 성취함으로써 빛나는 것이니 꿈을 갖고 나면 구체적 성취 방안을 마련하고 세분화된 목표를 하나씩 이루어 가도록 자신의 생활습관부터 고쳐나가야 합니다.

해야 될 일을 꼭 해나가는 습관, 하지 않기로 한일은 어떠한 핑계로도 하지 않는 단호한 태도가 필요합니다.

휘어진 나무를 바로잡으려면 올바른 방향까지 만으로는 부족하고 반대 방향으로 휘어놓고 세월을 기다려야 하는 것처럼 나쁜 습관을 고치려면 특단의 노력이 필요합니다.

가장 나쁜 습관은 해야 할 일을 최후의 시한까지 미뤄놓고 고심만 하면서 빈둥거리는 습관입니다. 최후의 시한에 특별한 사연이 생기면 핑계 삼아 그만두게 되는 것이지요.

작은 선(善) 이라 하여 게을리 미루고 작은 악(惡) 이라 하여 가벼이 반복하면 인과가 무거워 집니다.

　철없는 나이에는 호기심으로, 또는 어울리다 보니 안 좋은 일에 발을 들여놓을 수도 있습니다.

　실수는 누구에게나 있는 것이지만 잘못된 걸 알고 빨리 털고 나오면 경험이고 무용담이 되지만 잘못을 알고도 머물러 반복하면 흠집이 되고 지우기 힘든 상처가 됩니다.

　나쁜 습관은 두잎(떡잎)때 뽑아내지 않으면 나중에는 도끼를 써도 힘들어집니다.

　벗어날 길 없이 방해와 지장이 되는 것을 '장애'라 하는데 나쁜 습관을 고치지 못하고 끌고 가면 습관이 '장애'가 되니 그야말로 '이승의 업보'라 할 수 있겠지요.

　모든 위대한 사람들을 만들어낸 것도 그 사람의 습관이고, 모든 실패한 사람들을 만들어낸 것도 그 사람의 습관입니다.

　세상 만물은 관성의 법칙에 따르고 인간의 행동은 습관의 지배를 받게 됩니다. 오랜 세월 이어져온 습관은 세월만큼의 관성의 힘이 있어서 작심 3일이 지나면 또다시 습관으로 돌아가려 합니다.

　습관을 고치는 일은 새해, 새달을 기다리지 말고 바로 오늘부터 작심 1주일, 그 다음 또 다시 시작해서 작심 3주면 성공입니다.

　못된 습관은 3주면 없어지고 좋은 습관은 3주면 자리를 잡지요.

　성취의 과정에는 긴 세월 동안 습관으로 굳어진 한결같은 노력과 뚝심이 필요합니다.

어떤 일이 생겨도 굽히지 않는 의지와 남다른 전략을 짜세요.
개인과 집단의 힘은 의지, 전략, 역량의 곱으로 나타납니다.

힘 = 의지 × 전략 × 역량
(POWER) (WILL) (STRATEGY) (CAPABILITY)

이라 할 수 있는데 역량은 단계적으로 성장할 수밖에 없게 마련이므로 대부분 일의 성패는 의지와 전략에 따라 좌우되게 됩니다.

이중 의지가 90% 이상의 비중인데 그저 마음먹기뿐이 아니라 꼭 이루겠다는 실천의지, 열정을 뜻하는 것으로 열정이 있으면 없던 전략도 떠오르고 지치지도 않게 됩니다.

만약에 의지가 제로라면 다른 게 아무리 커도 결과는 제로가 됩니다.

꿈은 나의 성장과 세상의 변화에 따라 더 좋은 쪽으로 진화할 수 있습니다. 코펜하겐에 있는 미래학 연구센터에서 정보화사회의 미래에 관하여 토론하고 있는데 한 사람이 정보화 사회 다음에는 어떤 사회가 오는가 질문하자 정보화 사회도 이제 시작에 불과하다고 생각했던 연구센터는 그 질문을 큰 충격으로 받아들여 수년간 진지한 연구와 토론을 거친 끝에 다음에 올 사회는 '드림 소사이어티(DREAM SOCIETY)'라고 예측하였습니다.

'드림 소사이어티'는 신화와 꿈, 이야기를 바탕으로 형성되는 새로운 사회를 말하며, 꿈이 중심에 서게 되는 세상입니다.

뇌의 작동 원리를 연구하던 제프 호킨스가 컴퓨터의 미래는 모바일 컴퓨터가 차지할 것이라는 착상으로 세계 최초의 스마트폰을 만들게 되었습니다. 그 이후 짧은 기간 동안 핸드폰의 놀라운 발전을 보면 인간의 모든 상상력은 현실로 이루어질 수 있다는 걸 보여줍니다.

  발명가는 예술가나 문인들과 긴밀한 관계를 가져볼 필요가 있습니다. 그들을 통해 꿈이 진화할 수 있기 때문입니다. 토머스 에디슨은 위대한 가수, 연주자의 목소리를 후세에 전하고자 축음기를 발명하게 되었고, 극장의 조명을 멋지게 할 수 있도록 하려고 전등의 발명에 그렇게 끈질긴 노력을 쏟게 되었답니다.

좋은 꿈을 실현하려면 먼저 자기 자신부터 변화시킬 준비를 해야 됩니다.
세상을 변화시키려면 먼저 나라를 변화시키는 꿈을,
그전에 당신 주변의 작은 사회를 변화시키는 꿈을,
그전에 당신의 가족을 변화시키는 꿈을,
맨 먼저 출발점인 자신을 변화시키는 노력을 해야 합니다.
세상이 바뀌려면 70억을 움직여야 하고
나라가 바뀌려면 5천만이 움직여야 하지만
자신을 변화시키는 데는 혼자만의 의지만 뚜렷하면 됩니다.

똑같이 뜻을 의미하는 말에 정(情 하고싶다), 의(意 해야겠다),
지(志 하고야 말겠다)가 있고, 혼(魂 죽어도 하겠다)도 있는데
마음먹기부터 흔들림 없이 단단히 하세요.
지(志)가 굳건하면 기(氣)가 살아나고 『기』가 충만하면(호연지기)
어떤 일이 닥치고 어떤 사람을 만나도 의연해질 수 있습니다.
쉽게 시들어 가는 마음가짐으로는 불다 만 풍선처럼 맥이빠져

떠 오를 수도 없고 날아갈 수도 없게 됩니다.

자신을 변화시키지 못하면 모든 웅대한 꿈들이 공염불이 될 수밖에 없습니다.

한 자루의 초로 평생을 밝힐 수 없듯이 한 번의 결심으로 초지일관할 수 없으므로 마음이 느슨해질 때마다 새롭게 다짐해 단단히 굳혀가야 합니다.

자신을 바꾸는 것도 힘든 일인데 세상을 바꾸는 일은 더욱 어려움을 각오해야 됩니다.

사회 개혁의 꿈을 가진 분들은 우선은 현상에 적응하며 개혁에 나서야 합니다. 연이 높이 날수 있는 건 잡아주는 줄 때문인데 그 줄을 끊어낸다면 추락하는 길밖에는 없습니다. 그러니 개혁을 마음에 품었다 해도 우선은 기존의 질서에 적응하면서 개혁의 꿈을 향해 차근차근 노력하는 게 순리입니다.

세상을 바꾸는 일이라고 꼭 대단한 것이 아니라도 괜찮습니다.

필자가 젊었을 때 군에 입대하여 조치원에 있는 훈련소에서 겪은 일화입니다. 불시에 '집합' 명령이 떨어지면 부리나케 집합하는데 화장실에 갔을 때가 문제입니다. 작은 볼일은 빨리 보고 나면 그만인데 큰 볼일을 볼 때는 아무리 급해도 마음같이 끝낼 수가 없지요. 늘 집합에 늦는 사람이 한두 명 있는데 어떤 핑계도 통하지 않는 게 군대이니 기합이나 빳다를 각오해야 하고 지휘관도 일사불란하지 않으니 나름대로 자존심이 구겨지는 일이지요.

훈련 중간에 건의사항을 써내는 시간에 (그때 표현은 소원수리) '집합 5분 전' 예비령을 건의사항으로 써냈습니다. 누이 좋고 매부 좋은 일이니 손해

볼 건 없을 거라는 생각이었죠.

군대에서는 까라면 까면 되지 건의 따위는 멍청한 일로 통할 때인데 신기하게도 며칠 지나지 않아 '집합 5분전' 예비령이 시행되었고 그 뒤엔 마음 불안도 없고 팔자가 훨씬 편해진 기분이 들고 '집합'하고 나면 그야말로 일사불란하게 폼 나는 군대가 되었습니다.

수십 년이 지나서 얼마 전 TV에서 군대의 병영생활을 소개하는 프로를 보는데 그 부대에서 '집합 5분전'을 알리는 모습을 보고 저건 옛날에 내가 만든 아이디어라고 흐뭇하게 웃은 적이 있습니다.

대단치 않아도 사회의 한구석에 자기의 흔적을 남기는 일이라면 본인도 대견스러울 수 있고 세상은 그렇게 한 발짝씩 달라져 가는 겁니다.

우리의 IT기술이 앞서가고 행정 전산망의 개발에서 세계를 이끌게 되면서 행정 전산망의 세계적 보급을 위한 UN거버넌스 센터가 한국에 설립되고 우리의 생명 과학이 인정받아 UN백신연구소 본부가 한국에 설립된 것은 우리의 긍지이고 꿈의 이정표가 될 수 있습니다. 우리의 문화와 가락으로 세계를 열광하게 하는 K-POP의 신화도 자랑스럽지요. 우리 것을 살려 세계를 리드하게 된다면 가장 좋은 꿈의 실현이라 할 수 있겠지요.

오늘(2022년 6월 21일) 우리가 쏘아 올린 「나로호」가 우주를 날고 있으니 우리의 꿈은 그만큼 높이 잡아보세요.

좋은 꿈, 위대한 꿈일수록 우리에게 더 많은 고생을 요구하게 되지만 꿈에는 성취의 영혼이 들어있습니다. 도산 안창호 선생은 이렇게 말씀하셨습니다.

"우리가 세운 목적이 그른 것이라면 언제든지 실패할 것이요
우리가 세운 목적이 옳은 일이라면 언제든지 성공할 것이다"

다만 성취의 영혼은 열정을 먹고 자라나므로 웅대한 꿈일수록 목숨과도 바꿀만한 열정을 쏟아부어야 합니다.

3장

배움과 직업 선택

01 배움의 중요성

02 배움의 원리

03 직업의 의미와 중요성

04 직장선택 시 고려할 점

05 직장인이 갖추어야 할 자질

06 직장에서의 초기 적응

배움과 직업 선택

자기의 갈 길을 정하고 나면 그 꿈을 이루는 데 필요한 배움의 과정과 기나긴 정진의 과정을 거쳐야 합니다.

행복을 찾는 노력과 좋은 꿈을 정하는 일은 깨달음의 과정이므로 짧은 시간에 이루어질 수 있지만 배움과 정진은 평생을 해나갈 과제이므로 여기에는 꾸준함과 참을성 있는 노력이 가장 중요합니다.

인생의 전 과정이 배움과 일의 연속이라고 할 수 있습니다.

배움과 일은 상호 연관되어 있습니다.

배움은 자기가 원하는 직업을 택할 수 있게 해주고 일을 제대로 할 수 있도록 도와주며 일을 제대로 하다보면 배움에 새로운 성과를 더해주게 됩니다.

예전 같은 신분제 사회는 아닐지라도 공부가 직업을 결정하고 직업이 사회적 성취의 수단이 되고 자기의 이름 앞에 직함을 붙여 살아가게 됩니다.

그러니 배움의 중요성을 일찍 깨달아 자신의 앞길을 열어나가고 맡은 일에 후회 없이 노력을 다해야 합니다.

노력한다고 모두 성공할 수 있는 것은 아니겠지만 성공한 사람들은 모두 노력한 사람들입니다.

남다른 노력 없이는 남다른 인생을 펼칠 수 없습니다.

01 배움의 중요성

배움의 내용에는 흔히 말하는 『지식』과 깨달음에 연관된 『지혜』가 포함되는데 지혜는 인격의 장에서 또 한 번 살펴볼 것이므로 여기에서는 주로 지식과 관련하여 살펴보기로 합니다.

좋은 꿈을 이루기 위해 배움이 필수 과정인 것은 물론 보통사람으로 그럭저럭 살아가려해도 배움은 필요합니다.

지식이 너무 모자라는 사람을 '숙맥'(菽麥:흔히 쑥맥이라고 발음)이라 하는데 '콩과 보리를 구분 못한다(숙맥불변菽麥不辨)'는 데서 나온 말입니다.

춘추시대 진나라 도공의 형이 있었는데 콩과 보리를 구분 못하는 숙맥인 탓에 장자임에도 왕위를 아우에게 빼앗기게 됩니다.

사람 구실을 제대로 하려면 숙맥은 면하고 볼 일이고 좋은 직업이나 효율적인 업무 수행을 위해 더 많은 공부가 필요합니다.

자기가 선택한 분야에 대한 전문지식(everything of something)과 교양인으로 살아가기 위한 기본상식(something of everything)을 배우는 데 젊은 시절의 대부분을 보내게 되고 중년이 넘어서도 끊임없이 연구하고 탐구해야 하니 어찌 보면 사람은 배우기 위해 태어난 것처럼 보입니다.

농사가 잘되는 기름진 땅에 곡식을 심지 않으면 메마른 땅보다 잡초가 더욱 번성하여 볼썽사납게 됩니다. 만일 당신이 재능을 타고났는데 애쓰고 가꾸지 않으면 잡초가 번성하는 땅처럼 됩니다.

잡초를 제거하려면 작물을 심어야 하고 마음의 잡초를 제거하려면 좋은 생각으로 채워야 되겠지요.

재능을 타고 났는데 게으름으로 재능을 녹슬게 하는 것은 무거운 죄입니다.

좋은 머리를 좋은데 쓰지 않으면 어딘가 써지게 마련인데, 안 좋은 일로 굴러가면 죄가 더욱 무거워지게 되는 것이지요.

"봄에 파종하지 않으면 땅이 어떻게 낳게 하며, 여름에 김매지 않으면 땅이 어떻게 곡식을 자라게 하겠는가! 반드시 힘씀이 있어야 공이 이루어진다" 하였습니다.

모든 일에는 '때'가 있는 것이지만 공부처럼 '때'가 중요한 건 없습니다.

배움의 시기에 하는 공부는 자신의 신분을 높이고 꿈을 이루어 주지만 그때를 놓친 뒤의 공부는 아무리 열심히 해도 뒤늦은 발버둥에 그칠 수밖에 없습니다.

인생의 모든 과정에 노력이 중요한데 노력의 크기보다 노력의 타이밍이 더욱 중요한 경우가 많습니다.

젊음의 대부분을 배움에 바쳐야 하니 어차피 할 일이면 즐겁게 해야겠는데 매일 공부에 매달려도 달라지지 않는 지루함이 안타까운 문제입니다.

『명심보감』에 다음과 같은 구절이 있습니다.

"선을 행하는 사람은 봄 동산의 풀과 같아서,
그 자라남이 보이지 않아도 매일매일 늘어남이 있다".

배우는 사람은 봄동산의 풀처럼 자라고 있으니 너무 지루해하지 마세요.
배움에는 새로운 내용이 있는게 다행입니다.
오늘은 새날이니 새롭게(日新),
내일은 나날이 새롭게(日日新),
모레는 또다시 새롭게(又日新) 배워나가세요.

맹자가 말씀하기를 "정신을 쓰는 사람은 다른 사람을 부리고 육체의 힘을 쓰는 사람은 남에게 부림을 당한다" 하였으니 자신의 앞길을 생각해서라도 열심히 매진해야 되겠습니다.

공자는 "15세에 학문에 뜻을 두고 30에 서다"라고 스스로 말씀하였습니다.

인류의 스승으로 우뚝 선 분이 15년 안팎의 공부로 기반을 확립하였다는 뜻인데 요즘 사람들은 초등 교육이후 약 10년간의 공부로 인생을 가르게 됩니다..

중학교 1학년 정도부터 대학을 졸업하는 10년 정도의 시기에 어떻게 공부하고 방향을 잡느냐에 따라 인생이 달라진다 할 수 있으니 모든 부모들이 '공부'라는 말을 입에 달고 살며 모든 젊은이들이 공부에 목숨을 걸게 되는 것이지요.

가장 아쉬운 점은 학생 시절에 그저 좋은 성적, 좋은 학교로만 매달릴 뿐 그것이 장래에 어떻게 일생에 영향을 끼치고 무엇을 달라지게 하는지, 공부의 동기부여가 뚜렷하지 못한 점입니다.

공부가 직업을 결정해 주고 직업이 평생의 신분을 가르게 되는 현실감을 느끼게 해주는 것이 부모들의 할 일 중 가장 중요한 것이고 당사자에게는 가장 중요한 깨우침입니다.

공부로 인생을 가르는 사회제도의 타당성을 먼저 받아들여야 합니다. 신분이 세습되는 세상보다는 세상의 쓸모에 따라 해당분야 지식으로 가르는게 합당하고, 모든 사람에게 평등한 희망을 주는 방식이니까요.

법조인, 의사, 선망의 직종일수록 높은 수준의 지식이 없으면 넘볼수 없고 제대로 해 나갈수 없는 일들이며 현대가 지식의 사회이므로 웬만큼 괜찮아 보이는 모든 일들이 상당한 수준의 지식을 요구하므로 엘리트로 대우 받고자 해서 지식이 필요한게 아니라 평범한 사람으로 살아 가려해도 어느정도는 지식을 갖춰야 되게 되었고 지식에 너무 뒤처지면 뒤쳐진 인생을 살 수 밖에 없게 되었습니다.

열심히 하든 고심만 하든 어차피 공부에 매달려야 할 세월인데 10년으로 인생길이 정해진다면 10년 제대로 해서 편한 길을 가는 게 가장 약게 사는 방법이기도 합니다.

학창 시절에 '공부밖에 모르는 놈'으로 제쳐두었던 친구들이 나중에 가면 더 '잘 놀고 잘 사는 모습'을 보게 되지요.

한국인의 배움에 대한 열정은 자부할 만합니다.

세계적 자랑거리인 한글 덕분에 국민의 문맹률이 제로에 가까울 만큼 모든 국민이 읽고 쓸 줄 알아 공부의 기초가 잡혀 있고 배움이 살 길이라는 신조로 교육에 열성을 다해 짧은 세월에 세계적 수준의 지식강국을 이루어냈습니다.

온 국민이 공부에 열성이다 보니 경쟁이 치열해지는 것은 어쩔 수 없는 일이기도 합니다. 세계 최고의 지식이어야 제대로 빛을 보는 세상이니 경쟁이 심한 것은 세계 최고에 가까워지는 길이라고 자부하고 긍지를 가지세요.

다만 한 가지 유의할 것은 학교 공부를 하는 나이에 1등을 하겠다는 의욕은 좋은 것이지만 1등은 한 명뿐이니 집착은 버려야 합니다.

1등에 대한 집착은 신경과 에너지의 소모가 많을 뿐 아니라 평정심을 잃어 인품에도 금이 가게 합니다.

한국의 학부모들은 자녀교육 열기가 세계 제일로 알려져 있는데 그것 자체는 나무랄 게 없으나 1등 욕심은 자녀들을 세계 최고의 공부 스트레스에 시달리게 합니다.

백 명에서 1등을 하라고 하면 성공 1%, 실패 99%인데 자녀를 실패 99%로 몰아넣는 건 여지없는 자녀 학대입니다. 위해서 하는 일인데 학대는 안될 일이죠. 해봐도 1등은 어려우니 색다른 것으로라도 관심을 끌어보고자 엉뚱한 짓을 할 수도 있습니다. 본인들도 등수 따위는 아예 접어두고 이왕하는 공부 재미붙힐 방법만 찾아보세요.

즐겁게 몰두하다 보면 저절로 1등이 될 수도 있고 평생의 배움과 노력으로 1등 인생을 가꾸어 가면 그것이 진정한 1등이니까요.

요즘 세상에선 배우고자 하는 열성만 있으면 누구에게나 좋은 조건이 갖춰져 있습니다. 먼 옛날에는 가르쳐줄 선생을 만나기도 어렵고 배워야 할 책을 구하기도 어려웠습니다.

인쇄술이 발달하기 전에는 배우고자 하여도 책을 구하기조차 힘들고 그나마 은혜를 입어 책 한 권을 빌리면 모조리 베껴놓고 공부해야 했으니 요즘 사람들은 행복에 겨운 여건인데도 마음의 게으름이 부끄러울 뿐입니다.

공부하는 나이가 지나고 나서도 배움은 끝나지 않습니다.

세상이 지식의 사회이다 보니 일 자체가 몸의 움직임보다 머리의 움직임을 더 많이 요구하기 때문입니다.

사회에 나가고 나면 아무도 학교 때의 옛 성적을 묻지 않지만 그 대신 새로이 배워야 할 실용 공부들이 쌓여 있습니다.

『회남자』에 "강가에서 물고기를 탐내지 말고, 돌아와서 그물을 만들어라" 하였는데 그물을 만들려 해도 배워야 만들 수 있게 됩니다.

초년 공부로 일생의 길을 편히 보장받은 몇몇을 제외하고는 대부분의 사람들에게 인생의 실제적 판가름은 사회 진출 이후의 꾸준한 공부와 탐구 실현에 달려있습니다.

나이 든 이후 공부를 소홀히 하는 경향을 꼬집어 당나라의 대 유학자 한유는 "자식을 사랑하여 스승을 골라 가르치면서 정작 자신은 스승 갖기를 부끄러워하니 미혹된 일이다" 하였습니다.

현대는 지식의 사회이므로 평생 학습의 자세가 필수이며 다양한 취미와 지식을 위한 교육제도가 갖추어져 있습니다. 각자에 맞는 교육 기관들이 많지만 방송통신대학과 사이버대학에 특별한 관심을 가져보세요.

체계적인 교육 및 평가가 이루어지고 학위까지 주어지니 대학을 졸업한 분들도 또 다른 전공으로 검토해볼 만합니다.

다들 배울만큼 배운 시대이니 "배울만큼 배운건" 자랑거리가 못되며 끊임없이 배우는 자세야 말로 자랑꺼리가 될수 있습니다.

학문이나 기술을 배우고 익히는 것을 공부라고 하는데 공부(工夫)라는 말에 깊은 속뜻이 있습니다.

공(工)은 만들어 냄을 뜻하고 부(夫)는 가정을 꾸리는 지아비, 세상을 이끄는 대장부를 뜻하니 『공부는 대장부를 만들어 주는 길』입니다.

노력을 다해도 결실이 없는 일이 많은게 인생사의 허망함인데 공부에 쏟는 노력은 언제든지 그 이상의 보답을 가져가 줍니다.

웬만큼 하면 가정을 꾸릴 지아비의 자격을 주고

제대로 하면 세상을 이끌 『대장부』가 되게 해줍니다.

여자들은 『여장부』가 되는 거고요.

02 배움의 원리

배움의 분야는 한없이 넓지만 모든 **공부의 기초로는 맨 먼저 말의 뜻을 바로 알아가는 것**이 출발입니다.

우리가 흔히 쓰는 성묘나 명절 때의 '귀성'이라는 말에서 '성'이 살핌을 뜻하니 '성묘'는 '절을 하러 간다'는 뜻보다는 '조상의 묘를 살핀다'는 의미이며 '귀성'은 '고향과 부모, 친지를 살피러 온다'는 뜻이 됩니다.

'종교'나 '종친' 등에 쓰이는 '종'은 '산, 고개 등의 마루', '가장 높은 곳'을 뜻하니 '높은 가르침', '최고의 친함'이 되는 것입니다.

우리말에 한자어가 얼마나 뿌리 깊은지 다음 구절을 읽어보세요.

"하여튼 그 자식은 도대체 막무가내라서 어차피 별수가 없다."

쉽게 쓰는 말인데 단어들이 모조리 한자어니 놀랍죠.

우리말 중 특히 학문적 용어는 한자에서 유래한 것이 많으므로 말의 뜻을 정확히 알아야 하고 말의 유래부터 정확히 알면 억지로 외우지 않아도 쉽게 이해하고 기억할 수 있게 되지만 말뜻을 모르고 외우려면 힘만 들고 금세 다시 잊어버립니다.

세계 최고의 한글 덕분에 모두가 『문맹』은 면했으나, 읽기는 잘해도 뜻을 모르니 『문치 (文痴)』라 할까요?

음치는 노는 자리에서 괴롭고 문치는 공부하는 과정이 답답해 집니다.

한자를 읽고 쓰는 어려운 과정은 접어두고 그 글자의 유래와 쓰임새만 알아보면 됩니다. 국어사전과 한자 옥편을 찾아보거나 검색을 통해 말뜻을 잘 모르는 단어만 그때그때 찾아서 한자의 의미를 살펴보면 되는데 시간의 낭비 같지만 한 가지 글자가 여러 말들에 쓰이므로 불과 몇 백 글자만 찾아보면 국어뿐 아니라 모든 과목에 큰 도움이 됩니다.

속뜻풀이 사전이 나와 있어서 옥편을 따로 찾지 않고 훨씬 쉽게 찾아볼 수 있게 되었습니다.

자칫 잘못 생각하면 우리글이 아니라 '한자'에 집착하는 것으로 오해할 수도 있으나 한자는 중국에서 가져온 건 사실이지만 그것으로 표현하는 말들은 이천 년 동안 우리가 써온 우리의 언어문화입니다.

서양의 알파벳이 세계 대부분 국가에서 통용되고 아라비아 숫자가 모든 국가에서 쓰이는 것이 누구에게도 부끄러움이 되지 않는 걸 생각하면 되겠네요.

더구나 우리는 세계인이 부러워하는 '한글'을 갖고 있고 한자에서 유래한 말들도 한글로 표기하여 쓰는데 그 의미와 유래만 살펴보자는 것이지요. 그렇게 하나씩 알아 나가면 재미가 있으니 몰두할 수 있고 앞서갈 수 있게 마련이니 이를수록 더 좋지만 초등학교 중반쯤부터 이러한 관심을 가져보는 것이 매우 중요합니다.

한글 전용으로 한자를 몰아낸 것은 타당성이 있지만, 한자어의 쓰임새에 대한 관심마저 잊은 것은 안타까운 일입니다.

우선은 과목을 한정하지 말고 가르치는 분들 모두가 이런 문제를 깨닫고 제대로 알고 배울 수 있게 해야 되겠네요.

부모들도 자녀가 어릴 때부터 일상의 대화에서 이러한 점을 깨닫게 해주고 정확히 모르는 말은 같이 찾아보는 습관을 들여주면 아주 좋을 듯 합니다. 어린 사람에게 "그렇게 하라"는 한마디 말로 그치는 것은 방관에 불과합니다. 어른들끼리도 중요한 일에는 거듭 강조하고 확인해야 되는데 어린 사람에게 말로만 던져 놓는건 면피용 액션일 뿐입니다.

말이 세상과 생각의 표현이므로 말을 제대로 터득해가면 생각이 넓어지고 마음을 제대로 다듬어 주게 되는 게 또 하나의 선물입니다

다음으로 수학을 중요한 과목으로 꼽는데 수학이 이렇게 대접받는 이유는 수학 자체가 아니라 쓰임새의 유용성 때문입니다.

현대를 과학의 시대라 하는데 자연과학 및 응용과학은 물론 사회과학에까지 수학의 기초가 활용되니까요.

많은 사람들이 수학을 재미없고 딱딱하게 느끼고 타고난 소질이 많이 작용하는 듯하지만 사회과학을 생각하는 사람도 최소한 『경우의 수』와 확률, 통계분야에 대해서라도 친해두면 논리와 사회적 현상에 대한 예측과 분석 등에 요긴하게 쓰게 됩니다.

고난도 수학은 어려운건 사실이어서 『상대성원리』를 제대로 이해하는 사람은 몇 안 된다네요. 아인슈타인에게 상대성 원리를 물으니까 어차피 못 알아 들을테니 "애인과의 한 시간은 1분같고 난로위의 1분은 한 시간 같은 것" 이라고 대답했다네요.

수학도 기본 의미부터 차분히 살펴보면 수식이란 것이 세상의 원리를 설명하는 간결한 글이라는 걸 알게 됩니다.

함수 'y = f(x)'에서 'f'는 상관관계를 뜻하고 우리는 상자를 뜻하는 『함』이라는 표현을 쓰는데 'x'가 상자를 지날 때 상자의 지시에 따라 값이 달라져 'y'가 되어 나온다는 뜻이니 재미있는 표현이지요.

어떻게든 수학과 친해져봐야 하니 수학 자체의 매력보다도 쓰임새의 매력을 생각하세요.

<u>예체능은 타고난 소질이 가장 많이 필요</u>한 부분입니다.

어려서 어떤 부분의 소질이 발견되면 꾸준히 길러나가 탁월한 소질이 확실할 때 진로로 삼을 수 있습니다.

가장 염려스러운 것은 문과 쪽 공부도 싫고 이과 쪽도 마음에 안 들어 도피의 수단으로 예체능을 택한다면 그쪽이 공부보다 더 만만치 않은 걸 바로 느끼게 됩니다.

생활에서 즐기는 음악, 미술, 체육과 전공으로 택한 예체능과는 차원이 다른 것이기 때문이지요.

공부로 성공했다는 사람은 많아도 예체능으로 스타가 되려면 훨씬 피나는 노력이 필요합니다.

『인기』와 돈이 같이 따를 수 있는 분야인데 『인기』는 쉽게 얻어지는 게 아니고, 재능과 기품을 같이 갖추는 『수도』에 가까운 노력을 기울여야 얻어집니다.

학문의 궁극적 가치는 **자연과 사회와 인간에 대해** 더 깊이 올바로 알고자 하는 것이므로 배움은 학교에서의 교과 과정에 따라 주로 책을 통해 공부해 나가게 되지만 배움의 진짜 묘미는 자연에 대한 깊은 관찰과 인간과 세상사에 대한 남다른 통찰에 있다고 할 수 있습니다.

같은 자연을 보아도 보는 시각에 따라 자연의 원리를 꿰뚫어보면 과학이 되고 자연의 아름다움에 심취하면 시와 예술이 되고 자연을 가꾸고 활용하면 응용과학과 산업이 됩니다.

사람과 세상사에 통찰력이 있다면 철학, 사회과학, 또는 정치적 자질이 되고요.

자세히 살펴보면 소소한 재미도 있어요. 필자의 회사터에 백 년 넘은 배나무가 있는데 잎사귀가 피기전에 광택나는 흰 꽃이 활짝 펼쳐 피어서 하늘을 향하니까 눈처럼 빛나고 달이뜨면 『이화에 월백』이 됩니다. "노목에 꽃이 피니 중심(마음)은 늙지 않았네(老木開花 心不老)"라는 글귀도 떠오르지요.

천재 김시습의 5세 때 표현이랍니다.

사과꽃은 비슷하지만 살짝 오므려 피고 광택이 적고 만개할 때 쯤엔 잎사귀가 나와 순백이 덜하게 되죠.

해바라기는 해를 따라 도는게 아니라 아침해를 기다리며 동쪽으로 핍니다. 해바라기를 동쪽 마당에 심으면 꽃의 머리만 보게 되니 꽃을 보려면 서쪽 마당에 심어두세요.

어떤 분야를 택하든 일정 단계를 지나고 나면 <u>글쓰기의 중요성</u>과 마주치게 됩니다.

글은 자기의 생각과 연구 업적을 조리 있게 전달하는 데 필요할 뿐 아니라 생각을 체계적으로 정리하고 올바른 방향을 잡아주게 합니다. 천부적 자질의 차이가 있기는 하지만 글쓰기를 제대로 하려면 좋은 글들을 많이 읽어두는 게 기초가 됩니다.

2,500년 전 공자의 시대에도 책을 구경조차 하기 어려운 여건이었지만 배움은 책을 읽는 것으로 시작하였습니다.

책을 읽는 것은 지식을 배우는 과정이고 글을 쓰는 것은 배운 지식을 정리하고 자기의 생각을 더하여 밖으로 나타내는 것입니다.

글쓰기는 타고난 재주라는 생각을 지우세요. 없는 걸 짜내는 재주가 아니라 배워서 들어있는 걸 정리하고 쓸모 있는 생각을 하는 재주입니다.

말은 바꾸면 흠이 되지만 글은 고치고 다듬을수록 나아지며 이러한 과정이 글쓰기의 수련과정입니다.

머리에 든 게 있으려면 배워야 되는데 훌륭한 스승을 만나면 크나큰 축복입니다.

중국 송나라 때 구양수 선생이 소순, 소식(동파), 소철, 왕안석, 증공을 제자로 두었는데, 본인과 제자 모두 6명이 당송 8대가로 꼽히게 됩니다.

그 이전 당나라 때 한유 선생과, 같은 시대의 유종원이 8대가에 포함되며, 그들의 시와 문장이 중국인의 정신문화에 큰 영향을 끼치게 됩니다.

당나라 때 '시선'으로 불리는 이백과 '시성'으로 불리는 두보는 시로는 그들을 능가하는 면이 있으나 시보다 문장을 통해 정신문화에 끼친 영향을 위주로 평가하여 8대가에 포함되지 않게 됩니다.

나중에 요긴하게 쓰일 글쓰기 연습을 겸해 "관찰과 생각의 일기"를 써보기를 권장합니다.

선생님께 숙제로 내는 일기가 아니니 매일 쓸 필요는 없고 쓸 내용이 있을 때만 그때그때, 꾸준히 써나가다 보면 어느새 자기만의 분야가 두드러지게 나타나서 자기 갈 길의 지침이 되며, 모르는 사이에 글솜씨도 좋아지고 자기만의 남다른 스펙이 됩니다.

제대로 배우고 생각해서 그럴듯하게 써보려고 머뭇거리지 말고 떠오르는 대로 써보면 글쓰기가 생각과 배움에 도움을 주고 서로 피드백이 되어 시간이 지나서 비교해보면 스스로 달라진 모습을 발견하고 흐뭇해하고 더욱 재미를 붙이게 되지요.

문장 하나에 목숨이 걸리기도 합니다.

중국 3국 시대 조조의 아들 조비가 동생 조식에게 일곱 걸음에 시를 짓지 못하면 목숨을 내놓으라고 하자 조식이 『칠보시』를 지어 냅니다.

"콩을 삶는데 콩대를 때니 콩대는 화드득 거리며 타오르고 솥에 담긴 콩은 뜨거움에 눈물 흘리네. 본시 한 뿌리에서 나왔건만 왜 이리 급하게 보채는가?"

이 시를 바쳐 목숨을 건지게 되지요.

좋은 글 때문에 목숨을 잃게된 경우도 있습니다.

당나라 유희이가 『대비 백두옹』이라는 시에서

'년년세세 화상사(年年歲歲 花相似)', '세세년년 인부동(歲歲年年 人不同)'

'해가 바뀌고 세월이 가도 꽃은 서로 닮게 피는데 세월이 가고 해가 바뀌

3장 배움과 직업 선택

며 사람은 달라져 가네' 라는 명구를 지어내고 그의 장인(송지문)이 그 구절을 자기에게 양보하라는 말을 듣지 않아 죽음을 맞게 됩니다.

여기서 人不同 은 처음에 그 꽃을 본 사람은 세상을 떠나고 나중에는 다른사람이 그 꽃을 본다는 인생 무상을 뜻한 것이며 사람의 마음이 세월에 따라 달라짐을 암시하기도 합니다.

글이 목숨까지 좌우하니 글이 인생길을 달리 하는건 두말할 필요가 없겠지요

하나의 과목은 1년만 몰두하고 나면 써먹을 만하게 되지만 자기 분야의 진짜 공부는 10년을 몰두해야 제대로 갖추게 됩니다.

하루 세 시간씩 10년간, 1만 시간을 몰두하고 나서야 아무도 넘볼 수 없는 경지에 다다를 수 있게 된답니다.

다만 3년정도 몰두하고 나서 두각이 나타나지 않으면 무턱대고 인생을 걸지는 마세요.

전문분야에 관하여는 지금까지 남들이 이루어 놓은 것을 단순히 배우는 것으로 족해서는 그저 배우는 사람(학생)으로 그칠 수밖에 없습니다.

그저 학생을 만들어 내려고 가르치고 배우는 건 아니지요. 학생으로 그치는 사람은 세상이 그럭저럭 부려먹을 만한 사람이 될 뿐이고 스스로 세상을 움직여 보려면 세상이 이루어 놓은 지식에서 한발 더 내딛는 창조의 공부를 이루어내야 합니다.

그러니 <u>지식을 얻어내는 것보다 제대로 생각하는 방법</u>을 얻어내는 게 공부의 포인트가 되는 것이지요.

세상의 다양성에 따라 전문분야는 점점 더 세분화되어 가는데 최근의 또 다른 관심사는 통합의 학문, 융복합 산업입니다.

어떠한 기술일지라도 인간과 세상을 위해 적용되려면 과학과 예술과 인문 사회학이 연계되는 과정이 필요하기 때문입니다.

다만 어느 한사람이 이러한 모든 것에 팔방미인이 될 수는 없는 일이고 여러 분야의 전문가들과 협력, 조율하는 마음의 자세를 열어두고 효율성 있는 네트워크를 활용하는 방법을 알아두면 됩니다.

시각을 좀 바꿔서 생각해 볼 일이 있습니다.

배움이 중요하다 보니 자녀를 둔 부모들은 자녀의 지도에 대단한 열성을 가지게 됩니다. 좋은 성적을 위한 특별 지도는 그렇다 치고 자녀의 모든 생활에 나름대로의 기준을 정해두고 심지어 수준이 떨어진다고 생각되는 친구와의 접촉마저 차단하려 듭니다.

자녀를 자기의 틀 안에 가둬놓고 과잉보호에 나서고 있는 것인데 이런 부모들께 꼭 들려드릴 이야기가 있습니다.

중국의 요순시대에 홍수의 피해가 자주 일어났는데, 요 임금 때 강물의 치수를 맡은 '곤'이라는 사람은 모든 강줄기를 다른 데로 흐르지 못하도록 막는 공사를 철저히 해보았지만 아무리 해도 강물을 제대로 다스릴 수 없었습니다.

그 후 순 임금의 시대에 "곤"의 아들인 "우"에게 강물의 치수를 맡겼는데, '우'는 강물이 피해 없이 퍼져나가도록 물길을 터주는 방법으로 바꿔서 강물을 제대로 다스릴 수 있게 되었고, 이러한 공적으로 천하의 통치를 물려받아 우 임금의 시대를 열게 됩니다.

역사 시대 이전의 신화에 있는 이야기인데 단순히 강물을 다스리는 방법을 넘어서 인간사에 대한 교훈적 의미가 깊습니다.

사람도 나쁜 쪽으로 못가도록 막는 것보다는 좋은 쪽으로 향하도록 길을 터주는 게 옳은 지도 방법입니다. 스물네 시간 좋은 일에 매달릴 수 있으면 나쁜 길에 빠질 염려는 저절로 없어지게 되니까요.

인간사의 무슨 문제든 가두고 단속해서 제대로 될 일은 없습니다.

나라의 중대한 일을 실패한 사람의 아들에게 맡긴 것도 출신과 가문보다 그 사람의 역량을 중요시하는 포용정신이 엿보이고 모든 일에 그저 '열심히'보다 '옳은 방법'이 중요함을 암시하고 있지요.

부모들의 열성은 과잉이 걱정될 정도인데, 세상을 살아보니 "배움만이 살길"이라는 뼈저린 깨달음을 겪었기 때문이지요. 막상 깨우쳐야할 자녀가 그 마음을 몰라주면 짝사랑처럼 되어 부모는 허탈해지고 자녀는 오히려 거북해 하게 됩니다.

"공부 열심히 하라"는 말은 당신을 나무라는 게 아니라 당신을 사랑하니까, 가장 편한 인생길로 가라는 말입니다.

당신이 좋아하는 게임이나 오락은 "하지 마라" 하고 이것저것 "하지 마라"는 게 많은 것도 공부할 시간을 뺏기기 때문이지 사랑하는 당신이 좋아하는 일을 왜 말리겠어요. 공부는 때를 놓치면 못하고 그런 것들은 평생 두고 해도 늦지 않으니 그러는 거예요.

게임은 예부터 패가망신의 지름길로 여기던 「노름」이며 재미있는 것일수록 한번 시작하면 스스로는 시간 조절이 어렵고 습관성(중독성)으로 빠지기 쉬워 안타까운 마음에 「알람」하는 것입니다.

늦잠을 안 자려고 스스로 알람을 틀어두는데 그분들의 「알람」도 고마운 거죠.

공부의 결과는 점수나 석차로 평가되지만 그것이 현실적 보상으로 느껴지지 않으므로 세월을 한참 보낸 후 입시나 취업의 시기가 되어서야 진정한 실감을 느끼게 되는 게 문제이니 별도로 공부의 동기를 찾아야겠죠.

<u>진정한 공부의 동기는 흥미와 호기심입니다.</u>

흥미를 느끼려면 외우는 공부가 아니라 이해하는 공부, 다음 단계를 궁금해 하는 공부, 궁금해서 질문할 줄 아는 공부를 해야 되지요.

의미가 무엇인지(what)와 왜(why) 그런지를 모른 채 언제, 어디서, 누가, 어떻게 했는지 외우지 마세요.

시험문제만 풀어내고 대답만 척척해내는 공부에 떠밀리는 우리의 교육방식은 안타까운 일이고 다 같이 고쳐나갈 과제입니다.

대입 시험까지는 객관식 문제로 평가하는데, 객관식이란 시험을 치르는 사람으로서의 객관성이 아니라 채점하는 사람의 주관이 개입되지 않고 개관적으로 평가하려는 방법이며 채점의 자동화도 가능하므로 나름대로 이유는 있지만 누가 더 깊이 알고 있는지를 알아내기는 어려운 방법이지요.

시험이란 어떤 일을 잘해낼 수 있을지 가늠해보는 수단인데 그 시험을 통과한 후 제대로 해내려면 시험문제와는 전혀 상관이 없는 새로운 문제에 부딪히게 되니 시험 방법도 달라져야 되겠고, 멋진 미래를 꿈꾸는 사람은 시험 이후에도 통할 수 있는 공부를 생각해야 되겠지요.

전공분야의 선택에 신중하세요.

『그저 열심히 보다 옳은방법』을 찾는 출발점입니다.

전공 분야는 대학 진학시 결정하지만 고 2년 정도에 문과, 이과를 나누게 되므로 그 이전에 방향을 잡으려면 미리부터 생각해 둬야 합니다. 그저 마음에 쏠리는 대로 결정해서는 두고두고 후회할수 있으니 선생님, 부모님의 조언도 듣고 현명하게 선택해야 합니다.

가장 중요하게 고려해야 할 것은 이과분야, 특히 이학이나 공학 분야는 수학에 어느정도 자신을 갖고 지망해야 합니다. 입시에서의 평가 기준도 그렇고 전공 수업 내내 수학이 관련되므로 그저 닥치면 따라가겠지 하고 편히 생각하면 낭패가 클수 있습니다.

특별한 사연이 있어서 수학이 약한데 이과 분야를 택하려면 어떻게든 어느정도 따라갈만하게 준비해야 합니다. 생각 없이 이과 방향으로 공부했는데 수학이 너무 여의치 않으면 입학후 수학의 요구 수준이 적은 학과나 문과쪽으로 방향을 돌려보세요.

의료분야, 농수축산분야, 조리학 분야등은 수학의 요구 수준이 높지 않습니다. 다들 알고는 있지만 그 심각성을 말하는 것이며 대학 진학후 수학을 따로 공부해서 보충하는 것이 현실적으로 여의치 않기 때문입니다. 뭍에서는 사자가 이기고 물에서는 악어가 이기게 됩니다.

다음으로 여럿이 몰려 간다고 무조건 따라가지 마세요.

세상의 직업은 세분해 보면 수만가지가 되고 몰려가는 곳은 경쟁이 심해 두각을 나타내기 어려우니 남들 보다 앞설수 있는 곳에서 최고가 되는 길을 생각하고 거기에 맞는 분야로 가세요. 전공의 선택은 잠시 해볼일을 정하는 게 아니라 평생의 인생길을 정하는 것이니 자신의 꿈에 맞는길, 잘할수 있는 길로 가야합니다.

쑥스러운 말이지만 공부에는 아예 흥미가 없는데 대학은 나와야 되겠다는 생각이라면 언어(국어, 외국어), 역사, 지리, 법률 분야를 생각해 볼만 합니다.

학문이 세분화 되기 이전부터 있었던 전통적 분야이며 생각과 생활에 관련이 깊어 높이 성취하지 못해도 들은 풍월 만으로도 배운만큼은 써먹게 되고 혹시 나이들어 다른 분야에 관심을 갖게 되면 좋은 기초가 되기도 합니다.

대학에서부터라도 공부 방법이 많이 달라져야 합니다.

아무도 생각지 못한 문제를 찾아내서 어떻게 해결할 것인지 알아내면 그것이 나만의 노하우(know-how)가 됩니다.

무엇(what)이 왜(why) 그런지에서 시작한 공부가 무엇(what)을 어떻게(how)할 것인지를 이끌어 내는 것이지요.

인간과 세상에 진정 중요한 문제를 질문할 수 있고 해답을 낼 수 있으면 우리가 세계를 리드하게 되고 그렇게 한다면 세계 최고의 공부에 대한 열정이니 노벨상도 어렵지 않을 텐데요.

미래를 가장 잘 설계하는 사람은 일이 자신의 생각대로 만들어지도록 노력을 다하지만 고민만 하는 사람은 노력 없이 시간을 보내며 일이 될 대로 되어지기만을 기다립니다.

우리에겐 성공이 찾아오는 게 아니라 성공할 수 있는 기회가 찾아옵니다. 배움의 시간은 누구에게나 찾아온 성공의 기회인데 그 기회를 어떻게 살려 나가느냐는 각자의 몫입니다.

인생의 제1라운드(공부)에서 이기고 나면 일단 음지는 면하게 되고 다음부터는 『양지』에서 좋은 자리를 찾는 게임이 됩니다.

"바보들은 늘 결심만 한다"는 말이 있는데 결심만 하고 실행하지 못하면 스스로 바보가 되는 것입니다.

미국의 루즈벨트 대통령의 말을 생각해 봅니다.

"미래에 대한 꿈이 없는 사람은 쓸모없는 사람이고 꿈은 갖고 있어도 그것을 이루려 실제로 노력하지 않는 사람도 똑같이 쓸모없는 사람이다."

대학에 다니면서 " 고등학교 때 열심히 안 해서~"

고등학교 때는 "중학교 때 열심히 안 해서~"

이제 와서 자기는 너무 늦었다는 핑계로 팔짱을 끼고 있는 사람들을 종종 보게 됩니다.

지금부터라도 열심히 하면 그만큼은 나아지게 되고 한때라도 열심히 해 본 기억이 평생 당신의 살아가는 태도를 바꾸어 줍니다.

"너무 늦은 시작은 없습니다."

모든 습관이 그렇듯이 공부하는 습관도 3주만 하면 길러지고, 무언가 나아진 걸 느끼려면 3개월이면 됩니다.

공부에서도 가장 나쁜 습관은 최후의 시한까지 미뤄두는 일이죠.

우물쭈물하다가 "내 그럴줄 알았다" 하게 되는 거예요.

숙제든 시험공부든 미리 해놓고 놀면 노는 것도 신이 나는데 순발력만 믿으며 미뤄놓고 고민 속에 노는 것이지요. 한두 번 그렇게 해볼 수는 있지만 공부하는 것보다 고민하는 것이 힘든 일이라는 걸 알게 되지요.

준비 부족으로 입시나 취업에 실패하고 나면 살면서 맨 처음 맞이하는 좌절이니 세상이 무너진 듯한 시련으로 받아들이지만 냉정하고 의연하게 생각하세요.

재도전할 여건이 된다면 그것 자체가 행운이고 모든 실패에는 좀 더 영리하게 새로 시작할 교훈이 숨어 있습니다. 젊음의 특권이 있으니 잠시 늦춰가는 것뿐이고 전번의 실패에서 모자라는 부분만 보충하는 것이므로 그리 어려운 싸움도 아니죠.

실패한 오늘만 있는 게 아니라 실패하지 않은 내일이 있다는 게 젊음의 특권이지요.

다만 '그럭저럭 한 번 더'가 아니라 '제대로 한 번만 더' 하세요.

03 직업의 의미와 중요성

생계를 위하여 일상적으로 하는 일을 직업이라 하는데 직업은 생계의 유지뿐 아니라 자신의 인격과 능력을 길러주며 자신의 사회적 역할을 실현하는 과정이 되므로 자기의 일생을 좌우하는 중요한 의미를 갖게 됩니다.

직분의 업(일) 자체에는 선악을 따지지 않으나 수행과정을 잘 해나가면 선의 업보를 쌓을 수 있고 잘못해 나가면 악의 업보를 쌓을 수도 있게 됩니다.

직업은 이와 같이 중요한 것이므로 좋은 직업을 갖고자 누구나 최선의 노력을 다하게 되고 배움의 기나긴 과정도 현실적으로는 원하는 직업을 갖기 위한 노력의 기간이라고 볼 수 있습니다.

되도록 일찍부터 직업에 대해 생각하고 그에 맞는 전공의 방향부터 제대로 결정해야 합니다.

직업의 결정보다 훨씬 이른 시기에 방향에 맞는 전공을 선택해야 하므로, 미리부터 관심을 가져야 하고 그것이 인생의 방향을 정하는 중요한 대목입니다.

직업의 선택이 전공의 범위에서 이루어지는데 전공의 방향이 청소년기에 깊은 생각 없이 섣불리 되지 않도록 스승과 부모의 조언도 참고하고 자신의 꿈에 맞는 길을 제대로 선택해야 합니다.

『좋은대학』보다도 『맞는 분야』가 중요한 거죠.

좋은 직업을 찾는 것은 가장 큰 축복인데 가장 중요한 일인 만큼 살피고 살펴 걸맞는 준비를 차근차근 해 나가세요.

직업을 정하고 나면 평생을 몰두하게 되고, 깨어있는 시간의 절반 이상을 직업에 연관된 활동으로 보내게 되므로 직업이 자신의 평생을 좌우하고 자기의 이름 앞에 직함을 붙여 부르게 될 만큼 자신의 사회적 신분을 결정짓게 됩니다. 직업을 귀, 천으로 구분해서는 안 되지만 선망의 직업이 있고 꿈의 직장이 있는 건 부정할 수 없는 현실입니다.

선망의 직업은 인정하지만 흔히 말하는 공무원이나 '사'자 들어가는 전문직만을 선호하는 사회 통념에 얽매이지는 마세요.

몇 개의 직업만을 성공으로 보고 다른 모든 것을 실패로 보는 시각은 세상을 실패의 소굴로 만드는 어리석은 잣대입니다.

좋아하고 잘 할 수 있는 일이면 축복입니다. 참깨는 값진 작물이지만 콩밭에 떨어져 나면 잡초로 취급받게 마련이니 제대로 대우받고 스스로 보람을 느낄 수 있는 자리를 찾는게 인생의 성패를 좌우하게 됩니다.

농사에서는 좋은 품종의 종자를 고르는게 성패를 좌우하는데 인생농사(자식농사)에서는 종자는 이미 결정된 것이니 종자(기질과 역량)에 맞는 밭을 고르는게 성패의 핵심이 됩니다. (땅콩은 모래 밭에 심고 고구마는 황토밭에 심듯이~)

04 직장 선택 시 고려할 점

내가 좋아하는 일. 내가 잘 할 수 있는 일은 무엇인가?
내가 그 일에서 얻고자 하는 것은 무엇이고
그 일을 통해 이루어 내고자 하는 것은 무엇인가?
장래의 내 모습은 어떻게 만들고 싶은가?
자신의 적성과 소망에 어울리는 곳을 살펴보세요.
좋은 나무에는 온갖 새가 모여들지만 똘똘한 새는
자기에 맞는 나무를 골라 앉을 줄 알아야 합니다.

1. 자신의 적성에 맞는 분야를 선택해야 합니다.

타고난 소질이나 후천적으로 획득한 자질이 사람마다 다르고 견해와 열정이 다르므로 자신의 자질과 열정에 맞는 분야를 선택하는 것이 중요합니다.

현대는 전문화된 구조이므로 자기의 선택 분야는 자신의 전공분야 안에서 이루어지는 게 보통이지만 때로는 자신의 전공분야 밖에서 직업을 택하고지 하는 경우도 있을 수 있습니다.

이런 경우 그 분야의 전공 이수자들보다 더 많은 열정과 자질이 객관적으로 입증될 수 있도록 미리부터 준비해둘 필요가 있습니다.

현실적으로 이런 준비가 말처럼 쉬운게 아니므로 몇 년 거슬러 올라가서 전공의 선택이 그만큼 중요한 걸 다시 생각하게 되고, 지금이라도 자신의 분야를 제대로 알았으면 그 길로 가면 됩니다.

진출 분야가 전공과 일치하면 크나큰 행운이겠고 전공을 벗어난 분야라도 너무 위축되지는 마세요. 인생길에는 돌아서 가는 길도 있고 좀 돌아서라도 자신의 길을 찾으면 축복입니다.

전문경영인은 경영학 전공자들의 몫이라고 생각되지만 세계 1,000대 기업의 CEO는 약 30%만 경영학 전공자들이고 이공계나 인문학 전공자가 더 많이 좋은 성과를 거두고 있는 걸 보면 마음이 조금 편해질 수 있겠네요.

선택받은 사람들의 경우이긴 하지만 세계 유수의 대학을 좋은 성적으로 졸업하고 나서도 진정한 자신의 분야가 아닌 걸 뒤늦게 알고 나서 새로운 전공으로 다시 시작해서 그야말로 신화적인 성과를 거두는 사람들도 있습니다.

2. 직장의 발전 가능성과 장래성을 고려해야 합니다.

현대는 모든게 빠르게 변화하는 시대이며 변화가 예측의 범위를 뛰어넘는 경우가 많아 '불확실성의 시대'라고까지 말합니다.

직업과 직장을 정할 때 그곳이 앞으로 어떻게 변모하게 될지를 상상하고 예측해 보아야 합니다. 이것은 대기업과 중소기업 중 어느 쪽을 선택하느냐 할 때 중요한 판단 기준이 될 수 있습니다.

대기업에서 장래의 발전가능성이 뚜렷한 곳에 자리 잡는다면 금상첨화(비단에 꽃을 수 놓음)이겠지만 그게 여의치 않으면 아이디어와 창의가 높이 인정받을 수 있는 중소기업에서 미래를 향한 야심을 불태워 보는 것도 괜찮은 선택이 될 수 있을 것입니다.

3. 직함보다 실질적 직무 내용을 파악해 볼 필요가 있습니다.

수많은 직업과 직무를 간단히 분류하는 것은 쉽지 않은 것이지만 사무직, 생산기능직, 영업 서비스직으로 나눠본다면 대부분의 사람들이 사무직을 우선 선호하는 것은 일반적 경향이라 할 수 있는데 내용을 세세히 살펴보면 너무나 단순하고 지루한 직무일수도 있고 가장 중요한 창의성은 고객이나 현장을 직접 접촉하는 직무에서 나오는 경우가 많습니다.

이 말은 직종에 대한 비하가 절대로 아님을 먼저 밝힙니다. 선망의 대상인 치과의사들이 종일 썩은이를 들여다봐야 되고, 천사의 얼굴인 기내 승무원들이 대부분의 시간을 기내식 서빙에 보내는 걸 보면 미안한 생각마저 듭니다. 그분들의 인술과 봉사가 세상을 건강하고 훈훈하게 하는 의미 깊은 일이지만 당사자가 겪는 직무의 내용에는 이러한 이면의 애로가 있다는 말입니다.

사무적인 일로 머리도 적당히 쓰고 현장의 일로 몸도 적당히 움직이는 조화로운 일이 있다면 바랄게 없겠으나 현실적으로는 꿈의 직장은 따로 있다 해도 그곳에서도 꿈의 직무를 찾기가 더 어려울 수 있습니다.

직무내용을 파악하는 것은 본인이 선택하는 기준이 되기도 하지만 채용하는 측에서도 직무 적합성을 중요하게 판단하므로 미리 알고 준비할 필요가 있습니다.

4. 직원에 대한 배려의 마인드를 살펴 보세요.

급여나 복리의 수준 자체보다도 규정과 틀을 떠나 배려의 마인드를 확인해야 합니다. 특히 여성의 경우 임신, 출산, 육아 등에 어느 정도의 배려를 받을 수 있느냐가 직장 결정의 첫째 조건이 될 수도 있을 것입니다.

내부 사정을 자세히 살펴보면 경영진의 '갑(甲)질'이 심한 곳도 있고 회사마다 직원을 대우하는 풍토가 천차만별로 다르니 가능하다면 내부의 실상을 알아볼 수 있으면 좋겠지요.

급여의 수준과 사람대접 해주는 풍토는 별개입니다.

5. 자기 개발의 기회가 주어지는 곳인가를 살펴보세요.

어떤 직장이 급여나 복리 수준에는 탐탁한 곳이 아닐지라도 그 직장의 경험이 다른 곳에서 인정받을 수 있고 자기 개발의 길이 열려있다면 거쳐 가는 경력의 수단으로라도 선택해볼 수 있습니다. 특히 요즘처럼 취업의 문이 좁고 맘에 드는 직장을 갖기가 어려운 시기에는 무한정 무직으로 머물기보다는 경륜을 쌓아가는 과정을 가져볼 필요가 있습니다. 공부만 해오던 사람에게는 사회 직접 경험이 생각보다 많은 도움이 될 수 있습니다.

평생직장으로 택할 경우에도 직장이 자신의 능력과 품성을 기르고 가꿔주는 역할이 매우 중요하므로 자기개발에 도움될 요소를 살펴보세요.

6. 가업의 계승을 적극적으로 검토해 보길 권합니다.

예전에는 "할 게 없으면 농사나 짓지~" 하던 시절이 있었고 근래에는 "할 게 없으면 식당이나 하지~" 하는 말이 있었습니다.

농촌 사회에서는 대부분의 가업이 농업이었고 도시에서는 가장 흔한 가업이 요식업소이다 보니 가업의 희소성이나 소중함을 느끼기 어려운 점이 있었지요. 그러나 요즘에 와서는 가업의 형태가 매우 다양하고 매력적인 분야가 많고 농업이나 요식업도 할 게 없어서 하는 게 아니라 매력 있고 발전이 기대되는 분야로 떠오르고 있습니다.

가업을 계승할 경우
① 창업비용이 전혀 필요하지 않고
② 직장을 구하는 힘든 노력을 면할 수 있고
③ 어려서부터 보고 배운바 있으니 쉽게 적응할 수 있고
④ 노하우나 비법을 편히 전수 받을 수 있고
⑤ 물려주는 사람도 보람되고 물려받는 사람도 긍지를 느끼고
⑥ 고객에게도 전통과 신뢰를 인정받을 수 있는 등
많은 장점이 있습니다.

다만 미리부터의 관심과 그 분야의 전공이수 등 사전준비 없이 아까우니 거저 물려받는다는 자세라면 상당히 위험하고 허망해질 수 있으니 미리부터 준비하는 마음가짐이 꼭 필요합니다.

산업화의 연륜이 깊어질수록 『대를 이어가는 전통』이 더욱 소중하게 대우받게 됩니다.

05 직장인이 갖추어야 할 자질

우리가 직장을 평가하고 선택하듯이 직장은 필요한 소양이 갖추어진 사람을 평가하고 고르게 되므로 자질을 갖춘 사람만이 선택받을 수 있고 그 후에도 적응하고 앞서가려면 필요한 자질을 미리 갖춰둬야 합니다.

1. 해당 직종에 대한 전문지식

각 직종별 업무 수행을 위한 전문지식이 갈수록 세분화, 구체화되고 있으며 공직이나 전문직의 경우 고시 혹은 자격시험을 통과해야 그 분야 직종에 종사할 자격이 주어지며 일반 기업에서도 갈수록 치열한 선발 과정을 거치게 되므로 전문지식의 중요성은 누구나 알고 있는 일이지만 구직을 목전에 두고서야 그 중요성을 실감하게 된다는 게 문제입니다.

자신의 전공 분야에 대해서만큼은 스스로 자부할 만큼 철저히 공부하고 연구해두어야 어디를 가도 필요한 사람, 선택받을 수 있는 사람이 되기 마련입니다.

요즘의 채용 평가는 그저 전공의 테두리에 머물지 않고 직무적성을 고려하는 NCS(국가직무능력표준) 평가가 대세로 자리 잡고 있으니 이런 점도 참고해야 합니다.

채용자 측에서는 그저 똑똑한 사람이 아니라 자기들에 필요한 직무 능력을 원하므로 취업하려는 회사에 대해 미리부터 자세히 파악하고 그들에게 필요한 직무 능력을 갖추도록 준비해야 합니다.

2. 정보화 시대에 적응

정보화 시대의 도래로 누구든 정보의 생산, 활용 및 유통에 관련된 능력을 갖추어야 합니다.

어떤 직종을 불문하고 정보처리능력이 필수적이고 직무의 효율적 수행에 결정적 요인이 되기 때문입니다.

또한 정보기술 전문 업종이 빠르게 늘어나고 있고 정보기술 전문가 집단이 사회의 중심축에 자리 잡게 되기 때문에 사회의 지도적 위치에 서려면 정보처리 능력이 매우 중요하게 되었습니다.

정보화 사회는 국경을 넘어 세계로 향하는 속성이 있으므로 자연히 세계화와도 연결되게 됩니다.

3. 의사소통 능력(특히 글쓰기 능력)

인간의 모든 사회생활은 의사소통이 상호 교류의 매체가 되며 직장 내 의사소통은 말하기와 듣기도 필요하지만 조직이 커질수록 문서로 의사소통이 이루어지게 되며 공공기관이든 사기업이든 모든 업무처리 과정이 문서로 남겨져야 하기 때문에 직무의 수행은 늘 글쓰기와 연관이 있게 됩니다.

어떤 사람에게 세상을 모두 구제할 신기한 방안이 마련되어 있다 해도 그것을 밖으로 나타내고 설득할 수 없다면 그저 주머니 속의 보물일 수밖에 없습니다.

소통능력, 특히 글쓰기 능력에 대해 배움의 과정에서부터 특별한 관심을 갖고 길러두어야 합니다.

4. 외국어 능력과 세계화에의 관심

세계화의 추이는 거역할 수 없는 현실이고 세계와 소통하려면 외국어의 능력이 우선되어야 합니다. 특히 세계 공통어라고 할 수 있는 영어와 세계의 가장 많은 인구가 사용하고 있는 중국어 등에 깊은 관심을 가져볼 필요가 있습니다.

외국인과 대화할 때는 언어는 물론 그들의 문화와 풍토를 알고 있어야 합니다. 일본인과 상담 중 "차차 검토해 보지요." 하면 조금 기다리면 될 것으로 생각할 수 있는데, 그들은 분명히 거절한 것입니다. 일본인은 거절을 절대로 직접 표현하지 않습니다.

파키스탄, 아프가니스탄 등 고산지대에서 하이웨이라고 하면 고속도로가 아니라 높은 곳에 있는 도로(옛날의 동서교역로/차마고도와 통함)라는 뜻이니 쉽게 넘어가지 못하는 길입니다.

세계화는 어쩔 수 없어서가 아니라 앞서가기 위해서 가는 길이니 즐거운 마음으로 열어가면 되겠습니다.

세계에 200개가 넘는 나라가 있고 비교하기가 쑥스러워 남북한을 합쳐 비교해 보아도 땅의 넓이는 약 800배가 되고 한국에 깊은 영향을 주는 주변 4개국(미, 중, 일, 러)만 해도 200배 가까우니 해외에서 수백 배의 기회를 찾을 수 있습니다.

세계의 인구는 약 100배가 되므로 100배의 고객과 시장이 해외에 있는 셈이니 세계화의 관심을 게을리 할 수 없습니다.

실물 거래를 떠나서 땅의 넓이만큼 다양하고 신비로운 자연과 역사 유산을 살펴볼 수 있고 인구만큼 다양한 문명과 정신문화를 통해 생각을 넓히고 아이디어를 얻을 수도 있게 됩니다.

5. 인격과 리더십

현대의 직업은 크든 작든 조직체 내에서 이루어지며 기업이나 공공단체 등 모든 조직체들은 사회의 수많은 다른 조직체와 유기적으로 연결되어 있으므로 직무의 수행은 조직체 내에서의 인간관계와 조직체 간의 협력 관계로 이루어집니다.

인간관계의 기본은 인격에서 나오고 조직체 내에서의 활동은 리더십과 구성원의 협력으로 이루어지게 됩니다.

공공기관이나 기업은 기관의 윤리를 지키는 것이 존립의 기반이 되며 구성원도 직업윤리를 지켜야 합니다.

직장인으로서의 윤리의 핵심은 책임감, 청렴, 배려, 협동이라 할 수 있으며 이러한 자질은 미리 준비하고 키워나가야 합니다.

기업의 채용 과정에서도 이러한 인성 평가를 위해 심층면접, 혹은 1차 서류전형 후 집단생활 과정 등을 거치는 경우가 흔히 있는데 머릿속의 인품이 아니라 밖으로 표출된 매너가 평가되므로 인품이 몸에 배어 행동으로 나타나도록 훈련되어야 합니다.

대기업의 CEO 등 중견 간부를 선발하는 과정에서는 식사에 초대되어 자신도 모르게 식사예절을 평가 받을 수도 있습니다. 중견 간부의 직무 내용에 관련 기관 등과 식사접대를 통해 업무 협의가 이루어지는 경우가 많으니 의미 있는 평가라고 할 수 있겠지요.

6. 적응력과 창의성

취업 선별 시에는 평가의 수단이 마땅치 않은 요소이지만 평가 기법을 갖춘 특정 기업이나 기관에서는 각별한 관심을 갖고 살펴보는 부분입니다.

일반 기업에서도 취업 이후에 남들보다 돋보이고 앞서갈 수 있는 계기는 일상적 업무보다는 새로운 시도를 할 때 또는 위기 상황이나 변화에 적응이 필요할 때 나타나게 됩니다.

변화는 업무를 수행하는 과정에서 생겨나는 것이지만

변화를 일찍 감지하고 변화의 주역이 되고자 하는 마음자세는 미리 준비되어 있어야 합니다.

06 직장에서의 초기 적응

일은 생존의 수단일 뿐 아니라 자신의 꿈에 맞는 쪽의 일이라면 일 자체가 꿈의 실현 과정이니 더할 나위 없는 축복입니다. 인생의 성공과 실패는 일을 대하는 태도에 달려있는데 많은 분들이 생존에 떠밀려 어쩔 수 없이 선택한 일을 하다 보니 일의 소중함을 깨닫지 못하고 있는 경우도 흔합니다.

한 거지가 우연히 신령을 만났는데 그 신령은 세 가지의 소원을 들어준다고 하였습니다.

첫 번째 소원을 물으니 "저를 부자로 만들어주세요" 하자 신령은 그 거지를 약속대로 부자로 만들어 주었습니다.

두 번째 소원을 물으니 "이제는 부자가 되었으니 늙지 않게 해주세요" 하자 말대로 다시 젊게 만들어 주었습니다.

세 번째 소원을 물으니 "평생 일하지 않고 살게 해주세요" 하니 신령은 그를 다시 맨 처음의 거지로 되돌려주고 나서 "일은 하늘이 너에게 내린 축복인데 네가 일을 버리고자 하니 다시 거지로 만들어줄 수밖에 없느니라" 하였답니다.

평소에 일의 가치를 모르고 지겨워하다가도 그 일을 잃어버리고 나면 그 일의 소중함을 절실하게 깨닫게 됩니다. 실직하여 백수가 되고 나면 양이 안차고 체질에 맞지 않아했던 잃어버린 일자리가 얼마나 소중한 것이었는지 알게 되는거죠.

미국의 석유왕 록펠러는 이렇게 말했습니다.
"일을 기쁨으로 생각한다면 인생은 천국과 같을 것이다. 그러나 일을 의무로 생각한다면 인생은 지옥이 될 것이다."

당신이 일을 기쁨으로 알고 있다면 축복받은 인생이고 그렇지 못하더라도 일을 고맙게는 생각해야 됩니다. 직장에의 적응은 그 일을 소중하게 대하는 마음에서 출발합니다.

당신이 생각하는 꿈의 직장이 아닐지라도 나름대로의 가치가 있고 소중한 일터이므로 일과 친해져야 하는데 **초기 적응에 몇 개의 관문**이 있습니다. 그 이후 일을 대하는 태도는 〈제7장 일의원칙〉에서 살펴봅니다.

첫째 관문은 그 직장의 연수 과정입니다.
색다른 이야기를 먼저 생각해 보기로 하겠습니다.

사법 시험(요즘은 로스쿨로 선발)에 약 1,500명 정도가 합격하고 나면 사법 연수원에서 연수 과정을 거치게 되는데, 이 과정에서 상위 약 10 % 정도의 사람만 판사 혹은 검사로 임용되고 다른 사람들은 변호사 자격만 받게 됩니다. 이러한 차이는 모든 직장의 연수에서 똑같이 적용됩니다.

기업에 따라 약 3개월 내지 6개월의 연수과정이 당신의 학벌보다 중요하게 작용할 수 있습니다. 연수에서 최고의 성적을 받은 사람은 임용부서 결정 등에 최고의 특혜를 받게 됩니다.

<u>두 번째 관문은 신입 초기에 맡은 업무에 대한 적응</u>입니다.
신입직원에게 어렵고 중요한 일을 줄 걱정은 안 해도 됩니다.
오히려 아무한테 시켜도 될 단순하고 의미 없는 듯한 일을 맡겨
"이런 시시한 일을 나한테~"라고 불만을 갖게 되는 게 걱정이죠.
시시한 일이 누군가는 해야 될 일이면 신입직원이 하게 되는 게 조직의 위계질서일 수도 있고 그런 과정이 눈에 보이지 않는 평가 수단일 수도 있습니다.
하찮은 일을 잘 처리하는 사람이 대우 받게 되고 하찮은 일도 잘 처리하지 못하는 사람은 스스로 하찮은 사람이 되어가는 겁니다.
짜장면을 맛없게 만드는 주방장이 다른 고급 요리에는 자신 있다고 하면 누가 믿어줄까요?

<u>세 번째 관문은 재미와 성과</u>입니다.
직장에서 당신이 스스로 자부할 만큼 일이 성취되지 않거나 당신의 실적이 지지부진하다면 두 가지를 살펴볼 필요가 있습니다.
우선 담당 업무가 당신의 재능에 맞지 않는 분야의 일이 아닌가 살펴보세요. 누구나 재능이 없는 게 아니라 자신의 재능을 발견하지 못하거나 재능에 맞는 자리를 찾지 못해서 빛을 못 보게 되는 것입니다.
어떤 직장이라 해도 당신의 진솔하고 간절한 요청이라면 업무 분야를 조

정하는 것은 얼마든지 가능합니다.

더 중요한 건 당신의 열정을 진지하게 살펴보아야 합니다.

마음에 쏙 드는 일은 찾을 수 없는 게, 일이란 본시 재미있고 보람 있는 부분도 있으나 많은 부분이 귀찮고 지루하기 때문입니다. 특히 직장이라면 귀찮고 지루한 부분 때문에 직원을 두지 재미있고 보람만 있다면 사장이 직접 하지 않겠어요?

좋은 일자리는 행운이 따라야 얻어지지만 주어진 일을 좋아할줄 알면 어디 내놓아도 행운을 누릴수 있습니다.

남들이 모두 지루해 하는 일을 즐겁게 해낼 줄 알고 한편으로

일의 방법을 개선해서 효율적이고 덜 지루하게 개선한다면 당신이 돋보이게 될 것은 분명합니다.

회사가 맘에 들기를 기다리지 말고 자기가 맡은일, 자기의 부서만이라도 제대로 이끌어 가다보면 그것이 모델이 되어 회사도 차츰 달라져 갈수 있게 되며 나중에 자기 사업의 연습이라고 생각하면 더 재미있겠지요.

열정을 다하는 사람은 직장이라면 윗사람의 눈에 띄어 대우를 달리 받을 것이고 자기 사업이라면 고객의 눈에 띄어 사업이 번창하게 마련입니다.

세상을 살아가면서 인맥(back ground)의 중요성을 실감하는데 혈연,학연,지연도 작용하지만 가장 중요한 백그라운드는 근무 과정에서 신뢰를 쌓아 이루어 집니다.

네 번째 관문은 새로운 선택입니다.

일이 고통이라면 인생이 지옥이 될 테니 잘 참고 구슬려서 친해져 보든지

3장 배움과 직업 선택 **97**

정히 아니면 헤어질 준비를 하는 수밖에 없습니다.

당신을 마음에 들어하는 일이 아니라 당신 마음에 드는 일을 찾아야 됩니다.

새로운 일을 선택할 때 돈을 앞세워 고른다면 또다시 후회하게 되기 쉽습니다.

당신의 꿈에 맞는 일, 당신이 좋아하는 일을 찾으세요.

인생의 중반에 다른 길을 택하려면 먼저 준비해 둘 게 있습니다.

새로운 기회를 잡으려면 먼저 자기를 새롭게 바꿔두는 노력이 필요합니다. 새로운 기회가 올 때 자기 스스로가 거기에 맞는 사람이 되어있어야 그 기회를 잡게 되기 때문입니다.

기회가 없는 게 아니라 기회를 살리지 못하는 게 더 안타깝지요.

좋은 기회가 따로 있는 게 아니라 당신이 잘 살려내면 좋은 기회가 되는 것입니다.

새로운 선택을 매번 반복할 수는 없는 것이니 신중하게 선택하고 열정을 바쳐 준비하세요.

도저히 남의 밑에서 일하는 건 체질이 아니라고 생각되면 자기 사업을 창업하면 되지만 자기 일이라고 해도 사람들과 부대끼며 조율하는 일을 피해갈수는 없습니다.

4장

역경과 희망

01 역경은 필연
02 역경의 분석과 대처
03 역경이 위인을

역경과 희망

　날씨도 맑은 날 궂은 날이 있고 길에도 오르막 내리막이 있고 장애물이 나타나듯이 기나긴 인생길에는 어느 땐가는 고비와 역경이 찾아오기 마련인데 역경의 크기보다는 역경을 대하는 당신의 태도가 인생의 성패를 결정하게 됩니다.

　누구나 자라면서 상처를 받고 상처가 아무는 데 고통과 시간이 걸릴 수 있지만 상처를 받지 않기 위해 아무 일도 안하고 피해가려 해서는 안 됩니다.
　가다가 넘어지면 털고 일어나서 다시 가면 되지만 넘어지는 것이 두려워 웅크리고 있는 것은 확실한 낙오의 길입니다.

항상 조건이 편할 수도 없습니다.

겨울에 낙엽을 떨구고 웅크리고 있는 나무도 추위에 떨면서도 안에서는 살금살금 자라나서 겨울의 나이테를 만들고 새싹과 꽃망울을 준비합니다.

봄철에 펼쳐지는 꽃과 새싹의 향연은 자세히 살펴보면 시련의 계절에 차근차근 준비된 것들입니다.

어려운 함정에 빠졌다고 생각할 때는 빠져나오는 것을 서두르기에 앞서 더 깊이 빠지지 않도록 주의하는 게 우선입니다.

가장 무서운 함정은 그곳을 빠져나갈 수 없다고 생각하는 마음의 함정입니다.

01 역경은 필연

세상에는 '순조'와 '난조'가 교차하기 마련입니다. 세상이 순조롭다 함은 '비가 순하고 바람이 고르다(우순풍조雨順風調)'는 뜻으로 하늘이 도와 편안하게 이루어진다는 말입니다.

그러나 하늘에는 구름과 비와 우뢰가 있듯이 흔들리지 않는 인생이 어디 있으며 곡절 없는 인생이 어디 있겠습니까?

하늘엔 예측 못하는 비바람이 있고 사람에겐 아침저녁의 화복이 있다 하였으니, 늘 순조롭고 역경이 없기를 바랄 수는 없지요.

순조와 난조가 교차하게 되는 것은 자연의 섭리입니다.

하늘과 땅이 생명의 싹을 틔우고 기르는 데에는 은위(恩威)를 병행합니다. '은혜로움과 위엄'을 아울러 시행한다는 뜻입니다.

뜨거운 햇볕은 사랑의 표출인데 사랑만 지나치면 잎이 늘어지고 꽃봉오리가 시들게 되니 검은 구름을 몰아 굵은 빗줄기를 쏟아놓으면 놀라긴하지만 생기를 돋우고 속을 알차게 합니다.

이러한 '은위병행'은 사람이 자손과 후세를 양성하는 데도 똑같이 따라 하는 방법입니다.

흔히 쓰는 말로 당근과 채찍을 번갈아 쓰게 됩니다. 역경은 우주의 섭리에서 나오니 필연으로 받아들여야 합니다. 큰 고개를 한번 넘을 수도 있고 작은 언덕을 몇 번 넘을 수도 있지만 어려움(역경)은 필연임을 인정하고 받아들여야 합니다.

위대한 선인들일수록 더 큰 시련을 딛고 일어섰습니다.

공자는 존귀한 동양의 정신적 스승이지만 그가 생존 시 겪었던 고난과 정신적 수모는 보통 사람들의 상상을 넘어 길바닥에서 늙어가는 처지였다 할 수 있습니다. 병법의 대가인 손빈은 동문수학한 동료의 모함으로 무릎이 잘리는 극형을 당하였고 사기를 저술한 역사학의 시조 사마천은 치욕적인 궁형(거세)을 감수하여야 했습니다. 공자·맹자 이후 천년의 공백을 메운 당나라 때 유학(儒學)의 태두(泰斗:泰山北斗) 한유는 그가 겪은 시련이 오죽했으면 "운명이 원수와 모의하였으니 실패한 적이 몇 번인가?" 자탄하였습니다. 현인도 영웅도 모두 상처투성이의 인생을 살아왔습니다.

선인들의 역경을 자세히 알고 나면 그들에게 역경의 크기만큼의 영예가 찾아온 것이라는 생각까지 들게 됩니다.

잘라내고 깎아내고, 쪼아내고 갈아내는 아픔을 겪어야 보옥과 명품이 태어나게 되는 것과 같습니다. 하늘이 절차탁마의 솜씨로 현인과 영웅을 길러내는 것이지요.

역경으로 받은 상처가 클수록 그 상처를 통해 희망의 빛이 들어올 틈새가 넓어지는 것이지요.

이렇게 역경이 필연임을 인정하고 나면 그 역경은 잠시 지나가게 마련이며 나름대로 긍정적 공로가 있음을 깨닫게 됩니다.

온실에서 주는 물을 편히 받아먹은 콩은 콩나물이 되어 한가닥 먹거리로 끝나고, 가뭄을 이기고 비바람을 견뎌낸 콩이 알찬 결실을 맺게 됩니다.

역경이 전혀 없으면 사람이 교만에 빠지고 나태해지기 쉬우니 역경은 사람을 더욱 알차게 영글게 하는 명약인 셈입니다.

모든 생물이 도전에 적응하는 과정을 통해 진화하듯이 사람은 역경(도전)을 극복하는 과정에서 성숙하고 단단해지게 됩니다.

솔로몬왕이 젊은 시절, 승리에 오만하지 않고 패배에 좌절하지 않도록 반지에 "이 또한 지나가리라 (This too shall pass away)"라는 말을 새기고 늘 기억하였다 합니다.

이런 저런 역경은 모두가 지나가는 과정일 뿐이지만 중요한 것은 그것들이 인생의 실패로 기울지 않게 살펴보고 방향을 바로잡는 것이지요.

당신의 주변 사람들에게 어려움이 닥치면 "괜찮아. 걱정하지 마" 위로하고 격려해주면서 자신에게 닥친 어려움에는 우왕좌왕, 갈피를 못 잡는데 남에게 베풀었듯이 자신에게도 위로하고 격려할 줄 아는 게 더 중요하지 않을까요?

명심보감에 "한 가지 일을 겪지 않으면 한 가지 지혜가 자라지 않는다" 하였으니 한 가지 일이 닥치면 한 가지를 배울 기회라고 생각하면 되겠네요.

타고난 여건이 불리하거나 하는 일마다 제대로 안풀릴 때 자신이 불우하다고 생각하게 되는데 불우(不遇)에서 우(遇)가 만날『우』이니 『불우』는 "때를 만나지 못했음"을 뜻합니다.

발복이 늦을 수는 있으나 언젠가는 좋은 때, 좋은 사람(貴人)을 반드시 만나게 됩니다. 특히 타인의 『불우』에 대해서는 반드시 이런 시각으로 봐야 합니다.

심신에 불편이 있는 사람들은 불편을 동정하는 것을 불편해합니다. 불편을 극복해 내는 용기를 인정받고 싶어 하니 동정이 아니라 공감하고 존중하는 마음으로 대하세요.

02　역경의 분석과 대처

　우리에게 닥치는 일들이 우리를 당황하게 하는 이유는 예고 없이 찾아오기 때문입니다. 풀잎과 나뭇잎을 촉촉이 적셔주던 이슬이 예고 없이 서리가 되어 내리면 모든 잎들이 시들어 떨어지게 되는 것이지요. 역경에 잘 대비하려면 기미를 살피는 일이 중요합니다.

　"나뭇잎 하나가 떨어지는 것을 보고 가을을 안다"고 하는 말처럼 모든 일의 징조를 살펴 기미에 신중함[신기미愼機微]이 중요합니다.

　좋지 않은 일에는 질병과 같이 잠복기가 있어서 증상이 없이 무르익어 가는데 진단키트로 미리 알아내듯이 지극한 정성으로 살펴보면 미리 조짐을 알 수 있게 됩니다.

　좋은 일에도 아기처럼 태동기(태 속에서 움직임)가 있어서 모습을 드러내지 않고 속에서 자라지만 희망과 정성의 기다림으로 출생과 성장을 준비해야 합니다.

　보험사고의 통계에서 징후를 잘 표현한 H.하인리히는 1:29:300의 법칙을 말하였는데 하나의 대형사고가 나려면 29번의 경미한 사고가 나고 그 이전에 300번의 징후가 나타난다는 뜻입니다.

　300번 귀띔해도 못들은 척하고 29번 경고를 해도 무시하면 큰 일을 당하게 되는 것이지요.

전국시대 일곱 나라가 다투다가 진(秦)나라가 다른 여섯 나라를 모두 멸하고 천하를 통일하였으나 불과 2대를 못 넘기고 15년 만에 유방과 항우의 정벌을 받고 나서 진나라의 황궁(아방궁)이 초나라 군사의 횃불에 불태워지게 됩니다.

당나라 시인 '두목(杜牧)'이 아방궁이 허망하게 불타는 것을 묘사한 「아방궁부」라는 시에서 그 감회를 이렇게 표현하고 있습니다.

"6국을 멸한 것은 진나라가 아니라 6국 자신이요 진나라를 멸한 것은 진나라 자신이지 천하가 아니었다. 후세 사람들이 슬퍼하기만 하고 그것을 거울삼지 않는다면 그 후세 사람들이 다시 그들을 슬퍼할 것이다."

아방궁이 불탄 것이 BC 207년의 일이고, 그로부터 61년 후 BC 146년에 서양에서 700년 영화를 누리던 카르타고 도성이 로마의 정벌을 받아 처참하게 파괴되는데 그 광경을 목격한 사람들의 심정도 마찬가지였겠고 동양과 서양에서 교훈적인 사건이 비슷한 시기에 일어난 것도 묘한 일이지요.

모든 공로와 화는 일어난 날 모두 이룩된 것이 아니라 시작과 근원이 있는 것입니다. 그러므로 역경의 기미와 근원을 살피는 것이 대비의 시작이라 할 수 있습니다. 길흉(吉凶)에 앞서 기미가 나타납니다.

작은 기미가 있을 때 막연한 낙천주의로 무시하지 마세요.

희망적인 태도는 좋지만 무조건적인 낙천주의는 현실적 문제점을 외면하려는 경향이 있습니다.

"난이 일어나려 할 때 처신하기가 가장 어렵다" 하였습니다.

난이 일어난 것처럼 다급하게 굴 수도 없고 난이 없는 것처럼 해이하게 해서도 안 되기 때문입니다.

문제를 너무 크게 보고 당황하지도 마세요.

문제 자체보다 문제를 대하는 태도가 더 어렵게 한답니다.

바람 때문에 죽는 게 아니라 바람에 날려온 물건에 죽고 다칩니다.

차분히 살펴보면 별게 아닐 때도 많습니다. 두드려서 열리지 않으면 한번 밀어보세요. 힘을 다해 밀어도 열리지 않으면 살짝 당겨보시고요.

같은 어둠이라도 밤 열 시의 어둠은 제법 남아있지만 새벽 네 시의 어둠은 금세 여명에 쫓겨갈 것인데도 우리는 새벽의 어둠마저 두려워합니다.

소소한 어려움은 날씨의 변덕 정도로 생각하세요.

일기(그날 그날의 날씨)는 종잡을 수 없이 변덕이 심할수 있지만 기후(철에 따른 기상상태)는 어김없이 제철의 모습대로 흘러갑니다. 소소한 어려움이 오고 가지만 인생의 큰 틀은 의연하게 열려 갑니다.

우리가 경제생활에 가장 큰 실패로 부도를 꼽는데 '부도(不渡)'란 건너가지 못했을 뿐이지 침몰한 것은 아닙니다.

아침이 찾아오지 않는 밤은 없으니 오늘의 실패에 좌절하지 않으면 실패하지 않는 내일이 찾아옵니다.

실패는 좌절하고 무너지라는 「벌」로 내리는게 아니라 방법을 바꿔 다시 시작하라는 교훈입니다.

역경을 보는 시각을 바꿔보세요.

과수나무에 태풍이 불어 과일이 떨어졌다면 남은 과일이 더 크게 자랄 수도 있습니다.

모조리 떨어졌다면 낭패가 크지만 과일나무는 열매에 쏟는 힘을 덜고 줄기와 가지를 키워 내년에 대비하였으니 그것으로 위안을 삼을 수도 있습니다.

"Hope is nowhere"를 차분히 꿰뚫어보면 "Hope is now here"가 되는 겁니다.

역경이 불운에서 올 수도, 자신의 실수에서 올 수도 있으나 잘못을 고치는 것이 그 자체로 위대한 진화라 할 수 있으니 실수에 너무 자책하지 말고 한 수 배우는 계기로 삼으세요.

역경을 자청할리는 없으니 우연이든 팔자소관이든 원치않게 닥쳐온 현실을 일단은 인정하고 나서야 해결에 나설 수 있게 됩니다.

가위바위보로 중요한 기회를 잃을 수도 있고 철 없는 컴퓨터가 학교를 결정 할 수도 있지만 정해진 틀이니 어쩌겠어요.

"운(運)이 없다"라는 말도 하는데 운(運)은 돌 운, 바뀔 운 옮길 운으로 누구도 항시 운이 좋을 수 없고 누구도 항시 운이 나쁠 수는 없습니다.

누군가를 만나게 되는 것은 운에 달렸지만 그 사람과 무슨 일을 꾸며낼지는 당신의 기질에 달렸고 어떤 기회를 만나는 것은 운에 달렸지만 그 기회를 어떻게 살려내는지는 당신의 역량과 태도에 달려있습니다.

다음으로 "내가 과거에는 어땠는데~" 하고 과거에 연연하지 말고 지금의 자기의 현실에서 출발해서 차분하게 실마리를 찾으세요.

처음에는 부주의로 실패하지만 실수에 너무 과민하면 다음에는 신경 쓰다가 실패하게 될 수 있으니 결과에 미리 긴장하지 마세요. 게임에나 인생에나 최선을 다하되, 긴장을 풀 수 있는 배짱이 필요합니다.

골이 안들어가면 관중의 야유를 받을까봐 슛을 못하는 위축감이 선수에게 벗어날 수 없는 슬럼프가 됩니다. 갓난 애들이 누구나 걸음마를 잘 배우는 것은 넘어져도 아무 생각안하고 털고 일어나기 때문입니다. 인생에서 수 없이 맞는 고비마다의 소소한 실패를 언젠가 넘어서야 할 연습의 문턱이라 생각하면 그만입니다. 배짱이 없어서 물러서고 웅크린 사람은 하늘도 도와줄수 없습니다.

어렵고 중대한 문제일수록 이리저리 휩쓸리지 말고 의연한 정도를 지켜야 합니다.

임진란 때 조선의 임금이 의주까지 피난하고 왜군이 평양을 함락시키고 추격해 오자 다른 대신들이 임금을 모시고 압록강을 건너가(명나라 땅으로) 후일을 도모하자고 하였습니다.

이때 유성룡이 "임금이 이 땅에서 한 발짝이라도 떠나간다면 조선은 이미 우리 것이 아닙니다. 지금 동북도(함경도)는 아직 온전하고 호남에서 충성스럽고 의로운 백성이 벌떼같이 일어나고 있습니다." 하며 반대하고 나섰습니다.

절벽에 선 그 순간 그의 의롭고 슬기로운 결단으로 조선의 명운을 지키게 되었던 것입니다.

우리가 역경이나 시련이라고 느끼는 대부분의 일들은 따지고 보면 자신의 부주의나 준비 부족에서 나오는 것들이니 좌절할 일이 아니라 반성하고 개선해야 할 일들입니다.

역경에 대비하는 기본은 편안할 때 미리 준비해 두는 일입니다.

겨울이 추워서 죽는 게 아니라 땔감을 준비해두지 않아서 얼어 죽게 되는 것입니다.

목이 말라서야 샘을 파고자 하면 때늦은 허둥댐이고 비가 새는데 지붕을 고치러 나서면 처량한 모습입니다.

역경을 극복한 위인들은 남들이 모두 방심하고 있을 때 미리부터 앞으로 닥칠 일을 예견하고 필요한 준비를 해온 사람들입니다.

젊은이들이 특별한 어려움에 처한 것도 아닌데 남과의 비교로 주눅이 들고 자포자기하는 것은 가장 흔히 보는 안타까운 모습입니다.

나를 남과 비교하지 말고 「지금의 나」와 내가 이루려는 「미래의 나」와 비교해 보세요.

기울어가는 둥근 달을 부러워하지 말고 차올라가는 초승달의 희망을 자부심으로 간직하세요.

03 역경이 위인을

가장 극적인 역경 극복의 사례는 전쟁을 배경으로 하는 경우가 많습니다. 전쟁은 국민과의 협의없이 한 사람의 결정으로 시작되지만 양쪽의 모든 국민에게 가장 처절한 희생을 겪게하며 살상과 파괴를 정당화 시키는 비극인데 일단 시작되고나면 그칠수도 없는것이어서 모든 사람에게 비교할데 없는 역경을 가져다 줍니다.

군인들은 하나의 전투작전에 성공하고 나면 그에 대한 보상으로 휴식이나 "고향 앞으로(제대)"가 아니라 더 위험한 새로운 작전에 투입됩니다.

국민들에게도 전쟁/war(워)는 (무서워) 떨고 (괴로워) 신음하고 (서러워) 눈물 짓게 합니다. 전쟁은 이겨도 상처뿐이고 국민은 죄 없이 고통받고 살아남으면 그나마 성공입니다. 전쟁은 이기느냐 지느냐가 아니라 이기느냐 죽느냐의 게임이므로 그만큼 절박합니다.

2차 세계대전을 승리로 이끈 조지 마셜이 "전투는 극복되어야 하는 어려움의 연속일 뿐"이라는 말을 했는데 그 절박함을 잘 표현해 줍니다.

모든 전쟁의 영웅들은 절박한 역경에 굴복하지 않았습니다.

영국의 처칠은 1940년 독일의 대공습 시 국민들에게 "Never never

never give up!(절대, 절대, 절대로 포기하지 마세요!)"라는 말로 끝까지 용기를 잃지 않도록 격려하였는데 오죽 절박하면 'Never'를 세 번이나 반복하였을까요.

아이젠하워는 "나는 치료 불능의 낙관론자"라고 말할 만큼 절망을 거부했습니다.

이순신 장군은 명량해전에서 12척의 배로 왜군의 배 300척과 맞서면서 "아직 열두 척의 배가 있다"고 절망을 거부하였으며, "죽기를 각오하면 산다"고 부하들을 독려하여 승전하게 됩니다.

위의 다른 장군들은 국가가 같이 나서서 위기에 대응한 것이니 해볼 만한 전쟁을 이긴 것이라 할 수 있지만, 이순신 장군은 모두가 방심하고 있을 때 미리 준비해 두고 모두가 절망한 속에서 홀로 싸워 이겼으니 이길 수 없는 전쟁을 이겨낸 것입니다.

수군(해군)의 중요성을 알려준 신화적 모델이 되었습니다. 한국의 경제개발 초기에 재정기반이 전혀 없을 때 현대그룹 정주영 회장이 이순신 장군의 거북선이 그려진 주화를 보여주며 설득하여 조선소 건설차관을 빌려오는데, 그 뱃심은 장군과 닮은 꼴인 듯 싶습니다. 그 후 한국이 세계 최고의 조선 강국으로 자리 잡게 됩니다.

위인이 위대해질 수 있던 이유는 절망과 결점을 넘어설 만큼 자신감 넘치는 마음으로 시련을 딛고 일어섰기 때문입니다. 편안한 성공에는 시기가 따르기 쉽지만 시련을 딛고 성공하면 존경과 갈채를 보내게 됩니다. 비를 맞고 난 다음에야 아름다운 무지개를 보게 되는 것과 같습니다.

그래서 모든 사람들은 "희망"이라는 말에 최고의 찬사를 보냅니다. 이렇게 모든 사람들이 희망을 칭송하는 것은 역경 속의 희망은 사람에게는 물론 때로는 하늘에까지 감동을 주기 때문입니다.

성공한 사람들은 눈물 젖은 빵의 경험을 숨기려하지 않습니다.

시련은 극복하고 나면 스스로에겐 자부심과 무용담이 되고 세상의 찬사와 갈채를 받게 되니 역경에 대한 거부감은 아예 지우세요.

태어날 때부터 건강의 이상이나 의지할 곳 없는 빈곤 등으로 불리한 출발을 하게 되는 경우도 있습니다.

이런 경우 자신의 핸디캡이 '불리한' 여건임은 분명하지만 절대로 '못 될' 여건은 아닙니다. 불리한 부분에서 싸우려 하지 말고 핸디캡을 메울 수 있는 다른 방면의 역량을 키워 나가세요.

수많은 사람들이 자신의 한계를 극복한 눈물겨운 노력으로 극복의 찬사를 받고 있습니다.

꿈이 멋지고 훌륭할수록 가는 길이 멀고 힘겨움을 각오해야 합니다. 그러나 크게 염려하지 마세요. 꿈은 그 내부에 성취의 영혼이 깃들어 있으니 당신의 고통과 정성은 결코 외면당하지 않습니다.

역경은 큰 고개를 한 번 넘을 수도 있고 작은 고개를 열 번 넘을 수도 있으니, 역경이 너무 가파라서 힘들어도 이겨내야 되고 고통이 너무 길어 지루해도 이겨내야 되고 작은 고통이 너무 잦아 짜증나도 이겨내야 합니다.

인생길은 차를 몰고 가는 길과 똑같습니다. 길이 꽉 밀려서 답답할 때도 홧김에 사고만 치지 않으면 슬슬 풀리기 시작하는 것은 잠깐입니다.

또 하나 조심할 것은 막연한 희망으로 역경을 무시하거나 방관해서는 정말로 큰일이 난다는 것입니다. 막연한 희망은 어려움을 억지로 덮어 버리다가 결국은 절망으로 연결되기 십상입니다.

역경이 예고 없이 왔듯이 희망의 무지개도 살그머니 다가옵니다.

그런 까닭에 무지개를 믿는 사람은 비바람도 웃으며 이겨냅니다.

지금 당신을 괴롭히는 역경은 지나가는 과정일 뿐이며 당신을 더욱 빛내줄 훈장의 소재가 될 것을 믿으세요.

지금 당신이 인생의 밑바닥에 있다고 좌절하지 마세요.

밑바닥이라면 더 이상 내려갈 곳이 없고 올라갈 일만 남았으니,『시궁창에 빠져서도 별을 바라볼 수 있는』뚝심과 여유를 가지세요.

세상 모든 일이 뜻대로 되지 않을 때도 희망만은 당신이 버리기 전에는 세상 누구도 강제로 빼앗아 갈 수 없습니다.

지옥의 문 앞에는 "이곳에 들어오는 자는 모든 희망을 버려라"는 말이 쓰여 있다네요.

"지옥의 문에 들어서기 전에는 절대로 희망을 버리지 마세요."

중대한 고비를 맞이하면 아무리 긍정과 희망으로 무장을 해도 잘될 것이라는 안도와 잘못될 것 같은 불안이 교차하게 됩니다.

한 사람이 이러한 고비를 맞이해서 신령님을 만나서 "제 마음에 희망의 싹이 자라고 있고 한편에선 불안의 싹이 자라고 있는데 어느 것이 이기게 될까요?" 물었더니 "그것은 내 뜻에 달린 게 아니라 네게 달려 있느니라. 네가 먹이를 주고 키워나가는 놈이 이기게 될 것이다" 하였답니다. 당신이 희망의 싹에만 먹이를 주고 키워나가면 불안의 싹은 저절로 말라죽게 마련이지요.

5장

인격

01 인격의 중요성
02 인(仁)
03 의(義)
04 예(禮)
05 지(智)
06 신(信)
07 중용(中庸)
08 인격의 수양
09 민주시민의 자질

인격

사람은 누구나 소중하므로 평등하지만 사람마다 기질이 다르고 처신이 다르므로 값이 매겨지고 등급이 나눠지게 마련입니다.

인격은 우리 문화에서 도덕성의 수준을 말하는 것인데 '도(道)'는 사람이 가야할 올바른 길, '사람이 꼭 지켜야할 하늘의 규범(종교에서는 계율)'을 말하며 '덕(德)'은 한자가 보여주듯이 '바른 생각, 곧은 마음(直心)으로 살아나감, 행함(行)'을 뜻합니다. 『도』를 깨우치면 바른길을 찾은 것이고 『덕』을 갖추면 그 길을 제대로 갈 수 있게 됩니다.

도덕은 양심에 물어 당연히 그래야 할 『당위성』에 따르는 것이며 숭고한 『목적』이 뚜렷할 경우 융통성이 허용되지만 반드시 공익을 위한 목적에 한하며 당위성의 근간을 해치지 않는 범위를 지켜야합니다.

'덕'의 세부 항목은 인, 의, 예, 지, 신, 중용 등의 덕목이 기본이라 할 수 있는데 이러한 덕목을 체득하고 실천하는 데 따라 『인격』이 정해집니다.

우리나라는 조선 초기부터 유교를 생활의 근본으로 삼아 우리나라를 인, 의, 예, 지의 문화대국으로 내외에 알리고자 도성(한성)의 동대문을 흥인(仁)문, 서대문을 돈의(義)문, 남대문을 숭례(禮)문. 북서쪽문을 홍지(智)문으로 이름 지었으며, 이렇게 500년을 살아온 우리에겐 인의예지가 몸에 배어 있고 생활의 규범으로 지켜왔습니다.

과학 문명에 뒤져 일제의 침탈을 겪으며 민족 주권의 소중함을 절감하였고 광복을 맞아서도 자주역량이 부족하여 분단의 상처도 겪었습니다.

삼한(三韓: 마한, 진한, 변한)의 전통을 아우르고 밖으로는 고려(KOREA)의 이름으로 세계를 향하는 대한민국(KOREA)을 세우면서 민주주의 체제를 맞이하여 기존의 윤리 체계에 민주주의 소양을 더하게 되었지요.

01 인격의 중요성과 덕목

　　카네기재단에서 세계 유수 기업의 CEO를 대상으로 당신이 성공하는 데 가장 큰 영향을 준 요인이 무엇이냐는 질문에 85%가 매너, 15%가 능력을 꼽았습니다.

　　매너는 다른 사람에게 표출된 인격을 말하는 것으로 내 안에 든 것이 인격이라면 남들에게 드러난 것이 매너라 할 수 있습니다.

　　인격은 자기 스스로 인간적 값어치를 담고 살게 할 뿐 아니라 올바른 처신으로 출세와 성공에 이르게 하는 수단이기도 합니다.

　　인격의 덕목으로는 우리가 늘 착하게 살아라, 바르게 살아라,

　　예의를 지켜라, 지혜롭게 살아라 하는 말을 들어왔듯이 『인』, 『의』, 『예』, 『지』가 기본이며 이러한 덕목은 서로 상반된 듯하면서도 상생 보완되도록 연관되어 있습니다.

　　이러한 덕목을 체득하여 말을 바로하고 실천하여 믿음을 얻는 것을 『신』이라 하고 여러 가지 덕목의 조화와 균형을 이루어내는 것을 『중용』이라 합니다.

　　옛부터 처신에 으뜸으로 강조되어온 『충』, 『효』는 나라와 가정을 이끄는

핵심 덕목인데 여러 가지 덕목이 복합적으로 작용하는 측면이 있어 별도의 항목으로 살펴보는 것은 생략하지만 효를 이루면 수신제가의 기틀을 갖춘 지아비라 할 수 있고, 충을 이루면 치국평천하의 기틀을 갖춘 대장부라 할 수 있습니다.

02 인(仁)

착함, 어짊, 너그러움, 포용, 용서, 아량, 관용, 사랑, 자비 등의 말과 통하는 덕목입니다.

강한 것만 살아남을 수 있는 동물의 세상과 달리 상대의 아픔을 측은해 하고 서로 감싸며 살아가는 모습이 인간다움을 구분짓는 『인』의 마음이니 덕목의 출발입니다.

동양 윤리에서는 사람은 태어날 때부터 착하다는 생각이 전제되어 있으므로 인(仁)에 대하여는 구체적 설명이 흔치 않습니다.

『논어』〈자한편〉에 "공자께서는 명(命)과 『인』에 대하여는 드물게 말씀하셨다"는 구절이 있습니다.

천명(天命)에 대하여 거론하다 보면 내세와 연결되고 종교로 통하게 되기 때문에 그에 관해 말씀을 삼가셨고 『인』은 우리 마음속에 당연히 있는 것이니 군살을 붙이지 않고자 한 것으로 볼 수 있습니다.

같은 〈자한편〉에 의미 깊은 말이 있습니다.

'인자불우(仁者不憂)'라는 구절인데 '어진 자는 근심하지 않는다'는 말입니다. 『인』은 남을 위해서도, 남에게 보여주기 위해서도 아니고 스스로 마음이 편하기 위함이며 나를 위한 『인』이니 실감이 나고 관심이 더해집니다.

누구한테 모질게 대하고 나면 마음이 편할 리 없고 정도가 심했던 경우 보복이 걱정될 수도 있겠지요.

내가 어질게 대했는데도 상대가 모질게 대하면 실망이 크고 분노가 앞서기 쉽기 때문에 이런 때 용서할 줄 아는 것이 『인』의 또 다른 큰 줄기입니다.

원효대사는 "말 그대로 들으면 용서 못할 놈도 그 뜻을 걸러들으면 용서 못할 게 없다" 하였습니다.

사람은 누구나 모자람이 많아 말하는 표현도 미숙하고 듣는 지혜도 미숙하기 때문에 말로 인하여 상처받고 다툼이 되지만 그 사람의 본 뜻을 알고 보면 별것 아닌 경우가 많습니다.

실수로 남에게 상처를 주는 말을 했다면 시간을 끌지 말고 사과할 줄 알아야 되겠고 당신이 상대의 아량을 바라듯이 당신도 용서할 줄 아는 아량을 가져야 됩니다. 용서를 못하면 원망으로 본인의 마음만 아프게 하고 『성냄』으로 번지면 『죄』로 이어질 수도 있습니다.

김수환 추기경은 이렇게 말씀했습니다.

"당신이 다른 사람의 잘못을 한 가지를 용서하면 신은 당신의 두 가지 잘못을 용서한다."

당신께 무조건 유리한 방법이니 믿고 따라해 보세요. 당신이 남에게 잘못한 일에 대해서는 반드시 용서를 구하세요.

자세히 살펴보면 당신이 용서해줄 일보다 당신이 용서를 구해야 할 일이 더 많을지도 모릅니다.

『인』을 강조하다 보면 "원수를 은혜로 갚아라"는 말도 하지만 이렇게까지 하는 건 가식에 불과합니다. 공자께서도 "원수를 은혜로 갚는다면 은혜는 무엇으로 갚을 것이냐"라고 반문하였습니다.

원수는 그저 잊어주면 그만이고 잊지는 못해도 차별없이 대하면 그것으로 족합니다.

『인』에 대해 살펴볼 때 성현들의 말씀 중에 나오는 『인』은 군주나 통치자에게 백성을 사랑하라는 '군자의 인'을 강조하였으므로 평범한 개인의 느낌과는 거리가 있는 경우가 많습니다.

『인』의 발단을 측은지심으로 표현한 것도 군자의 시각으로 백성을 측은히 생각하는데서 나온 말입니다.

공자의 제자 자유가 노나라 왕 애공에게 백성의 부담을 덜어주라는 뜻으로 "백성이 족하면 군주가 누구와 더불어 부족할 것이며, 백성이 부족하면 군주가 누구와 더불어 족하겠습니까"

라고 말하였는데 백성에 대한 연민과 동정이 배어있는 말입니다.

요즘 와서도 통치자나 정치하는 사람들은 꼭 새겨들 말이죠.

'군자의 인'까지는 다가가기 어렵다면 그저 '착한 사람'으로 살아가면 되겠습니다.

우리는 마음만 먹으면 쉽게 『인』의 경지에 다다를 수 있습니다.

『후한서』에 "동이족은 어질고, 살리기를 좋아하고, 군자가 끊이지 않는 나라"라고 표현하였으니 우리에겐 인의 전통이 핏속에 흐르고 있음을 알

수 있습니다. 물려받은 혈통이니 마음만 먹고 노력하면 누구나 『인』의 경지에 가까이 갈 수 있습니다.

그래도 『인』을 깨닫기 어려우면 당신의 어머니께 배우세요.

하느님이 모든 가정 하나하나를 살펴주기 어려워 집집마다 파견한 천사가 어머니라네요.

모든 걸 살펴주고 이해하고 용서하며 아낌없이 주는 『천사의 마음』이 당신께 보내진 개인지도 선생님이십니다.

03	의(義)

대의, 올바름, 청렴, 의리, 정직, 정의, 용기 등과 통하는 덕목으로 자신의 옳지 못함을 부끄러워하고 타인의 옳지 못함을 미워할 줄 아는 마음입니다.

자신을 향한 불의에는 『인』의 마음으로 용서할 수 있다하여도 세상을 향한 불의에는 슬렁 넘기지 말고 바로잡아야 겠지요.

인간의 본성이 착하기는 하지만 이익과 명예에 흔들리기 쉬우므로 명(名)과 이(利)를 억제하고 『인』의 본성을 지켜내기 위해 『인』에 『의』를 짝지어 놓게 되었습니다.

공자께서는 도의가 살짝 허물어진 시대(춘추시대)였지만 『인』이 충만하면 『의』는 따라온다고 보고 『인』과 『예』에 집중하였고, 맹자께서는 세태가 각박해 지면서(전국시대) 욕심과 술수로 『인』을 해치는 걸 경계해서 『인』에 『의』를 짝지워 강조하였습니다.

『맹자』의 첫 구절에 맹자가 양혜왕을 만나는 자리에서
양혜왕이 맹자에게 "공께서 불원천리하고 나를 찾아왔으니 무엇으로 나를 이롭게 하렵니까?" 묻자 맹자는 "왜 하필 『이』입니까? 저는 『인』과 『의』를 말씀드리고자 찾아왔습니다" 하였습니다.

나라의 왕마저 그러하듯 모든 사람들의 머릿속에는 이득의 추구가 가득하지만 이득에 앞서 『의』를 먼저 생각해야 합니다.

눈앞의 이익이 그럴싸해 보이지만 그 이익을 취하고 난후 생겨날 부작용을 해결하는데 몇 배의 손실을 입을 수도 있습니다.

알고도 『이』를 멀리하기 힘든 건 달콤한 독약이기 때문입니다. 입에 쓴 독약은 누구나 뱉어버리지만 달콤한 독약이니 우선은 삼켜보게 되기 쉽습니다.

『이』를 멀리하고 『의』를 택한 유명한 고사가 있습니다.

춘추시대 때 토목 공사를 담당하는 자한이라는 관리에게 한 사람이 찾아와 보옥을 바치며 "감정사가 보증한 보옥이니 받아 두시라"하자 자한은 "내가 이 보옥을 받지 않는 것은 보옥이 값지지 않아서가 아니라 재물을 탐내지 않는 마음을 나의 가장 귀한 보물로 생각하기 때문이오. 내가 이것을 받으면 당신은 보옥을 잃고 나는 마음의 보물을 잃게 되니 그냥 가지고 가시오" 하고 돌려보냈답니다.

물건이란 썩은 뒤에 벌레가 생기며 사람이란 의심을 받게 된 뒤 모함이 먹혀든다 하였으니 자신을 온전히 보존하려면 썩지 말고 의심을 받을 만한 짓을 하지 말아야합니다.

『이』를 앞세워 부당한 재물을 얻어도 누구에게 자랑도 할 수 없습니다.

도둑이 도둑을 제일 무서워한다는데 도둑질한 물건을 잃어버리면 어디에 하소연 할 수도 없게 되기 때문입니다.

부당한 재물이나 도둑질한 물건이나 처지는 비슷합니다. 돈으로 사람의 마음을 사는 것도 그리 쉽지만은 않습니다. 돈으로 매수된 마음은 또다시 배반을 하기 쉽습니다.

백 원에 팔린 마음은 천 원을 준다고 하면 다시 팔려가기 때문입니다. 그러니 돈에 마음을 팔지도 말고 돈으로 마음을 사려고도 하지 마세요.

생활주변이나 세상의 불의를 보고도 끼어들고 싶지 않아 방관하는 것도 공동의 『정의』를 저버리는 것입니다.

『의』를 지키려면 용기가 필요할 때가 많습니다.

모두에게 솔선의 용기를 기대할 수는 없지만 아무도 나서지 못하는데 누군가 불의에 맞서 용기있게 나설 때, 그 사람을 외롭게 해서는 안됩니다.

정의가 외롭지 않게하면 누구든 용기를 내어 나설 수 있고 세상이 바로서게 됩니다. 공동의 정의가 풍토로 자리잡으면 누구도 함부로 『의』를 짓밟지 못하게 됩니다.

『의』가 당신에게 늘 손해만 입히는 것도 아닙니다.

정부의 고위 각료로 추천된 사람들이 인사 청문회에서 과거의 의롭지 못한 일로 곤욕을 치르고 때로는 탈락하는 것을 보면 『의』를 지키는 게 얼마나 어렵고도 소중한 것인지를 실감하게 됩니다.

『인』이 권장의 룰이라면 『의』는 금지의 룰로 통할수 있는데 권장의 룰에서 많은 점수를 얻어도 금지의 룰을 범하면 한가지 만으로도 과락(課落)을 면할수 없게 됩니다.

사람의 운명에서도 복을 키우는 일보다 액운을 피하는 것이 우선인데

『의』로 무장하면 액운을 막는 울타리가 됩니다. 세상이 『진실의 죽음』으로 악취를 풍길수록 진실을 간직하는 향기는 더욱 돋보이게 됩니다.

　불의에 발을 들여놓고 싶은 유혹을 받을 때는 팝송 '호텔 캘리포니아(Hotel California)'의 딜레마를 생각하세요.
　들어갈 때(체크인)는 누구나 자유롭고 모든걸 달콤하게 즐길 수 있지만 나갈때(체크아웃)는 응분의(비싼) 댓가를 치루어야 합니다.

04 예(禮)

예의, 겸손, 사양, 낮춤, 에티켓, 매너, 인사 등의 말과 통하는 덕목으로 겸손하고 양보하는 마음(겸양)에서 출발합니다.

자신의 어질고 올바른 마음을 상대에게 말과 행동으로 표현하는 것이니 『예』에는 격식과 절차가 따르게 마련이므로 적절한 용모와 안색과 언사를 갖추어야 합니다.

『인』은 마음속에 담겨진 것이고 『예』는 밖으로 표출되는 것이므로 수련을 통해 격에 맞는 『예』를 배우고 익혀 꾸준히 지켜나가야 합니다.

『예』를 지키는 기본이 몇 가지 있습니다.

<u>첫째, 인사를 잘해야</u> 합니다.

상대를 알아보고 공경과 관심을 표하는 것으로 인사가 없으면 평생을 스쳐가도 서로 모르는 사람일 뿐이니 인사(人事)를 "사람이 꼭 해야 할 일"이라고 표현한 것입니다. 그러나 인사는 의무로 하는게 아니라 반가워서 하는 것이고 하루에 열 번을 보아도 반가우니 볼 때마다 하는 것입니다.

<u>둘째, 감사의 표현을 잊지 말아야</u> 합니다.

우리 풍토에는 무뚝뚝한 게 과묵으로 대접받는 경향이 있어와서 상대방의 작은 친절에 감사의 표현을 생략하는 경우가 많은데 감사의 표현이 없으면 고마움을 모르는 뻔뻔함이 되는 것입니다. 그러니 감사의 표현은 선택이 아니라 의무로 생각해야 됩니다.

주변의 지인에게서 큰 친절과 고마움을 받았을 때도(가장 흔히 부부간에) 멋쩍음을 핑계로 감사의 표현을 생략하는 수가 많은데 큰 고마움을 모르면 더 크게 뻔뻔한 사람이 되는 것입니다.

셋째, 겸손할 줄 알아야 합니다.

『예』는 겸손하고 양보하는 마음이니 겸손은 기본입니다.

스스로를 낮추는 것은 비굴하거나 나약한 것이 아니라 현명하게 사는 것입니다. 스스로를 낮춰야 자신의 부족함을 깨닫고 더욱 단련하게 되며 자신의 모자람을 호소하고 겸손해야 상대의 시기를 접고 도움의 손길을 얻을 수 있게 됩니다.

조선의 명재상 맹사성의 젊었을 때 일화입니다.

맹사성이 학문도 어느 정도 이루고 과거에 급제하고 나서 어느 절의 고명한 선사를 찾아 훌륭한 관리가 되는 길을 묻자, 선사가 "사욕 없이 공평한 처신을 하세요"라고 하였습니다.

맹사성이 선사의 말에 그런 것쯤은 누구나 알고 있는 일이라며 그만 가 보겠다고 자리에서 일어서려 하자, 선사는 "멀리 찾아오셨으니 차라도 한잔 하고 가시라"며 맹사성을 자리에 앉히고 나서 차를 따르기 시작했습니다. 그런데 차가 찻잔에 넘쳐나도 계속 붓고 있더랍니다.

그것을 본 맹사성이 "찻잔이 넘치는 걸 모르십니까?" 하고 묻자 선사는 "젊은이께선 총명함이 넘쳐 스스로를 그르치고 있는 걸 모르십니까?" 라고 반문하였습니다. 순간 부끄러움을 느낀 맹사성이 급히 나가다가 문지방에 머리를 부딪쳤답니다. 그러자 선사가 "굽히면 부딪칠 일이 없습니다" 하였습니다.

맹사성의 어리석음만 보이는 일화지만 그는 후일에 조선의 명재상으로 이름을 남기게 됩니다.

넷째, 공중도덕을 지켜야 합니다.

공중도덕은 집단의 매너라 하겠습니다. 우리는 88 올림픽과 2002 월드컵을 통해 "대한민국"을 목청 높여 외치며 우리의 마음을 하나로 묶어 아름다운 모습을 보여준 기억을 갖고 있습니다. 오천만 개의 매너가 모이면 바로 그게 대한민국이 되는 것이죠.

교통질서도 중요한 공중도덕의 하나인데 비가 오거나 살짝 어두울 때 전조등을 빨리 켜주고 방향등을 잘 켜주는 것만으로도 많은 사고를 예방할 수 있고 상대를 놀라지 않게 할 수 있습니다. 최근의 자동차들이 시동만 걸면 계기판에 불이 들어와서 라이트를 켠 것으로 착각할 수도 있으므로 늘 확인해야 합니다.

전조등은 자기가 앞이 안 보여 켜는 것이 아니라 다른 차와 사람들에게 자기를 알리기 위해 켜는 것입니다.

접촉 사고가 나면 부서진 차만 살펴보고 따지는데 사람이 다치지 않았나 먼저 살피는 게 더 중요하고 예의에도 맞는 일이지요.

운전도 조심해야 될 일이지만 걷다가 사고로 죽는 사람이 더 많으니 걷는 사람도 자기의 목숨을 위해서라도 질서를 지켜야 되겠지요.

쓰레기를 함부로 버리면 다 같이 지저분한 곳에 살게 되는데 어쩔 수 없이 버리려면 차라리 보이는 곳에 버리는 게 낫습니다.

양심에 걸려 구석진 틈바구니에 버리면 청소하는 사람 눈에도 띄지 않게 됩니다.

음식물 쓰레기를 씽크대에 설치된 기계로 갈아 하수구로 내보내기도 하는데 본인은 편할지 모르지만 하수를 정화하는 사회적 비용을 생각해야 겠지요.

공중도덕은 『예』일 뿐 아니라 공동의 『약속』이고 지켜야 할 『법』입니다.

다섯째, 관혼상제(冠婚喪祭) 4례(四禮)에 대하여 관심을 가져야 합니다.

예로부터 이 네 가지 예(禮)는 "인륜지대사(人倫之大事)"라 하여 우리 생활에서 매우 중요시하였으나 요즘은 세속의 변화로 등한시되고 있는데, 본래의 취지를 살펴보고 관심을 가져야 하겠습니다.

관례(冠禮)는 이제 거의 찾아볼 수 없고 대신 성인식(成人式)이 있는데 그 취지는 같습니다. 관례는 본래 20세의 성년이 되는 남자에게 상투를 틀고 관을 씌워주는 의식인데, 이때 자(字)를 지어 불러주고 이름을 함부로 부르지 않았습니다. 그리고 여자에게는 성인 의식으로 계례(筓禮)가 있었는데, 여자 나이 15세가 되거나 약혼을 하면 쪽을 찐 머리에 비녀를 꽂아주고 성인으로 대우하였습니다.

혼례(婚禮)는 전통혼례와 신식 혼례가 있는데, 요즘은 모두 전문화된 시설과 주관자가 있으니 그대로 따르면 무난할 것입니다. 현대 결혼은 예전과 달리 축복으로 생각하므로 엄격한 격식에 얽매이지 말고 젊은이들의 취향에 맞게 흥미로움을 가미하는 것도 의미가 있을 듯합니다.

결혼 전에 신랑이 신부 댁 어른들에게 폐백(幣帛 : 비단 등의 예물)을 올리고, 결혼 후 신부가 신랑 댁 어른들에게 폐백(술과 안주 등의 예물)을 올리는데, 폐(幣)와 백(帛)은 모두 화폐가 발달하기 전 비단이나 재물 등 귀한 물건을 뜻하는 글자로 처음 뵙는 어른이나 선생님께 올리는 예물을 뜻합니다. 근래는 피로연과 시간이 겹쳐 생략하기도 하지만 어른을 존경하는 마음만은 잊지 말아야 하겠지요.

결혼식 후에 하객분들께 피로연(披露宴)을 베푸는데 여기서 피(披)는 마음을 밖으로 알림을 뜻하고 로(露)는 드러내어 보임을 뜻하며 연(宴)은 잔치를 말하므로 경사를 남들에게 널리 알리는 잔치라는 의미입니다.

상례(喪禮)는 요즈음 대부분 전문 시설에서 하게 되는데, 애도하고 경건한 마음을 갖는 것이 첫째입니다. 매장(埋葬)이나 화장(火葬), 수목장(樹木葬) 등의 선택은 살아계실 때의 유지(遺志)를 받들거나 가족의 총의를 모아 무리 없는 방법을 택하면 됩니다. 상례는 예고 없이 닥치는 경우가 많아서 갑자기 당하면 누구나 당황하게 마련이니, 평소 유심히 살펴둘 필요가 있습니다. 그리고 다른 사람의 상례에 대해서는 조언은 할시언정 왈가왈부 참견하고 잘못을 지적하는 것은 삼가야 될 일입니다.

조문 때 "고인(故人)의 명복(冥福)을 빕니다"라고 인사하는데, 여기서 고

(故)는 연고나 사연을 뜻하며 사연을 겪은(有故)분 이라는 의미로 「고인」이라 표현해 오다보니 돌아가신분을 「고인」이라 합니다.

명(冥)은 어두울 명으로 어두운 곳을 뜻하는데, 명복은 저승에서의 복으로, 곧 어두운 지하세계에 가서도 복을 받으시라는 말입니다.

제례(祭禮)는 풍습의 변화로 점점 간소화되어가는 추세이긴 하지만 차리는 제물보다 공경하는 마음과 정성이 중요합니다.

제례는 주로 남자들이 주관하는 형식이지만 안에서의 노고와 정성이 없이는 어려운 일입니다. 필자는 가문의 8대 종손으로서 어려서부터 어머님과 숙모님들의 헌신을 익히 보아왔고, 제례 때마다 부인(임선희)은 물론 형수, 제수씨들과 새내기 며느리까지 안에서 정성을 다하는 데 늘 고맙고 미안한 마음을 갖습니다. 그래서 여자분들도 제례에 참례하여 잔을 올리도록 마음을 쓰고 있으나 마음만으로 넘기기에 멋쩍어서 "조상님들께서 알아주시겠지~" 하고 기대어 봅니다.

가문 어르신들께서도 생전에 조상님을 모시는 정성이 남다르셨고 "만약 신이 있다고 믿는다면 조상신만큼 우리를 보살펴줄 신이 어디 있겠느냐?"라고 말씀하시곤 했는데, 그렇게 생각하면 조상을 모시는 일에 부담감이 작아질 수도 있겠지요.

제례에는 반드시 축문(祝文)을 지어 읽습니다. 축문에서 "모년 모월 모일에 효자(孝子) 아무가 삼가 조상님께 고합니다"라고 하는데, 여기에서의 효자를 대부분 제사를 잘 모셔서 효자라는 뜻으로 이해하고 있으나 축문에서의 "효" 자는 효도할 "효" 자가 아니고 맏아들 "효" 자로 대를 이은 자식이라는 뜻입니다. 그리고 전체 내용은 "해가 바뀌어 돌아가신 날이 다시 돌아왔습니다. 추모하는 마음을 견딜 수 없어 맑은 술과 여러 가지 음식을 마련하여 정성껏 올리오니 흠향하십시오"라는 뜻인데, 모두 한문으로 되어 있어서 한학에 조예가 깊은 사람이 아니고는 그 뜻을 이해하기가 쉽지 않습니다. 그러니 이런 내용을 참작하여 우리 세대에 맞게 한글로 지어 고하는 것도 나쁘지 않을 듯합니다.

그리고 조상을 신(神)으로 숭배하는 것이 아니라 '정(情)'으로 모신다고 생각하면 종교 간의 갈등도 줄일 수 있을 듯합니다. 제례는 흉사가 아니니, 슬픈 마음보다는 조상을 뵙는다는 기쁜 마음으로, 그러면서도 경건하게 치르면서 자손들이 한자리에 모여서 그분들의 생전의 가르침을 되새겨보는 것이 좋을 듯합니다.

관혼상제 4례에 대하여 살펴 보았듯이 우리 생활에 있어서 예(禮)란 이처럼 중요한 덕목입니다.

『논어』에 "군자가 용맹만 있고 예가 없으면 난리를 일으키고, 소인이 용맹만 있고 예가 없으면 도둑질을 한다"라고 하였습니다.

큰 사람은 큰 문제를 일으키고 작은 사람은 작은 문제를 일으키니, 이것이 예를 가벼이 볼 수 없는 이유입니다.

05 지(智)

지혜, 총명, 안목, 식견, 혜안, 슬기, 깨달음 등의 말과 통하는 덕목으로 시비(옳고 그름)를 가려낼 줄 아는 마음에서 출발합니다.

여기서 『옳음』은 올바른 판단(바로 앎)을 뜻하고 『의』의 항목에서 『옳음』은 올바른 처신(떳떳함)을 의미합니다.

배움의 장에서 지(知)는 지식에 가까운 반면 인격의 장에서 지(智)는 깨달음에 가까운 뜻으로 태양[日]처럼 밝은 지(知)를 의미합니다.

지혜롭지 못하면 매사를 바로 보지 못하고 올바로 처신할 수 없게 되므로 『지』가 처신의 등불이 됩니다.

처신을 바로하는데는 물론 일을 제대로 이루어내는 데에도 지혜가 길을 밝혀주는 것이지요.

지혜의 출발은 매사를 깊이 통찰하는 데 있습니다.

겉으로 보이는 것은 누구나 볼 수 있지만 보이지 않는 내면, 시선이 닿지 않는 등 뒤를 보려면 모든 것을 깊이 생각하고 관심과 통찰의 자세를 가져야 합니다.

옛적에 지혜로운 판결 이야기를 하나 들어볼까요?

사냥꾼이 화살로 담비를 쏘아 맞혔는데 담비가 도망가다가 어느 집 개에게 잡히게 되어 사냥꾼과 개의 주인이 서로 담비를 갖겠다고 다투다가 원님의 판결에 따르기로 했습니다.

젊은 원님이 판결하기를 "사냥꾼은 담비의 값나가는 가죽을 얻고자 화살을 쏘았고 개는 담비의 고기를 탐내어 물었으니 가죽은 사냥꾼에게 주고 고기는 개에게 주어라" 하였답니다.

어느 쪽도 반론할 수 없는 지혜로운 판결 아닌가요? 우리 인생사에는 이렇듯 지혜가 필요한 일들을 많이 만나게 됩니다.

"지식은 말하려 하고, 지혜는 들으려 한다"는 말이 있듯이 지혜는 매사를 제대로 살피려고 힘쓰지만 총명을 자랑하지 않습니다. 재능을 숨김은 동물들마저 알고 있는 생존의 수단입니다.

"범의 걸음은 병든 듯하고 독수리의 눈은 조는 듯하나 이것이 그들이 먹이를 잡아채는 수단이니라" 하였습니다.

자랑하면 경계하고 경계하면 뜻을 이루기 어려워집니다.

지혜는 격이 다른 인격을 만들어 줍니다.

신라 시대의 최치원은 그 총명이 당나라까지 알려졌고 그가 당나라에 처음 가게 되었을 때 일화가 있습니다. 당나라 선비들은 신라의 소문난 선비가 온다니 코를 납작하게 하려고 궁리에 궁리를 해놓고 최치원을 만나자 질문 하나를 했습니다.

"해와 달은 모두 하늘에 걸려있는데 그 하늘은 어디에 걸려있는 것이

요?" 물었는데

딴에는 논리에도 맞고 심오한 뜻이 담긴 질문이기는 하나 마땅한 답은 없습니다.

최치원은 "내가 드리는 문제를 먼저 답하면 나도 답하겠소" 하고 반문하기를 "산과 강은 모두 땅이 받치고 있는데 그 땅은 무엇이 받치고 있는 것이요" 하였답니다.

중국 선비들은 여럿이 몇 달을 궁리한 것이고 최치원은 듣자마자 혼자 답한 것이니 그 승부는 이미 결정난 게 아닌가요?

그들은 모두 감복하였고 나중에는 최치원을 '해동(동쪽나라)의 공자'라고 칭송하게 되었습니다.

차원이 다르면 싸움이 되지 않으니 격이 다른 지혜를 준비해 두면 격이 다른 대우를 받게 됩니다.

지혜는 세상을 바로보는 등불이 되고 가까이는 자신을 지키는 방패가 됩니다.

"착하고 바른사람은 속이기 쉽다"는 말은 순박한 사람이 서글퍼질까 염려하는 것인데 지혜를 갖추면 이런 염려에서 벗어날 수 있습니다.

유머는 품위 있게 지혜를 드러내는 방법의 하나입니다. 뜻 깊지만 재미있는 표현으로 타인과 유쾌하게 지낼 수 있고 사람을 따르게 하며 자신 스스로도 유쾌해질 수 있습니다. 경영자의 유머는 직원과의 소통에 도움이 되고 업무 효율도 높여주게 됩니다.

지혜는 인생의 기로에서 현명한 선택을 할 수 있게 해줍니다.

돈과 명예, 일과 사랑, 쾌락과 건강 등처럼 상반된 목표에서 어느 쪽을 선택하느냐가 인생의 방향을 달라지게 합니다.

머리를 굴리는 지혜는 일을 해낼 때 쓰고 사람을 대할 때는 마음을 움직이는 지혜를 쓰세요.

지혜의 완성은 자신을 바로 아는 것입니다. 적을 알고 세상을 아는 것은 똑똑한 것이지만 자신을 바로 아는 것이 진정한 지혜이므로 늘 자신의 편견을 바로잡고 오만을 벗어나도록 노력해야 합니다.

06　신(信)

　믿음, 신뢰, 의리, 약속, 인내 등과 통하는 덕목으로 인격이 말로 표출되고 실천으로 증명될 때 신뢰를 얻게 됩니다. 신뢰는 모든 관계에서 존중과 협력의 기반으로 작용합니다.

　신뢰는 말과 행동을 통해 얻어지는 것인데 진정성 있고 사리에 맞는 말이 『신』의 출발이 되고 말에 대한 책임과 약속 이행이 『신』의 완성입니다.

《말하기와 듣기》

　사람들 간의 소통과 협력은 말로 이루어지고 자기의 생각과 인격이 말로 드러나게 마련인데 사람들에게 말이란 어렵고 위험한 것 중의 하나입니다.

　"내 말을 잘 들어달라", "내 말을 오해하지 마라" 하소연하고

　"네 말의 참뜻이 뭐냐", "네 말의 저의가 뭐냐" 묻기도 합니다.

　말을 제대로 하고 제대로 듣기 어려움을 보여주는 일입니다. 말은 생각에서 나오는 것이니 생각이 삐뚤어지면 말을 재주껏 꾸며 보아도 결국은 허영과 기만이 드러나서 자신을 더욱 초라하게 할 뿐입니다.

　그러니 말을 바로 하려면 올바른 생각이 우선이고 글을 통해 차분히 정리하고 수련해둘 필요가 있습니다.

충분히 생각하고 정리해둔 것에는 말의 실수가 적어질 수 있지만 말은 상대가 있는 것이므로 속성상 즉흥적으로 이루어지는 데 어려움이 있습니다. 질문하는 사람은 미리 생각해둔 말인데 답변하는 사람은 즉시 답변하게 되므로 심각한 실수는 대부분 답변이나 상대의 말을 되받아치는 과정에서 나타납니다.

시간을 재촉하는 질문이 아니면 천천히 생각하고 답변하면 되고 때로는 다음으로 미룰 수도 있겠지요.

맹자께서 신뢰받을 수 없는 네 가지 말의 허점을 지적하였습니다.

자신의 욕심을 가리고자 비틀어하는 말, 자신의 감정에 빠져 난잡하게 하는 말, 어떻게든 이루어 보려고 진실과 동떨어지게 꾸며하는 말,

책임을 면하려고 곤궁하게 회피하는 말인데 이런 말들은 실천 여부 이전에 말 자체로 신뢰를 잃게 합니다.

또한 말하기에만 집중하지 말고 듣기에 더욱 집중해야 합니다. 말하기는 자기 혼자의 것이고 듣기는 세상 모든 사람들의 말을 들어야 하니 듣기가 더 중요한 건 자명해집니다. 그래서 입은 한 개를 주고 귀는 두 개를 준 것이지요.

잘못된 말로 인한 화를 '설화(舌禍)'라 합니다.

진(陳)나라의 영공이 신하들과 같이 대부 하징서의 집에 놀러간 자리에서 홀로된 하징서의 어머니 얘기를 하면서 영공과 정분이 났느니 다른 대신과 정분이 났느니 모멸스런 농담을 하자, 격노한 하징서는 영공이 궁으로 돌아가는 길에 그를 시해하게 됩니다.

프랑스 루이 16세의 황후 마리 앙투아네트는 세상 물정에 어두워 시민들이 먹을 빵이 없다는 말에 "빵이 없으면 과자를 먹으면 될 텐데" 하고 철없는 말을 하였는데 대혁명 때 시민의 손에 처형당하게 됩니다. 잘못된 말 한마디의 결과를 실감케 하는 일들입니다.

요즘에 와서도 인권이 보장되지 못하는 나라들에서는 "짧은 혀를 잘못 놀리다가 긴 목이 날아간다"는 말이 흔하다네요.

보통사람들이 저지르기 쉬운 '설화에 버금가는 실수'는 대화 중 '화를 내는 것'입니다. 상대의 잘못을 날카롭게 강조하려는 속셈으로 화를 내는 것이지만 원망이 자신만을 아프게 하고 다툼(싸움)으로 번지면 먼저 화낸 사람이 무조건 불리해지죠.

불가에서는 탐욕으로 지은 죄업과 성냄으로 지은 죄업을 경계하는데 '성냄'은 그저 실수를 넘어서 '죄업'으로까지 연결됩니다. 신이 어떤 사람을 망가뜨리려면 맨 먼저 그 사람의 '화'를 돋구어 놓는다네요.

"도저히 참을 수 없어서~"라고 하지만 참을 수 없는 걸 참아내는 게 진정한 인내이며 용기라고 할 수 있는거죠.

"내 성질이 원래 그래서~"라고 으쓱거리기도 하는데 '성질'은 무기가 아니라 자신을 찌르는 흉기가 될 뿐입니다.

화를 내면서 욕설을 퍼붓는데 상대를 더럽힐 목적이지만 상대보다 더 먼저 더 확실하게 자신이 더럽혀집니다. 구경꾼의 귀까지 더럽혀 그들이 널리 소문냅니다.

또 하나 주의할 점은 아무리 옳고 진실한 말일지라도 시간, 장소, 상황을 고려해야 합니다. 진실을 말할 때가 두려운 순간이라는 말까지 있습니다. 오해를 부르기 쉬운 말을 할 때는 결론만 단언하지 말고 이유와 취지를 설명해주는 것이 좋고 듣는 사람도 상대의 취지를 이해하도록 살펴 들어야 합니다.

말이 『信』을 해치지 않으려면 듣기 좋은 말을 쉽게 하지 말고 지킬 수 있고 책임질 수 있는 말만 해야 합니다.

《실천하기》

말하기를 신중히 했다면 실천은 쉬워질 수 있으나, 말하기를 경망하게 했다면 실천이 어려워질 수도 있습니다.

시간이 지나면서 상황이 바뀌고 생각이 두 마음으로 갈라지는 것이 『신』을 해치게 되니 유·불리를 따지지 말고 지키는 각오가 필요합니다.

일이 계획대로 안 되면 변명으로 책임을 모면하려 듭니다. 거짓말은 타인을 속이는 것이지만 변명은 자신을 속이는 것입니다. 변명은 타인에게는 상처를 주지 않지만 자신에게 상처를 줍니다. 변명이 드러나면 상대의 신뢰가 더 크게 무너지게 되고 드러나지 않으면 당신이 교활한 사람이 되는 것입니다.

실천이 어렵다는 것을 알려주는 고사가 있습니다.

중국의 문인 백낙천이 도림선사를 찾아가서 세속에 사는 사람이 꼭 지켜야 될 지침을 물으니 도림선사는 "늘 착한 생각만 하고 착하게 살아라"고 하였습니다. 그 말에 백낙천이 "그건 세 살 어린애도 아는 말 아닌가요?" 하고 반문하자 도림선사는 "세 살에 알기는 쉬워도 여든이 되어서도 실천하지 못하는 사람들이 흔하다네" 하였답니다.

애써 고전과 명언을 읽으면서 행동에 속취가 풍기는 건 안타까운 모습입니다. 행동의 속취보다 말의 속취가 더 흔히 보이고, 말이 말을 낳아 더 널리 알려지게 됩니다. 명언을 듣고도 마음에 새기고 실천하지 않으면 개 짖는 소리를 들은 것과 다름없는 것이지요.

공자님의 말씀을 듣고도 실천하지 못함을 민망하게 느낀 사람들이 공자를 "상갓집 개"라고 부른 것도 이유 있는 반항이지요.

몰라서 못한 것은 아예 몰랐으니 마음은 편한데 알고도 못한 것은 고의성이 있으니 부끄러운 일입니다.

자신은 실천하지 못하면서 자녀나 후진들에게 충고나 훈계를 하는 일도 조심스럽습니다. 그들이 속으로 "너나 잘하세요" 할지 모르니 민망한 일입니다.

'수행'에는 게을리 하면서 '평판'에만 신경을 쓰는것은 더욱 민망한 모습이지요.

07 중용(中庸)

균형, 조화, 절제, 선택, 융통성 등의 말과 통하는 덕목으로 『중용』은 그저 가운데가 아니라 '가장 알맞고 마땅한 것'을 의미합니다. 때와 장소와 상황에 따라서 최선의 조화를 찾는 것이며 인, 의, 예, 지, 신 모든 덕목의 균형을 잡는 지렛대가 됩니다.

중용(中庸)에서 중(中)은 넘치거나 모자라지 않음을 뜻하며 용(庸)은 『떳떳함』과 『골라씀』을 뜻하고, 중용이 매사에 중요한 잣대가 되므로 『중용』을 4서(논어, 맹자, 중용, 대학)에 넣어 학문과 수양의 기본으로 삼고 있습니다.

맹자는 "한 가지만 고집하는 것을 미워하는 것은 그것이 정도를 그르치고, 한 가지를 내걸어 백 가지를 없애기 때문이다"라고 하였습니다.

『인』에 집착하면 『의』를 그르칠 수 있고 『의』에 집착하면 『인』을 그르칠 수 있는 것이지요.

중국의 삼국시대를 동일한 서진이 내부의 다툼으로 약화되자 북방민족이 중국의 양자강 이북 지방에 여러 나라를 세워 다투던 시대에(5호 16국) 흉노족이 『하』나라를 세우고 군사 장비의 강화를 국가의 최우선 과제로 삼아 갑옷에 화살을 쏘아 갑옷이 뚫리면 갑옷을 만든 사람들을 처형하고 갑옷을 뚫지 못하면 화살을 만든 사람들을 처형하는 극단적 방법을 쓴 적이 있습니다.

어떤 갑옷도 뚫을 수 있는 화살과 어떤 화살도 막아낼 수 있는 갑옷을 동시에 갖고자 하였으니 말 그대로 모순을 안고 있는 것이라 할 수 있겠지요.

군사 장비의 개발에는 어느 정도 성과도 있었으나 가혹한 정책으로 민심을 잃어 오래지 않아 나라가 멸망하게 됩니다.

한 가지만을 강조하는 모순을 잘 드러낸 사례의 하나입니다.

평범한 사람들이 흔히 하는 실수는 일의 경중을 가릴 줄 모르는 것입니다. 작은 보살핌에는 능하나 큰 보살핌에는 어둡고 작은 의리를 앞세워 대의를 그르치는 경우가 흔합니다.

자식을 공부시키는 데(교:敎)에는 갖은 노력을 다하면서도 심성을 올바르게 키우는데(훈:訓)에는 관심이 덜하고, 친한 사람이 옳지 않은 주장을 할 때 친함을 앞세워 그 사람을 무조건 편드는 것을 의리라고 내세울 수도 있지만, 그것은 작은 의리일 뿐이고 그 사람의 생각을 옳은 방향으로 바꿔주려는 노력이 더 큰 의리라고 할 수 있겠지요.

보통사람들이 생활에서 자주 부딪치는 문제를 생각해 볼까요.

친구가 좋아 밖에 머물다 귀가가 늦으면 부인이 짜증을 내고 부인 곁에만 붙어 바깥출입을 못하면 친구가 비아냥거리는데 우정이든 금슬이든 어느 게 나쁜 게 아니라 치우침이 문제인거죠.

모든 일에 정도와 한계가 있어야 하므로 흔히 '절제'를 말하는데 이 또한 중용의 범주에 속합니다.

아무리 좋은 일도(인, 의, 예, 지 같은 덕성 까지도) 지나치면 모자람만 못하게 되므로 『절제』로 지나침을 막아 균형을 지켜야 합니다.

윷놀이를 해보면 지나침이 모자람만 못하다는 걸 저절로 깨닫게 되니 놀이에도 교훈을 담아둔 우리의 전통문화에 자부심을 느끼게 됩니다.

유대인의 「탈무드」에서는 돈,술,여자,시간에 대한 균형 감각을 강조하였는데 핵심부분을 찝어 절제의 중요성을 깨우쳐 주고 있습니다.

좋은 일인게 틀림없을 때도 여러사람의 생각과 여건을 고려하여 시기(타이밍)와 완급을 조절해 시행해야 무리가 따르지 않게 됩니다.

큰일을 다루는 사람일수록 인간사의 복합적 여건을 고려해야 하므로 지혜가 바탕에 깔린 중용의 덕을 지켜야 합니다.

정의로운 자유, 기골을 갖춘 화평, 규율을 지키는 배려는 중용없이는 이룰수 없는 아름다운 모습입니다

중용은 인,의,예,지,신의 모든 덕목을 체득하고 조화시켜야 하는데 둔하면 미치지 못하고 지혜가 있으면 넘치기 쉬워, 본시 제대로 터득하기 어려운 덕목입니다. 중용을 제대로 터득하고 수행하면 『신(神)』과 통할 수 있는 경지로 이루지 못할 일이 없다 하였습니다.

08 인격의 수양

생각 없이 살다보면 편안함에 물들게 되고 타성에 맡겨두면 욕망이 발동하여 어질고 올바른 마음을 흩뜨리게 되므로 끊임없이 수양 정진하는 자세가 필요합니다. 『논어』에 "사람의 천성은 모두 착하지만, 습성으로 인해 서로 달라진다" 하였고 소동파는 "속세의 습속에 젖어버리면 의약으로도 고칠 수 없다" 하였습니다.

루소는 "인간은 조물주의 손에서는 선하지만 인간의 손에 건너와서 악해진다"고 하였으니 비슷한 시각입니다.

타고난 착한 마음(인)에 올바름(의)을 더하고 습속에 물들지 않고 지켜내는 것이 인격의 요체라 하겠습니다.

습관을 제대로 다스릴 필요성을 다시 생각하게 됩니다. 버려야할 습관은 핑계나 예외를 인정하지 말아야 합니다. 우리의 평소 행동은 95%가 습관대로 이루어지므로 버려야 할 습관에 굴복하면 인격에 흠이 되고 인생에도 금이 가게 마련입니다. 습관이 바뀌어야 인생이 바뀌게 됩니다.

아무도 완성된 인격을 가진 사람은 없습니다. 하나씩 갖추어 가면서 완성되어 가는 과정일 뿐입니다. 수도하는 사람들은 경전과 참선으로 진리를 터득해 가면서 한편으로 수행과 봉사를 통해 이를 이루어 나가게 되므로 그분들은 "**깨달음은 완성이 아니라 출발**"이라고 말합니다. 인격의 수양 과정도 인격의 덕목을 깨우쳐 알고 이를 흐트러짐 없이 실천해 나가는 과정이라 하겠습니다.

인격은 생각이나 말만으로 완성되지 않습니다.
인격의 수양과정을 '수신'이라 하는데 '수심(修心)'이 아니라 '수신(修身)'이라 하는 것도 마음만으로 그쳐서는 안 되고 몸으로 실천이 따라야 한다는 의미라 하겠습니다.
마음만으로도 안되는데 말만으로는 더욱 어림없는 일이지요. 좋은 말을 보고 듣고 나서 바로 입으로 내보내면 네치(12cm)를 거쳐 없어지고 맙니다. 마음에 깊이 담고 새기면 몸에도 가득 충만해져서 실천이 따르게 되고 얼굴색에 나타나 저절로 남들에게 알려지게 됩니다.

옛부터 처신의 기본으로 용모, 안색, 언사를 꼽았는데 용모(의복과 외모)를 앞세운 것은 형식 예절의 탓도 있지만 지금도 등한시 할 수 없는 중요성을 갖고 있기도 합니다.
안색(얼굴색)을 언사에 앞세운 이유는 표정이나 자세가 그릇되면 말의 진정성이 깨지게 되기 때문이며 그러한 자세라면 수양의 부족을 드러내는 것이겠지요. 속세에 몸담고 있어도 늘 마음을 닦으면 고귀한 경지에 이를 수 있습니다.
너무 유별날 필요도 없습니다. 최고의 명품 옷은 자신감을 입는 것이라 하네요. 평범한 듯하면서 근사한 옷차림이 좋은 인상을 주듯이, 평범한 듯하면서 어딘가 남다른 인격이면 됩니다.

모든 면에서 남보다 돋보이려고 긴장할 이유도 없고 자신의 인생을 즐겁게 살아가면서 기본 도리만 떳떳하게 지켜나가면 되는 것이지요.

인격이란 말에 얽매여 인생을 너무 어렵게 살지는 마세요.

평판에 신경쓰는 잘난 사람들일수록 잘못을 저질렀을 때 아무 일 없었던 것으로 쓸어 덮으려고 합니다. 잘못은 '실수'일수 있지만, 은폐는 '고의'가 됩니다. 사과하면 용서받고 그나마 빨리 잠잠해질 텐데 '흠결 없는 인격'을 내세우려는 발버둥이 오히려 화근이 됩니다. 어려울 때일수록 정직과 양심이 최선의 정책입니다.

인격은 성공의 요소로 작용합니다.

성공을 위한 자질로 겸손과 자신감을 꼽는데 얼핏 상반되는 요소같지만 자신감은 마음속에 담긴 것이고 겸손은 밖으로 드러난 것으로 기골을 갖춘 화평이니 더욱 돋보이게 되지요.

자신에게든 상대에게든 욕구를 부정하고 실용을 외면하는 지나친 '인격론'을 내세우면 그림 속의 떡이고 말의 잔치로 끝납니다.

모든 사람의 욕구와 자유를 존중하고 아름답게 공존하는 것이 공동의
과제이며 이러한 태도는 자유와 평등을 추구하는 오늘날의 민주주의 정신과 통합니다.

09 민주시민의 자질

"~주의"라는 말은 옳고 가치있는 신념을 소중하게 여겨 반드시 지켜내고자 하는 마음 자세와 생활방식을 뜻합니다.

민주주의는 백성(구성원)이 주인이 되는 국가와 사회체계를 말하는 것으로 인간의 존엄성을 구현하는 숭고한 이념 때문에 우리가 겪어본 어떠한 체계보다 타당하고 우월한 제도입니다. 이러한 점이 널리 인정되므로 몇 안 되는 독재 국가에서도 민주주의를 표면에 내세우고 있지요.

흔히 민주주의-공산주의, 자유진영-공산진영으로 나누어 비교하는데 정확한 대칭어는 민주주의-독재주의(전제주의), 자본주의-공산주의, 시장경제-계획경제로 대비됩니다.

민주 사회는 자본주의 경제구조를 택하여 시장을 통해 경쟁하도록 하여 창의성이 발휘되고 다양한 욕구에 부응할 수 있게 됩니다.

독재사회는 공산주의 경제구조를 택해 국가의 계획에 따라 공동생산하고 분배하므로 창의성이 발휘되기 어렵고 다양한 욕구에 부응할 수 없게 됩니다.

정경분리 정책으로 시장경제를 도입하기도 하지만 근본이 공산주의인 만큼 수시로 통제의 유혹에 빠져 효율성을 떨어뜨립니다.

사이비 종교가 그러하듯이 선전, 선동으로 영혼까지 지배하려 들므로 늘 감시의 그늘에 살아가야 합니다.

독재주의 사회는 효율성이 떨어지는 경제구조와 개인의 행복 추구가 어렵게 되는 속성 때문에 아무리 훌륭한 지도자, 설령 신이 통치하게 한다 해도 신을 위한 독재는 가능할지 몰라도 국민을 위한 독재는 불가능할듯 합니다.

이렇게 살펴보면 민주주의의 우월성이 분명해집니다.

민주주의는 우리를 속박하는 제도가 아니라 서로가 같이 누리는 제도입니다.

민주주의는 시대적 요청에 따라 꾸준히 진화하여 왔고 현재로서도 완벽하다고 할 수는 없으나 끊임없이 개선의 길이 열려 있다는 것이 민주주의의 또 다른 장점이지요.

민주주의가 국가나 사회 체계일 뿐 아니라 모든 사람들에게 생활 방식과 규범이 되므로 민주사회의 모든 구성원은 민주시민의 소양을 갖춰야 합니다.

1. 자유와 평등을 구현해야 합니다.

민주주의는 인간의 존엄성을 기초로 개인의 자유를 보장하는 것이 으뜸 과제인데 간섭받지 않는 자유를 넘어서서 행복을 누릴 자유까지 포함합니다. 자유의 폭은 이렇게 넓혀 주지만 『인』에 『의』가 짝지어져야 하는 것처럼 자유에는 반드시 정의가 짝지어져야 합니다. 정의가 깃들지 않은 자유는 독단과 이기주의에 빠져 다투는 세상을 만들게 합니다.

또한 만인의 존엄성을 인정하므로 자신의 자유가 타인의 자유를 침해하지 않고 서로를 배려하여 만인의 평등을 실현하는 것이 또 하나의 과제입니다. 만인이 존중받고 행복하게 하는 것이 민주주의의 고귀한 목표입니다.

2. 다수에 대한 승복 및 소수에 대한 배려입니다.

민주주의는 구성원의 총의를 존중하므로 '다수결의 원칙'에 따르며 의견이 달랐던 사람도 결정된 후에는 이의 없이 승복해야 합니다.

다만, 다수가 옳지 못한 결정을 할 가능성이 늘 열려 있는 게 민주주의의 함정이므로 다수결은 결정의 수단일 뿐 소수의 의견을 무시할 권리까지는 없습니다. 다수의 횡포와 소수의 반발이 대립하는 것은 민주주의의 가장 안타까운 모습이지요.

51%가 꼭 옳다 할 수도 없고 49%가 꼭 그르다 할 수도 없으며

때로는 1%의 창조적 소수의견이 세상을 바로 보고 세상을 발전시키는 계기가 되니 늘 마음을 열고 귀를 기울여야 합니다.

다수의 대중은 지금까지의 익숙한 관행에 젖어 바람직한 변화는 물론 꼭 필요한 보완책이나 위기에 대한 대비마저도 외면하려는 속성이 있어 변화의 모멘트는 창조적 소수로부터 시작되니까요.

3. 절차의 타당성을 지켜야 합니다.

아무리 합당한 생각이라도 절차를 무시하면 독단이 되니 의견의 수렴과 시행에는 총의를 존중하는 절차를 지켜야 하며 명분을 위한 형식 절차가 아니라 정당하고 합리적인 절차이어야 합니다.

형식 절차만 갖추려고 토의과정 없이 찬반을 물어 결정한다면 자칫하면 다수의 횡포로 흐르고 소수의 반발이 따르게 되지요.

의사결정의 절차 뿐 아니라 모든 일의 실행 과정에서도 정당하고 합리적인 절차가 필수입니다.

4. 극단주의를 경계해야 합니다.

민주주의는 꾸준히 발전되어 왔으나 현재로서도 완벽할 수 없고 이러한 틈새를 노려 이상론을 앞세우는 극단주의가 나타납니다. 그들은 이상론을 내세우므로 타협을 거부하는 흑백 논리로 법질서를 무시하는 투쟁 방법을 서슴지 않습니다. 속셈에는 집단 이기주의가 깔려있고 그들을 조정하려는 파당이나 정파가 숨어 있어 가면 속의 실체를 분간하기 어렵지요.

민주주의는 투쟁으로 얻어진 것이지만 그들이 법질서에 투쟁해서 얻어내려는 것은 민주주의의 굴복, 상처받은 민주주의이니 가면 속의 실체와 명분 속의 속셈을 알고 단호하게 대응해야 합니다.

한두 번 억지 주장에 굴복하고 나면 또 다른 억지가 봇물처럼 번져 염치없고 시끄러운 세상이 됩니다. 돈으로 평화를 살 수 없듯이 퍼주기로 달래서 평온을 살 수는 없는 법이지요. 떼법이 법위에 서지 못하도록 어떤 어려움이 있어도 '굴복이 아닌 타협'의 원칙을 지켜야 합니다.

5. 소외계층에 대한 배려입니다.

민주주의 사회의 기본 이념이 자유의 보장이므로 속성상 자본주의 경제 체제를 택하게 되는데 자유경쟁에서 적응하지 못한 소외계층이 생길 수밖에 없게 마련입니다. 우리가 만들어낸 제도의 허점에서 생겨난 소외계층이니 공동의 책임 의식이 당연한 것이고 자유와 평등의 정신이 경제적 측면에서도 구현되어야 합니다.

사회 제도의 틀에 의한 배려도 중요하고 주변에 대한 각자의 관심과 애정이 더욱 중요합니다. 불행에 포위된 행복은 즐거울 수도 없고 유지될 수도 없으니까요. 소외 계층에 대한 배려는 어디까지 할수 있다는 것으로 한계를 짓지 말고 어디까지 해야 되는지를 정해야 합니다. 이러한 원칙은 모든 숭고한 목표를 세울 때 가져야할 마음 자세입니다.

6. 참여와 감시 정신입니다.

제도적 균형과 감시는 기본이고 모든 구성원의 마음가짐이 중요합니다. 일꾼을 뽑는 투표에 불참한 사람이 일꾼의 자질을 평가할 수 없고 모든 일의 추진에 참여하지 않은 사람은 불평할 자격도 없고 감시할 정보도 모르게 마련입니다.

아무리 좋은 제도, 좋은 일꾼이라도 구성원의 참여 없이는 좋은 결과를 이루어 낼 수 없고 아무리 정직한 일꾼이라도 감시가 없으면 나태하거나 자의에 빠지기 쉽습니다.

7. 사회의 변화를 반영해야 합니다.

유토피아가 '아무데도 없다'는 의미를 담고 있듯이 언제나 옳은, 완벽한 제도는 없습니다. 지금까지의 관행을 깨는 '개혁'에는 저항과 진통이 따르지만 사회의 변화에 따라 더 나은 방향을 찾아가는 '개혁'의 정신은 정파나 이념을 떠나 모두에게 열려있어야 합니다. 빠르게 변화하는 세상이니 '개혁'의 필요성이 더 커집니다.

8. 공동의 화합과 국론의 통합입니다.

국가운영의 문제이므로 특히 정치 지도층이 유의할 부분입니다.

민주 정치는 양당 혹은 다당이 차별화된 정책으로 경합하여 국민의 선택을 받는 정파가 국정을 이끌게 됩니다.

정당은 국민의 지지를 얻기 위해 각기 다른 논리와 정책을 내세워 대립하고 지지층이 나누어져 국론의 분열로 이어질 수 있습니다.

다양한 의견은 민주주의의 토대이며 발전의 원동력이지만 대의로 통합되지 못하면 민주주의의 아픈 상처가 됩니다.

극한 대립으로 흐르면 국론이 분열되고 심해지면 내란이나 외침까지 부르게 됩니다.

세계가 자유진영과 공산진영으로 대립하는 것도 서글픈 현실이고 우리 민족은 분단되어 다투고 있는 절박한 현실에서 우리의 내부에서 극한 대립은 경쟁이 아니라 쪽박을 깨는 비극입니다.

다른 의견도 근본은 국민을 위한 것이니 생각은 달라도 날아갈 때는 양 날개가 같이 움직여줘야 합니다.

한 날개가 묶인 독수리는 솔개의 먹잇감이 되고 날개 없는 들짐승마저 기회를 엿보게 합니다.

화합은 번영의 날개이며 그 이전에 생존의 조건입니다.

대한민국은 「민주공화국」이니 공동의 화합은 헌법의 명령입니다.

인간관계와 리더십

01 가장 소중한 사람들
02 사회적 관계
03 리더십

인간관계와 리더십

사람은 항시 누군가와 관계를 맺고 살아가게 되는데 가족, 친척, 동료, 이웃과 관계가 행복해야 삶이 행복한 것입니다.

인간관계의 기본은 따뜻한 마음으로 상대와 소통하고 협력하는 것이므로 전략적으로 접근할 필요는 없습니다.

5장에서 인격에 대하여 강조하였던 것도 인격이 모든 관계의 기반으로 작용하기 때문입니다.

'이해를 초월하는 사이'라면 인간관계의 모델이라 들릴 수도 있겠지만 '이해 초월'은 상징적 표현일 뿐 현실은 '이해 균등'이 인간관계의 기초이므로 이익은 공평하게 나누고 어려움은 분담해야 됩니다.

사람 인(人)자는 긴획(丿)과 짧은 획(乀)이 합쳐진 것인데 긴 것(큰 사람)도 짧은 것(보통사람)이 받쳐 주어야 하고 짧은것도 긴것에 의지해야 사람(人) 구실을 할수 있습니다. 서로 떨어지면 쓰러지는건 물론이고 의미를 알수 없는 획 조각이 되어버리니 서로를 연결하는 고리가 중요해 지는 것입니다.

가정과 사회생활의 성패는 인간관계에 따라 좌우되게 마련이고 이러한 관계에서 쌓여진 소양이 조직과 단체에서 리더십의 기반이 됩니다.

리더십은 조직의 지도자뿐 아니라 사회의 모든 구성원이 공통으로 갖추어야 할 자질입니다.

평범한 인간관계를 균형 감각 있게 주도적으로 이끌어 가는 것이 리더십의 기초이며 여기에 민주적 소양을 갖추면 완성입니다.

01 가장 소중한 사람들

사람의 인연은 부모를 만나면서 싹터서 형제, 친척, 친구, 스승을 만나게 되고 청장년이 되면서 배필과 인연을 맺게 되는데 이런 관계가 성장과 생존의 기반이 되고 인간관계의 기본입니다.

식구나 측근이 나의 편이라고 생각해서 소홀하게 대하기 쉬우나 그들이 돌아서면 모든 게 한꺼번에 무너질 수도 있습니다.

소중한 사람들과의 관계는 고마움을 잊지 않고 성의만 다하면 특별한 요령은 필요 없습니다.

1. 부모와 스승과의 관계

생명을 주고받은 사이로 관계의 출발이며 '부자유친'은 친함의 으뜸인데 '친함'은 아끼고 염려하고 배려하는 것입니다. 세상에서 가장 친한 사람을 물으면 흔히 친구의 이름을 대지만 말하기 편한 사이와 진정으로 아끼고 염려하는 사이는 따로입니다.

부모는 늘 갓난애를 돌보는 심성이고 자식은 늘 그러려니 지내다 보니 부모는 주는 사람이고 자식은 받는 사람이라는 관념에 젖어 살아가기 쉽습니다. 물과 공기처럼 대가 없이 받다 보니 공짜 밝히는 게 습성이 되어 은혜조차 잊으면 그게 바로 배은망덕 아닐까요?

부모의 공덕이 잘 기억나지 않으면 자녀를 낳아 길러보면 쉽게 알게 됩니다. 아무리 힘들고 벅차도 자녀에게 만큼은 모든걸 살펴주고 염려하게 되는데 그런 정성이 바로 우리 부모가 우리에게 베푼 마음입니다.

잘해준게 없는(?) 부모 일수록 힘에 벅차게 애쓰며 노심초사 해온 것이니 받은 공덕의 크기를 따지지 마세요.

갚지는 못할망정 고마움은 알아야 할 일이고 당신의 나이만큼 수십 년 전부터 쌓아온 공덕을 십분의 일 갚기도 힘드니 거래로 치면 이자에도 모자랍니다. 자식은 전생의 빚을 받으러 온 놈이 있고 전생의 빚을 갚으러 온 놈이 있다는데 요즘 추세는 빚 받으러 온 놈들이 흔한 것 같기는 하네요.

부모는 무조건 "괜찮다" 해도 은혜는 잊지 말고 이자쯤은 갚으면서 살아가야 하겠지요. 부모는 힘에 부치게 베풀어도 자식은 양에 안 차게 받는데다 주고 나서도 더 주지 못하는 걸 안타까워하는 부모의 마음을 알면 그런 부모에게 어떻게 해야 할까요?

다른 일은 미루어 기회를 보아 할수도 있지만 부모를 섬기는 일은 이런 저런 핑계로 미루다 보면 부모가 그리 오래 기다려 주지 못하고 떠나가게 됩니다.

부모가 자식을 대하는 데도 문제가 전혀 없는 건 아닙니다.

자식이 자신의 분신이라 생각하지만, 엄연히 독립된 인격체이니 자신이 원하는 대로 조종하려 하지 말고 과잉보호도 안 됩니다. 게다가 세대 차이도 있으니 내가 원하는 인생이 아니라 자식이 원하는 인생을 살도록 도와줘야 하고 먹이를 둥지에까지 넣어주려는 과잉 친절은 금물입니다.

자녀들이 공부를 게을리 하거나 맘에 안드는 짓을 할 때 큰 죄를 지은 것처럼 몰아 세우지 말고 "너는 모든 게 훌륭한데 이런점은 어울리지 않는구나" 정도로 일깨워 주세요. 너무 질책하면 자책감을 갖게 되는데 **자책감은 포기하게 만들고 자긍심이 분발하게 만듭니다.**

자식의 장래를 위한다는 명분으로 자녀의 진로나 배필을 선택하는 일에 지나치게 반대해서 부자유친의 천륜에까지 금이 가게 하는 안타까운 모습도 보게 됩니다.

〈배움의 장〉에서 살펴본 바 있는 것처럼 자식을 당신의 틀에 가두고 단속하지 말고 좋은 쪽으로 길을 터주는 것이 옳은 지도 방법입니다.

더 조심할 건 말로만 가르치려 하지 마세요. 자식은 물드는 존재라서 당신의 말대로 배우는 게 아니라 당신의 행동을 보고 배운답니다. 유전인자도, 환경과 교육도, 물들게 하는 것도 부모 책임인 셈이지요.

최근 결혼도 늦어지는 경우가 많고 더욱 우려스러운 것이 자녀 갖기를 꺼리는 저출산 문제입니다. 맞벌이가 일반화된 데다가 양육 및 교육비 부담이 가중된 어려움은 이해할 만 하지만 세계 최저의 출산율은 가정과 사회의 가장 큰 재앙이 아닐 수 없습니다.

노령화를 거쳐 인구가 감소할 수밖에 없는데 인구가 생산과 소비의 기반이므로 경제가 무너져가고 국가 사회의 모든 역량이 쪼그라들고 가정도 후세가 없으면 미래가 없습니다. 풍선에 바람이 빠지기 시작하면 어느 한 구석도 멀쩡할 수 없이 쪼그라들 수밖에 없지요.

자신들이 겪은 취업난 등으로 자녀의 앞길을 염려해서지만, 세상 만물이 흔하면 천해지고 모자라면 귀해지게 마련이므로 지금 태어나는 아기들이 활동할 나이에는 넘쳐나는 일거리가 있고 귀하게 대접받게 될 테니 벅차게 교육시키려는 염려는 덜해도 될 듯 합니다.

부모에게 받은 은혜를 다 갚지 못하는 미안스러움은 자녀에게 내리사랑으로 갚는 게 도리이기도 하고 만년기가 되어 제대로 자라고 활동하는 자녀를 바라보는 것이 그나마 인생의 위안이 될 수 있다는 점도 생각해야 됩니다.

스승은 정신을 길러준 부모이니 부모와 똑같이 존중해야 하는데 스승에게는 부모처럼 무조건적인 헌신을 바랄 수는 없습니다. 스승은 모두를 사랑하지만 제자가 많으니 특별한 사랑은 사랑받을 만한 제자에게만 베풀 수 밖에 없으니 사랑받을 자격을 먼저 갖추어야 되겠지요.

배움과 진로 선택에는 부모보다 스승이 앞서고 바램 없이 베푼 공덕에 감사하고 보답해야 은혜를 아는 것이지요.

2. 배필과의 관계

서로의 선택과 약속으로 시작되지만 일단 맺고 나면 공동운명체이며 무한책임제이니 천륜으로 묶인 무거운 약속입니다. 필자가 신혼 무렵일 때 선배 한 분께서 우리 부부에게 하신 말씀이 생생합니다.

"배필은 서로가 3代를 좌우하는 배역이니 늘 사랑하고 충실하라." 하셨습니다. 당사자의 팔자를 좌우하고 부모의 팔자를 좌우하고 자식의 팔자를 좌우한다는 말씀이었습니다.

머슴 하나 잘못 두면 일 년 고생이요, 배필 하나 잘못 택하면 평생 고생이니 배우자를 찾는 과정에는 그만큼 신중해야 합니다. 인생에서 가장 큰 축복은 좋은 직업을 찾는 것이고 그에 못지않은 축복이 좋은 배필을 만나는 것입니다. 서로에게 좋은 배필은 부모에게 좋은 며느리(사위)가 되고, 자식에게 좋은 부모가 되니 서로에게 3대를 좌우하는 선택이지요.

좋은 배필을 찾으려면 특별한 요령보다는 우선 자신이 좋은 배필에 걸맞은 사람이 되어 있어야 하므로 존중받고 희망을 줄 수 있는 자격을 스스로 갖추는 게 먼저겠지요. 좋은 나무가 되어있어야 좋은 새가 날아와 앉고 똘똘한 새가 되어야 좋은 나무를 고를 줄 알게 되는거죠.

갈수록 상대의 조건을 중심으로 살펴보고 밑지는 거래를 피하고 얻어낼 게 많은 상대를 찾고자 하는 경향이 심해지는 것 같습니다. 조건이 좋은 상대에게 술수를 다하며 매달려 결혼이 성사되었다 해도 끌려다니는 생활이 딱하고, 얻어내고자 하는 게 뜻대로 안되면 쉽게 금이 가는 모습을 자주 보게 됩니다.

부모의 재산을 얻어 낼 목적이었다면 요즘은 장수하는 시대라서 부모들이 구십은 넘기니 당사자가 칠십은 되어야 할 텐데 그때 가서 물려받는 재산이 그렇게 중요한 의미가 있을까요?

당신께 도움 되고 당신을 사랑해줄 사람을 찾을 때는 아무도 눈에 띄지 않다가 당신이 사랑해주고 싶고 당신이 도움주고 싶은 사람이 생기면 그제야 일이 제대로 된 것입니다.

사랑해주겠다는 맹세만으로 평생을 기약할 수 없으니 사랑에는 입과 귀에 기대지 말고 눈으로 살펴보고 마음에 다가오는 진실성을 믿으세요. 배필을 고를 때는 꿈과 목표가 같고 서로 격려하면서 그 꿈을 이루어 나갈 수 있는 사람이면 최고의 상대입니다. 요란한 프로포즈보다 서로의 꿈을 알려주고 같이 이루어 보자고 결의하는 시간을 가져보세요.

부부간의 사랑이 출발점이 되어 부자가 생기고 형제가 생겨납니다. 부부의 사랑(친함)이 "3친"(三親 : 부부, 부자, 형제) 의 출발점이니 인간사를 형성하는 바탕이 됩니다.

부부 사이의 근간은 사랑인데 사랑이 시작되는 동기도 존중에서 나오고 그 사랑이 지속되는 동기도 존중에서 나오는 것이니 가깝다고 마구 대하지 말고 서로의 경계선을 인정하고 침범하지 않도록 조심해야 합니다. 가까운 사람이라고 자기 마음에 맞게 조정하려 들면 상대는 자의식을 침해당한 걸 아파합니다.

세상에서 가장 큰 착각의 하나가 당신의 옳은 말 한마디로 상대의 마음과 행동을 바꿀 수 있다는 생각입니다. 그 사람의 타고난 기질이 있고 수십 년 살아온 성장의 배경과 자리 잡은 습관이 있음을 먼저 생각해야 됩니다. 바꾸려 하지 말고 상대의 생각을 알아주려는 관심이 먼저입니다.

결혼 전에는 상대를 속속들이 알려고 노력하다가 결혼후엔 상대를 알려는 노력을 지워버리는 건 어이없는 아이러니가 아닐까요? 밖에서는 아무도 자기를 알아주지 않다가 집에 들어와서 자기 마음을 알아주는 말을 듣는 것 만으로도 감동이며 행복이 됩니다.

또한, 부족함이 있어도 부족을 흠잡지 말고 부족함은 내가 메워 주겠다는 생각으로 서로를 감싸야 합니다. 서로가 부족함이 있으니 감싸고 도우려고 만난 겁니다.

배필은 상대로부터 사랑받을 권리가 있는 것은 분명하지만 사랑받을 만한 처신과 배려의 의무를 먼저 생각해야 합니다. 상대가 해주는 만큼 당신의 사랑이 우러나오듯이 당신이 해주는 만큼 상대의 사랑이 다가오게 됩니다.

남자들이란 세상 물정에 어두운 점이 왕왕 있습니다.

남편들에게 아내가 가장 원하는 것이 무엇이냐고 물으면 "돈이나 많이 벌어다 주는 것"이라고 흔히 말하는데 아내에게 물어보면 "자신을 존중해 주는 것"이고 "자신의 삶을 자기가 주관하게 해주는 것"이라네요.

하기야 서로 물어보지도 않고 살아가는 것 자체가 문제일 수도 있고 내가 존중 안 한 게 뭐가 있냐고 반문할지도 모릅니다.

내가 표현은 안했어도 상대는 당연히 알아주려니 믿어온 것이 서로 간에 엇박자가 되는 것이지요.

꼭 "존중한다"는 말을 앞세우라는 게 아니라 일상의 작은 일들에서 "존중"을 느끼도록 배려하는 게 핵심입니다. 말하지 않고 전달된다면 그야말로 최고의 소통이지요.

일상을 떠나 상대의 "꿈"에 관심을 가져보면 자연스럽게 상대를 존중하고 소통하는 길이 열릴 수도 있습니다.

부부간에는 서로 대단한 것을 만들어 주려고 벼르시말고 작은 배려를 자주, 변함없이 베풀어 주는게 가장 중요합니다.

늘 붙어있다 보니 다툴 일도 생기기 마련이지만 그럴 때면 '사랑해 주려고 결혼한 것이지 싸우려고 결혼한 건 아님'을 잊지 마세요. 한 냥도 안 되는 일로 다투다가 백 냥의 값나가는 사랑에 흠집을 내지는 마세요.

술에 취했을 때 잘못을 책망하면 성과도 없이 다툼만 되기 쉬우니 지난 후 좋은 분위기에서 진지하게 부탁해 보세요.

금슬 좋은 부부도 다툴 수는 있지만 시간을 끌지 말고 화해하세요.

몸의 상처는 시간이 아물게 하지만 마음의 상처는 시간이 덧나게 합니다.

상대에게 의혹이 있을 때면 혼자 끙끙 앓지 말고 꺼내서 얘기하는 게 문제를 키우지 않는 방법입니다. 어떤 경우라도 상대를 멸시하거나 대화를 끊고 담을 쌓으면 파멸로 가는 길이 됩니다.

부부간의 불화는 쌍방의 책임이라고 말할 수 있지만 우리 사회에서는 대체로 남편의 횡포와 멸시가 발단이 되고 부인이 마지못해 참아내고 순종하면서 세월이 지날수록 관행처럼 굳어져 상처를 깊게 합니다.

다른 어디서도 통할 리 없는 횡포에 단호하게 "NO"라고 말하고 마냥 기다리지 말고 습관으로 굳기 전에 해결점을 찾으세요. 언젠가 나아지려니 막연히 기다려서는 사람이란 그리 쉽게 달라지지 않는다는 걸 확인하게 될 뿐이지요.

다른 건 몰라도 폭력과 외도는 심해지고 뻔뻔해지는 속성이 있어 초기에 바로 잡지 못하면 범죄자와 피해자로 갈라설 수도 있으니 애초에 뿌리 뽑아야 합니다.

'별짓을 다 해봐도 통하지 않으면' 서글프지만 이별을 준비하는 게 서로에게 새로운 인생을 여는 길이 될 수 있습니다. 하지만, 둘이만의 문제가 아니라 애써 이루어 놓은 3친(부부,부자,형제)을 송두리째 흔드는 일이니 그렇게 되기 전에 생각하고 또 생각해야 될 일입니다.

헤어지고 나서도 남편은 자녀의 양육에 전혀 무관심하고 부인이 모성애 때문에 홀로 갖은 고생을 겪는 안타까운 모습을 흔히 보는데 같은 남자로서도 남자를 편들 염치가 없게 되네요.

뿌리 깊게 내려온 남성 우월주의 탓도 있는듯한데 법과 제도를 고쳐서라도 반드시 바로잡아야 할 우리 사회의 부끄러운 모습입니다. 이런 모습이 여자들이 출산을 꺼리는 요인의 하나가 되기도 합니다. '여권'을 들먹일 것도 없이 기본 도리인 상호 존중과 평등한 책임 분담이 생활의 기초 단위인 가정에서부터 지켜져야겠지요. 헤어져도 문제가 남으니 서로가 '있을 때 잘해야' 되는 거예요.

부부의 불화는 바로 자녀들을 망치는 길로 연결됩니다. 부부가 싸우는 모습을 보여주는 것 자체가 아동학대이며 물들게 하는 일이니 싸우려면 나가서 싸우세요. 공부에 흥미를 잃어 성적이 떨어지고 가출 등 비행의 길로 빠지게 합니다. 양가의 부모에게도 시름을 안겨주게 되니 "3대를 좌우한다"라는 말이 실감 나게 됩니다.

"여자 말을 잘 들으면 자다가도 떡을 얻어먹는다"고 하는데 여자 말을 잘 듣지 않으면 있는 떡도 얻어먹지 못한다는 것은 분명한 것 같습니다. 부부가 연을 맺고 나면 배필의 친지까지 배려해 주어야 도리를 다하는 것이니 둘이 결혼한 게 아니라 두 가정이 끈을 맺는 겁니다. 스님이나 신부님은 혼자 살면서도 늘 끔찍이 수행하며 사는데 세속인은 살필 게 많으니 훨씬 더 수행하는 자세로 살아야겠지요.

아내분들도 좀 생각해 둬야 할 일이 있기는 합니다.

남편을 너무 사랑한 나머지 오직 자기 곁에만 묶어두려는 것인데 상대를 너무 묶어두면 답답해하게 됩니다. 사랑이란 상대가 받아줄 수 있는 사랑이라야 통하기 마련인데, 통하지 않는 사랑은 짝사랑이 되어서 상대는 난감하고 자신은 초라해질 수도 있습니다.

상대를 살짝 놓아주려면 자신의 취미생활이나 사회참여를 통해 무료한 시간을 줄이고 자신의 삶을 가지는 게 좋습니다.

남편에게 너무 의존하다 보면 남편의 종 노릇을 하게 되는데 주인이 아무리 착해도 종 노릇은 처량합니다. 같이 걸어가는 인생길인데 같이는 걸어도 누구도 나 대신 걸어줄 수는 없습니다.

여자들의 눈에는 모든 남자들이 철없고 생각 없어 보인다지만 남편을 너무 뭉개놓지는 마세요. 남편을 높여주고 나면 높은 사람하고 살게 될 텐데 너무 깔아 뭉개놓고 나면 뭉개진 사람과 살게 되는 셈이니 마음에 안 드는 게 많아도 웬만한 건 접어두고 지낼 줄도 알아야 되겠습니다. 계속 지적해도 바뀌지 않는 상대의 굳어진 습성은 심각한게 아니면 그냥 놔둬보세요.

고치려면 또다시 다툼이 되고 참으려면 속이 끓으니 때로는 못 본 척 넘어가는 게 속편한 꼬리자르기 전략이 될수도 있습니다. 상대를 봐줘서가 아니라 스스로 마음의 평화를 위해서입니다. 상대의 잘못으로 내가 괴로움을 당하면 누가 알아주나요?

파국으로 갈 정도가 아니면 억지로라도 여유있는 생각을 가져 보세요. 귀가가 늦어 속을 태우는 「나쁜」남편이 밖에서 같이 놀아준 친구에게는 「좋은」사람이라네요. 나쁘다고 질책하지만 말고 어떻게든 「괜찮은」관계로 끌어들일 묘안을 연구해 보세요. 질책하고 다투면 포기하게 되기 쉬우니 어려울 때 일수록 서로가 서로를 아기 다루듯이 다독거려 주는게 그나마 해결의 실마리가 됩니다.

부부간의 규범으로 '부부유별(別)'이 오륜의 하나인데 세태가 변하고 보니 전통적 방식대로 차별이 담긴 '분별이 있다'로 해석하면 어울리지 못하는 느낌이 드네요. 어쩌면 깍듯하고 특별함을 뜻하는 '각별함이 있다'로 해석하는 게 어울릴 듯합니다. 서로에게 가장 소중한 사람이니 '각별'이 아까울 게 없지요.

도저히 조화가 안 되면 '이별이 열려 있다'는 게 오히려 위안이 될 수도 있지요. 어쨌거나 '별(別)'이라는 표현은 오묘한 느낌이 들고 고비마다 마주치는 세 갈래(차별,각별,이별) 갈림길에서 그래도 제일 나은 것은 '각별'한 사랑이네요.

사랑을 집안에 들여놓지 않으면 집이란 그저 삭막한 시멘트 칸막이에 불과합니다. 집안에 사랑을 들여놓고 나서야 따뜻한 안식처가 되고 즐거움이 가득한 '가정'이 되는 것입니다.

행복한 가정은 「미리 누리는 천국」입니다.

3. 형제, 친척과의 관계

형제, 친척은 종친의 범주에 속하니 으뜸의 친함이 있는 관계입니다. 친분이 일등급인 만큼 일등급의 도리와 의무가 따르게 되는 관계입니다. 부모는 무관심해도 탓하지 않으시지만 형제 친척은 자기에 대해(특히 대소사 등에) 무관심하면 자기를 무시한다고 서운해하고 멀어져 갈 수 있습니다. 대부분 바쁨[忙]이 원인이지만 상대는 마음[心]이 망(亡)한 걸 서운해 합니다.

경제적으로 어려움에 부닥치면 마음에 여유가 없어서 친지와 지인의 대소사에 슬쩍 무관심해지기 쉬운데 '내가 지금은 처지도 그렇고 볼 낯이 없으니 나중에 떳떳이 하리라'는 생각이지만 그 세월이 길어지면 이해가 오해로 바뀌기 마련입니다.

가까운 사이니 구태여 해명하지 않아도 되겠지 하는 방심 때문인데 상대에게만 그렇게 넓은 아량을 기대하는 것은 잘못된 믿음(미신)입니다.

필자의 선배 한 분이 사업에 곡절을 겪었을 때(남들은 부도라고 합니다.) 지인들의 경조사에 빠지지 않고 찾아가서 "내가 봉투는 못하는 대신 몸으로 때울 테니 무슨 일이든 시켜달라" 했답니다.

그런데 희한한 건, 봉투 대신 일을 시키는 사람도 없고 서운해 하는 사람도 없더랍니다. 그 선배는 오래 지나지 않아 사업에 재기하여 예전보다 더 잘하고 계시고요.

더욱 중요한 것은 일등급의 친분일수록 서운하거나 가슴 찌르는 말을 하지 않도록 주의해야 합니다. 네가 나한테 감히 그런 말을 할 수 있느냐고 서운해 할 수 있기 때문입니다. 중요한 사람을 만나면 조심스럽게 대하려 하는데 그분들이 바로 '중요한 사람들'입니다. 가까운 사람들이 더욱 조심스러운 것은 불편하고 멀어져도 안보고 말수도 없는 처지이기 때문입니다.

친척(親戚)이라는 말은 친할「친」에 계레(피붙이)「척」으로 한 핏줄을 이어 받은 친함을 뜻합니다.

친족은 남자의 경우 부인, 8촌 이내의 부계 혈족(같은 고조의 자손) 4촌 이내의 모계혈족(같은 할아버지의 자손), 부인의 부모를 포함하며 여자의 경우 남편, 자신의 친족, 남편의 친족을 포함합니다. 친족은 가까운 관계일 뿐 아니라 직계 여부와 촌수에 따라 상속의 기준이 되기도 하는데 평소에 무관심 하다가 상속권에는 유난히 집착하는 쑥스러운 모습도 보게 됩니다.

혈족(씨족)은 같은 시조의 자손(동성동본)을 말하며 흔히 종친 이라고 표현합니다. 여자는 친정의 종친에도 속하고 시댁의 종친에도 속하는데 통상 시댁의 종친에 관여하게 됩니다. 이땅에 사는 종친들을 모두 모으면 겨레(단군의 자손)가 되므로 생각을 넓히면 사회적 관계에서도 한 핏줄의 인연을 생각해 훈훈하게 대할수도 있겠네요.

관계간 호칭을 살펴보면 1촌은 부모자식간, 3촌은 숙부숙모-조카간, 5촌은 아저씨아주머니-조카간 관계이며 2촌(친형제자매)4촌, 6촌은 형아우(오빠동생)관계입니다.

고모의 자녀를 내사촌(내종, 고종)이라하는데 상대에서 나를 보면 외삼촌의 자녀이니 외사촌(외종)이라 합니다. 내사촌이 상대에서는 외사촌이니 묶어 불러 내외종간이라 합니다.

이모의 자녀와는 서로 이종사촌이라 합니다. 부부사이는 가장 가까워 0(zero)촌 인데 헤어지면 무촌(無村)이 되어 허망하지만 피를 나누지 않은 한

계라 할수 있겠지요.

부부의 양가 부모님끼리 사돈(査頓)이라 하는데 살필 「사」에 조아릴 「돈」으로, 머리를 조아리지만 이것저것 살펴보는 관계인가 봅니다.

4. 마음 통하는 친구와 연인

혈연과 배필 다음으로 중요한 인연이라 할 수 있습니다.

"마음 통하는 벗이 있으면 하늘 끝에 있어도 이웃과 같다" 하였고

"인덕은 만 리에 퍼지고 연정은 구만 리에 통한다" 하였으니

우정과 연정은 거리에 상관없이 이해득실을 초월한 친분입니다.

믿음 가는 친구에게 "우리 서로 오래도록 잊지 마세" 약속을 합니다.

추사 김정희의 『세한도』에 장무상망(長毋相忘)이라는 인장이 찍혀있는데 서로 오래도록 잊지 말자는 뜻입니다. 잊지 말자는 약속은 지켜야 하고 믿음이 이어져야 합니다. 우정의 비극은 결별이 아니라 불신이라 하였습니다.

이성간의 사랑은 미묘하고 조심스런 부분이 있습니다. '첫사랑은 우리가 지상에서 경험할 수 있는 것 중 가장 아름다운 것' 입니다.

순탄한 사랑은 신의 축복이지만 사랑이 순탄치 못할 때 면역력 없이 사랑한 만큼의 아픔을 맞이하게 되는 게 걱정이지요.

꽃은 피우기는 어려워도 지기는 쉬운데

사랑은 시작하기는 쉬워도 지우기가 어려운 게 문제입니다. 생각하다 잠들고 깨면 또 생각나니 애절하지요.

사랑의 실패는 세상을 다 잃은 것 같은 슬픔으로 다가오지만 사랑한 만큼

의 괴로움이니 아예 사랑을 경험조차 못해본 것보다는 낫다고 위안하세요.

열매 맺지 못한 사랑을 『사랑의 상처』로 생각지 말고 『거기까지의 사랑』으로 받아들이세요. '원수'가 되어 헤어지지 말고 구태여 잊으려고 애쓰지도 마세요.

사랑의 상처는 지우기는 어렵고 다른 사랑으로 덮어쓰기 하는 거라네요. 인생사의 모든 일들이 실패를 통해 정답을 찾아가듯이 사랑의 실패도 정답을 찾아가는 과정이며 어쩌면 사람들이 가장 여러 번 겪게 되는 시행착오가 사랑을 찾는 과정일 수도 있습니다. 신이 당신을 이 땅에 낼 때는 당신과 인연이 맞는 누군가를 어딘가에 꼭 준비해 둔답니다.

사랑은 배필로 맺어져 평생을 같이하면 최고의 축복이지만 배필로 맺어지지 못하면 아무리 소중한 기억이라도 잊어야 합니다.

세상 모든 것은 나눌수록 아름답지만 배필 이외의 이성 간의 사랑은 나누면 탈이 나고, 탈도 작은 탈이 아니라 가정이 결딴나는 큰 탈이 되니 각별히 기억해야 합니다.

세상에서 만나는 사람이 절반이 이성이고 현대에서는 성별의 차이 없이 다양한 형태로 이성을 만나게 되는데 이성간에는 서로가 매력을 느끼도록 조물주가 깔아 놓은 인연의 끈이 작용하게 됩니다.

이성간의 인연은 연정으로 이어지는 것은 조심해야 될 일이지만 사회적 협력 관계는 얼마든지 바람직한 것이니 경계를 잘 지키는 게 핵심입니다.

02 사회적 관계

　성공한 사람들에게 성공의 비결을 물으면 자기의 능력보다 주변의 인맥이 훨씬 큰 요인이었다고 말합니다. 숫자로 많은 사람들이 아니라 자기에게 도움이 되었던 꼭 필요한 사람과의 인맥을 말하는 것입니다.

　사람은 잘나든 못나든 혼자 살아갈 수 없고 잘난 사람일수록 더 많은 관계 속에서 더 많은 도움을 받고 살아가고 있는 걸 볼 수 있습니다. 가까운 사람들 말고도 세상의 다양한 사람들과 만나 다양한 관계를 맺어야 하고 의도와 목적을 갖고 관계를 맺는 경우도 많으므로 긴장이 따르고 걱정스러울 때도 있게 됩니다.

　『사회』라는 말 때문에 움찔할 수도 있지만 사회라는 대상이 따로 있는게 아니라 개인과 단체를 묶어 불러 사회라고 표현할 뿐입니다.

　회사(會社)처럼 사람이 모이면 (會) 단체(社)가 되고 단체(社)를 모두 모아 (會) 묶어 불러 사회(社會)라 합니다.

　이웃에서 만난 사람, 학교에서 만난 사람, 직장에서 만난 사람, 고객으로 만난 사람, 한자리에 모인 사람, 지나가다 만난 사람이 내가 겪는『사회』이니 그때 그때 상대하는 개인과 적절하게 소통하면 되는 것입니다.

　서로의 소통에서 알아야 할 점은 '스스로 생각하는 나'가 아니라 '상대에게 보여진 나'가 상대와 소통한다는 것입니다.

상대에게 보이는 외모를 위해서 화장을 하고 옷차림에 신경을 쓰는 것처럼 인품에서 향기를 전하도록 마음을 써야 합니다.

사람을 대할 때 그 사람의 지위나 능력으로만 판단하지 말고 그 사람을 바로 볼 줄 아는 식견이 필요합니다. 눈앞에 보이는 것은 누구나 볼 줄 알지만 등 뒤의 한 치를 볼 수 없는 것처럼 가려진 안쪽을 살필 줄 알아야 합니다.

소인으로 낙인찍힌 사람에게서도 그 사람의 쓸모를 찾아내고 군자로 칭송받는 사람에게서도 그 사람의 가려진 허점을 알아챌 수 있어야 합니다.

진정한 재능이란 상대를 제대로 알아볼 줄 아는 것이라 합니다. 자기 자신에게도 장단점과 선악이 섞여 있듯이 모든 상대에게도 좋은 점과 나쁜 점이 섞여 있으니 이것을 헤아려 보는 것이 사람을 제대로 아는 것입니다.

남들과 친하게 어울리지 못하는 것을 고민하는 사람이 많은데 남들과 친해지려면 대단한 요령과 테크닉이 필요하다고 생각하기 때문입니다.

사람들과의 관계는 전략이나 지능[IQ]이 아니라 관심을 갖고 배려할 줄 아는 감성[EQ]으로 만들어 가는 것입니다.

처세에 손자병법이나 삼국지를 인용하고 따르려는 사람들이 많은데 조심해야 할 게 전쟁은 상대를 없애거나 이기려는 것이고 인간관계는 서로 상생 협력하려는 것임을 구분하고 참고해야 합니다.

늘 웃는 얼굴로 인사만 건네어도 이미 그 사람과는 남이 아니라 '아는 사람'이 된 것이고 그 사람이 당신께 관심을 가져주기를 원하면 당신이 먼저 그 사람에게 관심을 갖고 살펴보면 됩니다.

그 사람이 관심을 갖는 일로 대화를 시작하여 당신 말을 앞세우지 말고 그 사람 말을 진지하게 들어주고 관심과 공감의 말만 해줘도 그 사람은 당신을 아주 가까워진 사람으로 받아들이게 됩니다.

최초의 출발인 웃는 얼굴이 잘 안 되면 혼자 거울 앞에서 자꾸 연습해보세요. 연습만큼 실력을 길러주는 방법은 따로 없고 타고나지 못한 재주까지 길러줍니다. 연습이 부족해도 반가운 마음을 가지면 저절로 웃는 얼굴이 됩니다.

마음이 먼저 웃어야 얼굴이 따라 웃게 됩니다. 웃음은 당신이 있는 곳을 명당(밝은터)으로 만들어 모든 일을 순조롭게 풀어 줍니다.

근엄하고 진지한 표정이 당신을 돋보이게 한다는 생각은 지우세요.

그런 표정은 중요한 약속을 할 때 잠깐만 필요합니다.

좋은 출발이 이루어지고 나면 그 다음은 훨씬 쉬워집니다.

인간관계를 잘 맺기 위한 몇 개의 원칙이 있습니다.

첫째, 사람의 기본욕구를 잘 알아주고 배려해야 합니다.

누군가와 좋은 관계를 맺고 함께하고 싶은 욕구, 매력 있고 가치 있는 존재가 되고 싶은 욕구, 자신의 권리를 알리고 싶은 욕구, 즐거움과 창조의 욕구, 타인을 돕고 싶은 욕구가 기본인데, 상대의 기본욕구를 잘 알아주고 배려해가면 문제없이 잘 되어가게 마련입니다.

상대를 배려하는 것이 인간관계의 가장 중요한 출발입니다.

누군가가 자기의 마음을 알아주면 고맙게 생각되지요. 알아주는 걸 말로 내세우지 말고 상대가 그걸 느끼도록 해주세요. 서로가 서로를 알아주게 되면 축복이고요.

둘째, 서로 돕는 상생 관계를 만들어야 합니다.

인간관계는 서로 돕고 공생하는 것이지 이기고 지는 게임이 아닙니다. 명분은 협력공생으로 내세우고 속셈은 자기위주의 욕심을 부리다 보면 이기고 지는 관계로 빠져들게 됩니다.

창과 방패가 경쟁적으로 날카로워지고 단단해진다면 아무리 단단한 방패를 가져도 마음 놓을 날이 없게 됩니다. 지나친 경쟁이나 대립을 피하고 협력의 길을 찾아야 합니다. 마음 편히 즐거운 인생을 꾸려가는 것이 우리의 공동 목표이기 때문입니다.

서로 비기는 게 최선인데 억지로 비기기 힘들다면 한 번 이기고 나면 한 번은 꼭 져줘야 합니다. 항시 조금씩 지더라도 더 큰 것을 얻게 되면 그게 곧 이기는 것일 수도 있습니다.

진정한 고수는 상대가 나를 이겼다고 생각하게 하면서 실제로는 자기가 원하는 것을 얻습니다. 당신 생각에 당신이 조금 손해라고 생각하는 정도면 대강 공평하게 된 것으로 볼 수 있습니다.

당신이 남에게 입은 은혜에는 언젠가 갚으려 하듯이 당신이 먼저 베풀고 나면 상대도 언젠가 갚으려는 마음을 갖게 되지요.

셋째, 서로 취향이 다르고 입장이 다름을 인정해야 합니다.

나는 빨간 꽃을 좋아하는데 상대는 노란 꽃을 좋아할 수 있듯이,

취향이 다르고 처지가 다름을 인정해야 합니다. 다르다고 해서 틀리고 나쁜 건 아닙니다.

처지가 다르고 다른 생각과 목적을 갖고 만났을 수 있으니 서로의 대화가 엇박자가 날 수도 있고 의견이 대립될 수도 있으니, 이때 서로의 생각을 이해하고 조화시키려는 소통이 절실합니다.

소통의 기본 원칙은 자기의 말만 앞세우지 말고 상대의 말을 충분히 듣고 상대의 생각을 알고자 하는 노력입니다.

상대의 생각을 알고 나면 자신이 잘못 생각한 걸 발견할 수도 있고 상대에 동조는 못할지언정 최소한 이해는 할 수 있게 되겠지요. 관계는 관심이 일치하는 부분에서만 맺어지므로 당신의 생각도 아니고 상대의 생각도 아니고 중간이 정답일 때가 많습니다.

상대가 당신 말대로 따르지 않는다고 그 사람이 나쁜 게 아닙니다. 자신이 옳다고 느끼는 대로 살아가는 것은 자유이지만 남에게 자신이 옳다고 느끼는 대로 살아가게 할 권리는 없습니다. 어떤 사람이 나쁘고 좋은 게 아니라 나와 그 사람과의 인연이 나쁘고 좋은 것 뿐입니다.

우리의 풍토는 너와 나를 인정하지 않고 "우리"로 묶어두려 하는데 각자 너와 나로 태어났으니 너와 나를 인정하는 게 먼저이고 너와 나의 공통 관심 부분에서만 "우리"가 되는 것이지요.

대화에서 가장 피해야 할 주제가 종교와 정치라고 합니다. 서로의 다름을 인정하기가 어려운 부분이기 때문이지요. 뚜렷한 목적도 없이 서로에게

상처를 주는 일이니 이런 대화는 피하는 게 상책이고 깊이 들어가지 않는 게 요령입니다.

넷째, 칭찬은 자주 하고 지적은 조심스럽게 해야 합니다.

칭찬은 상대의 기를 북돋워 어려움을 잊고 참여하게 합니다.

"너는 복 있는 놈이니~", "너는 크게 될 놈이니~", "자네는 대운을 타고났으니~"처럼 점쟁이 입에서나 나올 법한 말에도 사람들은 쉽게 감동합니다.

듣기 좋은 말은 사람을 자기편으로 만들어 줍니다. 지인 한 분이 술자리에서 "밤새 얻어먹어도 기분 나쁜 사람도 있는데 자네한테는 밤새 사줘도 기분이 좋다네" 하는 말을 듣고 저도 그저 밤새 기분이 좋았던 기억이 있습니다. 저 자신에 그만한 자격이 무엇인지도 모를 일이고 그 양반의 화술(립서비스)이었을 뿐인데 말이란 그렇게 묘한 것입니다.

칭찬에는 특별한 기술이 필요 없지만, 상대를 지적할 때는 많이 조심해야 합니다. 제일 무난한 방법은 상대가 잘해온 부분에 대하여 고마움과 사람들의 믿음을 말하고 나서 "다 잘했는데 이것 한 가지는 이러면 어떨까?" 정도로 가볍게 끝내는 게 좋습니다.

"어리석은 사람도 남을 꾸짖는 데는 밝다" 하였는데 남을 꾸짖는 것은 곧바로 자신을 위태롭게 할 수도 있습니다. 그래서 "제일 조심해야 할 때는 진실을 말할 때"라는 말까지 있습니다.

지적을 받는 쪽에서는 지적하는 사람은 따지지 말고 고칠 점만 생각해야 합니다. 그 사람이 아니더라도 누군가가 당신에게 지적할 일이니까요. 지적을 비난으로 받아들이지 마세요. 지적을 고맙다고 할 정도면 상대는 곧 용서하고 고마워하겠죠.

정치판에서는 정적을 마냥 감싸줄수는 없으나 상대의 잘못을 무턱대고 비방하는 것보다 "당신 나름대로는 최선을 다한 것은 인정하지만 식견과 도리가 그것밖에 못 미친게 안타깝습니다. 지금도 옳다고 주장하고 있으니 식견이 아직도 거기 머물러 있는 듯 합니다. 내가 당신을 앞서려는 것이 아니라 나의 도리와 식견이 당신의 도리와 식견을 앞서는 것입니다" 정도로 해두면 지적하는 사람의 품격이 돋보일 듯 합니다.

다섯째, 자신을 스스로 높이려 하지 마세요.

현명한 사람은 스스로 남다름을 나타내지 않아도 상대가 남다르게 대하게 마련입니다. 군자는 그들의 도가 같으므로 무리를 이루고 소인은 그들의 이익이 같아 무리를 이루게 된다 하였습니다.

군자가 소인의 무리에 끼었다면 내세우지 않아도 저절로 빛이 날 것이며 아무도 몰라주면 또 어떻습니까. 스스로를 높이려 하면 세상은 오히려 거부감을 느껴 그를 끌어내리려 하니 남들이 높여줄 때까지 가만히 기다리세요.

내면의 자신감은 살짝 내 비쳐야 알아주는 세상이 되었지만 모두들 똘똘한 사람들이라 스스로 높이려하면 대꾸도 없이 비웃음만 사니 처신의 균형이 중요합니다. 허영을 부리면 어리석은 자의 숭배를 받게 되지만 칭찬과 아첨을 구분할 줄 알아야 합니다.

여섯째, 내가 잘해주었으니 상대도 그만큼은 해야 한다고 기대하지 마세요.

내가 사랑하는 건 자유지만 상대도 나를 사랑해주길 원할 권리는 없습니다. 다른 사람이 나를 위해 착해질 거라고 믿지도 마세요.

마음이 맑은 사람일수록 탁한 세상이 못마땅할 때가 많겠지만 모두가 자기 마음 같을 수는 없으니 순박한 기대로 실망을 키우지말고 웬만한 일은 "그러려니 ~" 넘길 줄도 알아야 편합니다.

상대의 장점만 누리고 사는 게 아니라 상대의 단점(서운한 점)도 싸안고 살아가야 하는 게 인생사입니다.

가까운 사이일수록 서운함을 떨치지 못하면 더 자주 서글퍼질 뿐입니다. 당신도 어느 순간순간 상대를 서운하게 해놓고도 모르고 지나갈 수 있으니 그저 비기는 겁니다.

당신은 당신 도리를 다할 뿐 상대의 처신은 당신의 기대와는 다를 수 있음을 늘 기억하고 계세요. 그래야 실망도 작아집니다.

거꾸로 당신이 잘해준 게 없는 사람이 당신에게 잘해주는 경우도 있으니 당신이 늘 손해 보는 것도 아닙니다.

늘 잘해주던 사람이라고 으레 그러려니 믿지도 마세요.

늘 착한 사람, 늘 못된 사람이라고 단정 짓는 것은 일종의 미신이라네요.

일곱째, 비관주의, 한탕주의, 사이비군자들을 경계하세요.

사람은 물드는 존재이고 번민이나 실패도 전염되니 걱정이죠.

비관주의 친구들을 만나면 모든 것이 마음에 들지 않고 그들 눈엔 올바른 게 하나도 없습니다.

한탕주의 친구들은 차근차근 노력하는 건 바보들이나 하는 짓으로 깔보며 무리수나 범법을 무릅쓰고 대박을 노리기 때문에 옆에 있는 사람을 슬그머니 끌어들이니 바짝 경계해야 합니다.

사이비 군자는 겉으로는 인의를 내세워 명성을 얻으면서 내심으로는 자기의 패거리를 앞세워 사욕에 몰두하는 사람들인데 선의 가면을 쓰고 있어 분간이 어려운 사람들입니다. 이런 부류들과 어울리면서 물들지 않고 휩쓸리지 않으려는 건 독한 술을 마시면서 취하지 않기를 바라는 것과 다를 바 없으니 낌새를 느꼈으면 어울리지 않는 게 상책입니다.

<u>여덟째, 갈등을 잘 조정할 줄 알아야 합니다.</u>

칡과 등나무가 서로 얽혀 다투는 것을 '갈등'이라 하는데 서로 다른 밭에 사는 칡과 등나무에는 갈등이 있을 리 없고 한밭에 살다보니 이익의 충돌로 갈등이 생기는 것이므로 '서로 가깝다 보니 이런 갈등이 생기는 거'라고 생각하면 됩니다.

아무리 좋은 명분으로라도 상대의 이익을 침해해서는 안 되고 서로 양보하고 타협점을 찾아야 합니다. 타협점을 찾기 어려우면 여유 있는 사람이 양보하면 되겠죠. 상대가 더 여유 있게 보이는데 양보하지 않으면 당신이 그냥 양보해 보세요. 그러면 당신이 그보다 더 여유 있는 사람이 되는 거죠.

이익의 충돌 없이 생기는 갈등은 주로 참견에서 생깁니다. 내 견해를 참고하라고 참견하는 것이니 말뜻으로는 좋습니다. 상대가 참견을 시비라고 받아들이는 게 문제이니 상대가 자문을 구하기 전에는 함부로 참견하지 마세요.

가까운 사람들이 자기 마음을 몰라줄 때 갈등을 느끼게 됩니다. 고민을 털어놓고 위안을 받으러 온 친구에게도 어설픈 해결책을 말하고 잘못을 지적하는 것보다 우선은 그 사람의 말을 진지하게 들어주고 같이 공감하고 이해해 주는 게 먼저입니다. 특별히 꼬인 문제가 아니면 해결책은 이미 그 사람이 알고있어요.

아홉째, 미운 사람에게 끌려다니지 말고 무시하고 잊어버리세요.

주변에 도저히 마음에 안 드는 사람이 있으면 그 모임, 그 직장이 온통 싫어질 수도 있지만 그렇다고 당신이 그곳을 떠나갈 생각을 할 필요는 없습니다. 어디서나 당신을 중심에 두고 살아야지 그 사람을 중심에 두고 살아가서는 안 되기 때문입니다.

당신이 떠나면 그 사람이 중심에 서고 당신은 영원히 밀려서 다른 곳에서 또 다른 마음에 안 드는 사람과 부딪치게 될 뿐이죠.

미운 사람이 당신의 마음을 가득 채우고 있다면 당신은 그 사람의 지배를 받고 있는 셈이 됩니다. 당신이 그 사람을 이기려면 그 사람을 가벼이 무시하고 잊을 수 있어야 합니다. 그 사람의 직위를 무시할 수 없는 경우에도 그 사람의 인격은 당신 아래에 둘 수 있습니다.

전혀 가망이 없어 보이는 사람에게 섣불리 바꿔보려는 노력은 허망한 일입니다. '개구리 낯짝에 물 붓기'가 되고 자칫하면 서로 뒤엉켜 화를 당할 수 있으니 지나친 사명감은 참아두세요.

가망 없는 사람을 가르쳐 바로잡으려 하거나 꼼짝 못 하게 이기려 들면 한 명의 적을 만들게 되는데 백 명의 도움으로 이루어낸 당신의 공적이 한 명의 적 때문에 물거품이 될 수 있으니 절대로 적을 만들지는 마세요.

농담이겠지만 공자 일행이 지나가는 길섶에서 대변을 보는 사람을 공자께서 불러 타이르더니, 한참 후에 길 한 가운데 대변을 보는 사람이 있는데 그냥 피해서 지나가기에 제자들이 더 심한데 왜 그냥 가시냐고 묻자, "그 놈은 얘기해봤자니까" 하시더라네요. '혹시' 나아질까 기대해 보거나 '설마, 그렇게까지?' 믿어보지만 '혹시'가 무너지고 '설마'가 사람 잡는 경우가 흔히 벌어집니다.

열째, 고독을 느낄 때는 당신 자신과 친해질 기회로 삼으세요.

사람은 복잡한 관계 속에 살면서도 고독을 느낄 때가 있습니다. 곁에 아무도 없어서가 아니라 마음 통하는 사람이 없어서 고독합니다. 늘 누군가와 어울려 분주하게 지내면서도 나의 슬픔에 공감하고 위로해줄 사람이 없고 기쁨을 같이 즐겨줄 사람이 없는 게 서글픈 것이죠.

고독에 대처하는 가장 올바른 방법은 그런 기회에 자신과 친해지는 것입니다. 홀로 있을 때 차분히 자신을 들여다보고 마음도 가다듬어 보세요. 늘 다른 사람과 소통하는 데 정신이 팔려 자기 자신과 대화에 소홀하였으니 이런 때 자신과 친해져 보고 마음의 소리를 들어주고 잘 다독거려 주세요.

당신을 제일 잘 감싸고 달래줄 사람은 바로 당신 스스로입니다. 당신이 소중하니까 남들과의 관계도 소중해지는 것이지요.

옛 선비들은 고독해서가 아니라 일상에서 늘 혼자만의 시간을 즐기며 혼자일 때도 흐트러짐 없이 자신을 다잡는 '신독'(愼獨)을 중요시했습니다.

아무도 없을 때도 기품을 지키는 정도면 '득도'의 경지라고 할 수 있겠지요. 인간관계를 살피는 이유도 당신 스스로의 삶을 위해서입니다.

03 리더십

인생이 혼자 사는 게 아니니 작든 크든 어떤 무리 속에서 활동하게 됩니다. 가정이 그 출발이고 학교, 직장, 여러 형태의 모임(단체), 심지어 우연히 한 테이블에 앉은 지인들도 잠시나마 한 무리가 되어 공동행동을 하게 됩니다.

활동적인 사람일수록 더 많은 조직에 연관된 삶을 살게되고 조직과 조직간의 네트워크로 협력하고 조율하는 게 점점 더 중요해지고 있습니다. 그러니 리더가 되든 구성원이 되든 리더의 자질과 구성원의 책무를 제대로 터득하고 있어야 됩니다. 현대의 사회 구조에서는 혼자 이루어 낼수 있는 일이 거의 없고 숭고한 목표일수록 조직을 통해 이루어 내게 됩니다. 급히 출발하려면 혼자가야 하지만, 멀리 높이 가려면 같이 가야 합니다.

리더의 리더십은 방향만 제대로 잡아주는 것이고 구성원의 참여와 활용의 리더십이 조직을 움직이는 양 날개가 됩니다. 조직이 공동의 것이 듯이 리더십은 공동의 소양입니다.

리더가 되어서만 리더십을 챙겨볼 것이 아니라 모든 구성원이 평소부터 리더십을 배우고 길러두어야 언젠가 리더로 자리 잡게 되고 준비된 리더로 잘 해낼 수 있습니다.

그 집단에서 누가 리더가 되고 어떻게 이끌어가는가에 따라 매우 다른 차이를 가져오게 마련입니다. 제대로 소양을 갖추지 못한 리더는 강자의 논리로 조직과 모임을 지배하려 듭니다. 얼룩말 얘기가 있습니다. 얼룩말은 흰 바탕에 검은 무늬인가요. 검은 바탕에 흰 무늬인가요? 그 자리에서는 일단 힘 있는 자의 말이 정답으로 통합니다.

세상에는 정답이 애매한 문제가 많은데 이런 때는 대개의 경우 강자의 논리가 먹혀 드는 게 현실이란 얘기입니다. 먹혀든다고 그저 옳다고 할 수는 없는 것이죠. 그러니 리더가 강자의 논리를 앞세우지 말고 구성원의 총의를 모아 옳은 방향으로 끌어가는 게 중요합니다.

중국 청나라의 강희제는 리더의 모범으로 거론됩니다. 그는 천하를 호령하는 황제의 신분이면서도 국궁진력(鞠躬盡力 : 존경하는 마음으로 몸을 굽혀 힘을 다함.)을 마음에 새기고 "한 가지 일에 부지런하지 않으면 온 천하에 근심을 미치게 되고, 한 순간을 부지런하지 않으면 자손만대에 후환을 남기게 된다"는 긴장 속에 매사에 정성을 다하였습니다.

리더가 꼭 기억해야 할 역할이 몇 가지 있습니다.

<u>**첫째, 리더의 본분에 대해 올바로 인식해야 합니다.**</u>

리더는 구성원을 밑에 둔 피라미드의 정점이 아니라 구성원을 평면에 둥글게 모아둔 원의 가운데에 있는 위치입니다. 따라서 지시하는 위치가 아니라 협의하고 중재하는 위치이며 자신의 포부를 이루어나갈 자리가 아니라 팀의 포부를 이루어나갈 사명을 갖는 자리입니다.

이러한 자세가 중요한 것은 한 사람의 잘난 지도자가 우매한 구성원을 이끌어 가는 계몽주의 시대가 아니라 다 같이 똑똑해진 구성원을 이끌어가는 시대가 되었기 때문입니다.

　이것이 리더십의 기본 바탕이 되어야 하는데 특히 우리의 정치 지도자들은 이런 점에 눈뜨지 못한 듯한 아쉬움이 있습니다. 리더의 권위도 자리에 앉는다고 저절로 주어지는 게 아니고 구성원이 따르고 인정해줄 때 생겨나는 것이지요. 사람마다 길고 짧은 면이 다르므로 자기보다 더 똘똘한 면이 있는 사람들을 이끌어 나가는 일이니 늘 겸손하고 진실해야 합니다.

　<u>둘째, 말이 아니라 행동으로 이끌어야 합니다.</u>

　천막의 가운데 기둥은 천막을 끌어올리게 되는데 이것은 자신을 높이기 위함이 아니라 무거운 짐은 자기가 맡기 위해서입니다. 한편, 천막은 기둥을 따라 높여지니 기둥을 시기할 게 아니라 고마워 할 줄 알아야 될 일입니다.

　95%의 리더는 옳은 말을 하지만 5%의 리더들만이 옳은 행동을 한다네요. "말을 해 놓았으니 마음은 알아주겠지" 할지 몰라도 옳은 말을 행동으로 받쳐주지 못하면 옳은 말이 오히려 비아냥을 부르게 됩니다. 그러니 말을 그럴 듯하게 하는 것 보다 실천이 중요한 것입니다.

　<u>셋째, 구성원에게 열정과 자부심을 심어주세요.</u>

　구성원의 마음을 끌어모아 관심의 불을 댕기는 일입니다. 장작은 한데 모아놓고 밑불을 당겨야 타오릅니다. 공동의 목표는 공동의 것이지 리더의 것이 아니니 모든 구성원이 자기의 성취를 위해 움직이도록 이끌어나가야 합니다.

　감독이나 코치가 경기를 이기는 게 아니라 선수가 경기를 이기는 것이니 감독이나 코치의 열정과 전략이 모든 선수들에게 전달되는 게 관건이지요.

선수가 움직여 주지 않으면 감독이 승리를 이끌수 없다는 것을 당당하게 깨우쳐 줄 자신감도 필요합니다.

리더는 모범을 보이며 혼자 가는게 아니라 모든 구성원에게 다같이 동참해 줄 것을 요청하고 모두가 따르도록 이끌어가야 합니다. 재미가 없으면 열정이 식게 마련이니 모두가 재미를 느낄 방법을 궁리하고 자부심에 걸맞은 보상과 격려를 잊지 마세요.

넷째, 거스르는 의견에 귀 기울이세요.

권력기관이나 권위주의 집단에서는 대부분의 사람들이 그저 편하게 지나가려고 리더의 의견에 동조(아첨)하는 분위기여서 거스르는 의견은 배척당하기 쉽지만 감히 다른 의견을 낼 때는 그만한 곡절과 타당성이 있지 않을까 생각해야 합니다. 아부에 둘러싸여 직언을 무시하고 그 사람을 배척하면 리더와 조직이 다 같이 잘못된 길로 가게 됩니다.

절대 권력자, 권위주의 총수들, 강압적 성향의 모든 리더들이 빠지기 쉬운 '몰락의 함정' 입니다. 반대가 없는 것을 강력한 지도력, 혹은 '카리스마'로 자부할지 모르지만, 억압으로 입을(언로를) 막은 만큼 머지않아 자신의 앞길이 막히게 됩니다.

다섯째, 초심의 각오를 끝까지 지켜야 합니다.

숭고한 목표가 있을 때 사람들은 그 목표를 꼭 이루자고 맹서(흔히들 맹세라고 발음합니다.)를 합니다. '맹서(盟誓)'에서 '맹(盟)'은 '해와 달이 지켜보는 데서 피를 나누어 마시는 것', '서(誓)'는 '말로 약속하는 것'을 뜻합니다. 피를 나누었으니 목숨을 걸고 지키자는 의미이지요.

리더가 되려면 혼자서라도 피를 걸고 맹서를 하고 시작하세요. 그러지 못할 바에는 분수를 모르고 나서지 말아야 합니다. 분수를 모르고 나서면 '푼수'가 되기 십상입니다.

너와 나를 '우리'로 묶는 일이라 모든 게 뜻대로 될 수는 없으니 애초부터 너와 나를 인정하는 '우리'로 이끌어가는 여유를 가지세요. 상황이 어려워지면 다시 초심으로 돌아가 각오를 새롭게 하세요.

인디언들은 추장이 못되게 굴면 추장이 잠든 사이에 모두가 떠나가 버려 『나홀로 추장』이 되어 버린다는데 요즘 시대에 구성원들은 영악해서 겉으로는 표시도 안내고 마음만 리더로부터 떠나가 버리니 눈치채기도 힘들어 집니다.

말없이 마음만 떠나간 구성원이 없는지 관심있게 살펴보고 그들의 마음을 되돌려올 방도를 찾아야합니다.

또 하나, 어설픈 술책을 쓰지마세요.

당신의 숭고한 이상은 공공연히 알려야 하지만 조직을 이끌어가는 여러가지 요령은 겉으로 나타내지 않는 게 좋습니다. "법(法 : 정당한 이상)은 드러내는 게 낫고, 술(術 : 술책)은 드러내지 않는 게 낫다" 하였습니다. 평판에 신경쓰다보면 술책을 생각하기 쉬운데 그러다보면 일이 더 꼬이게 되는 경우가 많습니다.

『술』이 드러나면 아무리 목적이 좋아도 재주를 부린다고 싫어하고 거부감을 느껴 화합을 깨게 되기 때문입니다. 특별한 위기상황이 아닌 이상 애초부터 『술』따위는 생각지 않는 것이 속편하고 올바른 방향입니다.

7장

일(직무)과 경제

01 돈(부)의 양면성
02 일의 원칙
03 경영의 원칙
04 투자(재테크)의 유의점
05 개인 거래 관계의 주의점

일(직무)과 경제

경제는 경세제민(經世濟民)의 줄임말로 세상을 경영하고 백성이 살아가게 하는 근본입니다.

개인 생활의 유지는 물론이고 모든 사회 조직과 국가를 운영하는 데는 여러 가지 재물과 사람을 움직일 수 있는 돈이 필요합니다.

세상의 모든 일들은 사람의 생각에서 출발하지만 정작 그것이 현실화되려면 경제의 힘이 바탕이 되는 것이지요.

세상의 큰 틀에서 보면 경제 제도의 변화에 따라 정치 체제와 이념성향, 사회문화가 바뀌게 되고 개인의 관점에서 보면 경제활동의 성패가 그 사람의 역량과 지위를 달라지게 합니다.

너무나 많은 사람들이 돈에 얽힌 일로 시름을 겪고 돈에 울고 돈에 웃는 절실한 과제이므로 경제를 대하는 기본자세를 제대로 갖추어야 합니다.

경제생활의 바탕은 직무(일)를 성실하게 해내는 것입니다.

직장의 일이든 경영의 일이든 맡은 직분의 수행 결과에 따라 합당한 대가를 받게 되고 직무의 수행을 통해서 자신이 성숙해지고 사회적 지위를 얻어내게 됩니다.

성실한 직무수행이 뿌리가 되고 검소한 생활이 줄기가 되고 세상을 바꾸는 창의성으로 꽃을 피우게 됩니다. 풍요를 잘 다스리면 '영예'를 얻을 수도 있지만, 욕심이 과하면 둘 다 잃게 됩니다.

01 돈(부)의 양면성

　정당한 부(富)는 축복입니다. 사람의 인품을 논할 때는 물질에 대한 욕심을 경계하고, 청빈을 우러러 표현하지만, '부' 자체가 나빠서가 아니라 정당한 부가 아니면 화와 욕을 부르기 때문입니다.

　정당한 부는 누구에게나 커다란 축복이며, 생계의 기초일 뿐만 아니라 나아가 적덕의 기반이 되니 값지고 소중한 것입니다. 소중하면서도 위태로운 이중성 때문에 돈(money)이라는 단어는 라틴어로 '경고'라는 뜻을 가진 'Moneta'에서 생겨난 말이랍니다.

　세상을 이끌어가는 상위 조직은 정치, 종교, 언론 등을 생각할 수 있겠으나, 모든 조직의 힘의 원천은 경제에서 나오므로 정치든 종교든 어느 세력도 경제의 뒷받침 없이는 행세할 수 없게 마련입니다. 이렇게 돈의 위력이 대단한 것이긴 해도 정당성 없는 부는 축복이 아니라 화근이 됩니다.

　미국의 석유재벌 록펠러는 누구 못지않은 부를 쌓아 올렸으나, 철도회사와의 비밀협정, 경쟁자들에 대한 술책들이 문제가 되어 온 국민이 지탄하고 나서게 되었습니다. 그제야 철저한 자기반성을 하고 나서 새로운 경영이념을 정립하고 록펠러 재단 등을 통하여 부의 사회 환원에 전력하였고, 회사도 지켜내게 되었습니다.

『회남자』에 "사슴을 쫓는 자는 산을 보지 못하고, 돈을 움켜쥐는 자는 사람을 보지 못한다" 하였는데, 사슴을 쫓으면서도 산을 볼 수 있는 지혜가 필요합니다. 사슴은 쫓아가야 잡지만 돈은 따라오도록 만들어야 합니다. 따라온 돈을 어디로 보낼지도 목자(牧者)의 뜻에 달렸습니다. 자기를 믿고 따라온 양들을 좋은 길로 이끄는 것은 목자의 소명입니다.

02   일의 원칙

　일의 원칙과 경영의 원칙을 편의상 구분하였으나 부분과 전체, 실행과 정책으로 상통하는 것이니 같이 연관지어 살펴보세요.

　공부와 수양의 과정도 그러하지만 무엇을 만들어 낼 때는 절:(동물의 뼈를 잘라냄), 차:(상아를 깍아냄), 탁:(옥을 쪼아냄), 마:(돌을 갈아냄)의 과정을 거치는 것처럼 각각의 일에 맞는 방법과 순서를 지켜가며 평생을 묵묵히 수행해 나가는 성실과 지성이 필요합니다.

　일은 평생을 같이 가는 동반자이니 일이 인생이고 인생은 일로 이루어집니다. 늘 일과 같이 있어야 되니 친할수록 원칙이 있어야 합니다.

1. 열심히 몰두하세요.

　즐거운 일에는 저절로 열심히 하게 되지만 일이란 그처럼 즐거운 것이 아닐 때도 흔하게 마련입니다. 어떤 경우일지라도 남보다 열심히 해야 돋보이고 본인도 자긍심으로 피곤함을 잊게 됩니다.

　'서 있는 말'에는 채찍질하지 않고 '달리는 말'에 채찍질하게 되므로 열심히 하는 사람은 좀 더 무거운 짐을 맡게 마련이지만, 일의 양보다 때가 중요하고 장래에 대비해야 되기 때문에 '열심'을 강조하게 되는 겁니다. 열심히 하는 사람은 일을 몰고 가지만 게으른 사람은 일에 몰려가게 됩니다.

2. 쉬어가며 하세요.

우리가 열심히 일하는 것은 보람되게 살기 위해서일 뿐 일하기 위해 사는 것이 아닙니다. 모든 일에는 정도와 한계가 있습니다. 열심이 지나치면 당신의 건강을 해칠까 두렵고 열심을 강조한 진짜 이유는 쉬어가며 하기 위해서입니다.

노는 것과 쉬는 것은 의미가 전혀 다른 것입니다. '노는 것'은 일이 없거나 할 일을 미뤄두고 게으름을 피우는 것으로 쑥스러운 노릇이지만 '쉬는 것'은 일의 능률을 높이기 위한 재충전이니 떳떳하고 바람직한 것입니다.

열심히 사는 사람일수록 반드시 휴식을 갖도록해야 됩니다. 숨 돌릴 여유를 갖고 휴식을 취하고 나면 더 멀리 더 오래갈 수 있는 힘이 생깁니다. 잠시 멈춰서서 자신의 영혼도 챙겨 보세요. 당신이 너무 빨리 앞서가면 영혼이 따라갈 수 없다네요.

직장인이든 사업가든 일에만 몰두하는 것을 자랑으로 삼지만 자칫하면 일의 노예가 된 자신이 불쌍해지고 가정에 금이 가고 나면 일에 발목을 잡히게 될 수 있으니 항시 일과 가정의 균형을 생각해야 합니다.

3. 항상 더 나은 방법을 궁리하세요.

일이란 대부분 귀찮고 어려운 것이지만 자세히 살펴보면 더 쉽게, 더 빨리, 더 좋게 할 수 있는 방법이 떠오르고 이것이 바로 거창하게 들리던 공정효율화, 원가절감, 품질향상이라는 회사의 목표를 이루어내는 것이지요.

몸을 쓰는 일에만 매달리지 말고 생각하며 일하면 머지않아서 남들을 부리는 위치에 서게 될 수 있고, 이렇게 하고 나면 자부심으로 일이 더욱 즐거워지게 되겠지요.

상사의 지시대로만 일하면 그만이라고 접어두고 『신경을 덜 쓰려』하면 그 일이 더 지루해집니다. 기왕 하는 거 지시를 떠나 『더 제대로 해보려고』하면, 피곤이 덜하고 성과도 좋아지게 됩니다.

4. 시행착오가 있어도 끈질기게 노력해야 합니다.

학술 혹은 연구 직종에 있는 사람과 일반 회사에서 기획이나 개발 업무를 맡은 사람들이 특히 마음에 둘 부분입니다. 일을 이루지 못하는 사람은 난관에 부딪칠 때마다 포기하기 때문입니다.

목표가 숭고하고 의미 있는 일일수록 정답이 정해진 게 아니라 시행착오를 거듭하고 지지부진할 수도 있기 때문에 미리부터 각오를 단단히 해야 합니다.

노벨 화학상을 받은 미국의 더들리 허슈바흐는 "과학자들이 작은 진전이라도 이루어 내는 것은 계속 노력하기 때문이죠. 우리가 유별나게 똑똑해서가 아니라 유별나게 끈질겨서 그런 겁니다." 라고 말했습니다.

그저 오래 끌어가는 끈질김이 아니라 모든 것 제쳐두고 '그것 하나'에 몰두하면 꿈속에서도 영감을 얻는다네요. 신께서(하늘이) 슬그머니 도와주는 것이겠지요. 지성이면 감천(하늘이 감동)하는 것이지요.

5. 문제의 본질을 파악해 요령 있게 처리하세요.

하늘은 그저 열심히 일하는 자를 돕는 게 아니라 올바른 방법으로 일하는 자를 돕는다고 합니다. 고심만 하다보면 진전 없이 문제의 둘레를 맴돌게 됩니다.

아이젠하워는 2차 세계대전을 승리로 이끌고 미국의 대통령직을 맡으면서 항시 화급하고 산적한 과제들을 처리해야 했는데 그는 일들을 네 가지로 분류해서

① 급하지 않고 중요하지 않은 일은 무시해버리고,

② 남에게 시킬 일은 바로 맡기고,

③ 연락하고 중재할 일은 그렇게 하고,

④ "당장 자신이 할 일"에 몰두하였습니다.

이러한 원칙을 『아이젠하워의 원칙』이라 하는데 본받을 만합니다.

또 한 가지 꼭 기억할 것은 급해 보여도 중요하지 않은 일에 관심 쓰지 말고 『급하지 않아도 중요한 일』에 미리미리 신경 쓰고 준비해 두어야 한다는 것입니다.

다 같이 바쁜 일로 시간을 빼앗겼으면 어떻게든 시간을 내어 궁리하고 준비하세요. 지도적 위치에 있는 사람일수록 『중요한 일』에 대해서 스스로 책임지는 자세가 절실합니다.

그런 일이 어느 날 갑자기 급하게 닥쳐오면 준비해둔 사람이 돋보이고 남다른 대우를 받게 됩니다. 이런 일들은 주로 잠재적 위험에 미리 대비해두는 일이거나 새로운 발상으로 창의성을 발휘하는 분야에서 나타납니다.

6. 자신을 점검하고 반성하는 시간을 가지세요.

매일 잠깐씩이라도 좋고 이따금 씩이라도 상관없습니다. 반성하고 살펴

보는 것은 자신을 꾸짖기 위해서가 아니라 자신의 갈 길을 더 편하고 명확하게 하기 위해서입니다. 초심이 흐트러짐은 없는지, 일에 묻혀 더 중요한 걸 잊고 있는 건 없는지, 더 좋은 방법은 없는지 차분하게 살펴보세요.

국가는 입법, 행정, 사법의 기구를 갖추고 회사나 단체는 기획, 실행, 감사의 조직을 두어 계획과 점검을 하지만 개인의 행동에는 계획과 점검이 생략되는 수가 많습니다. 다들 나름대로 열심히 일은 하지만 정작 중요한 차이는 계획과 점검에서 나타난다 할 수 있습니다.

회사의 운영에 모든 일들이 계획, 실행, 점검, 개선되고 기록으로 남겨질 수 있도록 절차와 지침을 '매뉴얼'로 정해두고 있는데, 이러한 지침을 개인의 일에도 참고할 만합니다.

03 경영의 원칙

앞에서 조직의 구성원으로서 일을 대하는 태도를 '일의 원칙'으로 살펴보았고 여기서는 경영 주체의 입장에서 기업의 경영 원리를 생각해 봅니다.

부의 창출 수단으로 가장 일반적인 것이 기업이라 할 수 있는데 서양의 사업가들은 기업을 재미로 알고 운영하지만, 동양의 사업가들은 목숨이 달린 중대사로 받아들이는 경향이 있는 듯 합니다.

중대사로 받아들이니 혼신을 기울이는 건 좋은 점이나 너무 긴장하면 유연성과 창조성이 발휘되기 어렵고 실패할 경우 너무 크게 받아들여 좌절하는 경향이 우려됩니다.

사업에 한 번 실패하고 나면 재도전의 기회가 힘든 사회구조의 탓은 있지만 사업의 실패를 인생의 실패로 받아들이지는 마세요.

이른 실패는 방향을 바꿔 더 큰 성공의 디딤돌이 될 수 있고, 저문 실패에는 그나마 위안하며 인생을 다듬는 계기로 삼으세요.

기업은 재화나 서비스를 생산하여 고객에게 제공(판매)합니다.

생산의 요소로는 ① 토지(자원), ② 노동, ③ 자본, ④ 기술, ⑤ 경영이 있는데 이전의 경제 구조에서는 앞쪽의 요소가 중요시 되었으나 산업이 고도화되면서 뒤쪽의 요소가 더욱 중요해지고 있습니다.

한정된 자원을 놓고 무한 경쟁하는 구조에서는 경쟁의 우위만이 살길이었지만 기술과 경영이 키워드가되는 구조에서는 기술은 협력과 융합으로 무한대로 가속 발전할수 있으므로 경영의 마인드를 경쟁 일변도에서 협력공생에 눈을 떠야 합니다.

현대 경영의 신화라 할 수 있는 마이크로소프트사의 빌 게이츠와 애플의 스티브 잡스 사이의 아름다운 경쟁과 협력공생을 자세히 살펴보세요.

예측 불허의 변화이지만 시대의 조류를 꿰뚫어 보면 세태에 적응할수 있고 새 판의 주역으로 떠오르는 샛별을 알아 볼수 있게 되면 같이 동참할 기회도 생길수 있겠지요.

변화가 가속되고 복잡해 지는게 어려움이지만 정보가 신속하고 다양해 지므로 관심을 가지면 걱정 안해도 됩니다.

업종과 상황에 따라 경영의 기법은 천개의 설명으로도 부족하지만 지켜나가야 할 마음가짐은 한결같습니다.

1. 사회적 이익에 부합하고 자신의 꿈에 맞는 영역의 선택입니다.

'흑묘백묘론(黑猫白猫論)'은 '검은 고양이든 흰 고양이든 쥐만 잡으면 된다'고 하지만 사람을 무는 고양이는 제외됩니다. 쓸모가 있고 부작용이 없어야 되는 거죠. 공동의 이익에 부합하는 분야는 정책적 지원, 금융의 편의 등 다양한 사회적 혜택을 볼 수 있는 장점도 있게 마련입니다.

사업 영역의 선택에서 또 하나 잊지 말아야 할 것은 자신의 꿈과 어울리는 분야를 택해야 한다는 것입니다. 자신의 꿈에 맞는 분야라야 즐겁게 몰두할 수 있고 더 큰 보람을 느끼며 남보다 잘해나갈 가능성이 높습니다.

하고 싶은 일과 해야 될 일의 조화가 가장 큰 과제인데 경영의 관점에서는 세상이 요구하는 '해야 될 일' 중에서 하고 싶은 일을 골라야 합니다. 사회에 실익이 없는(수요가 없는) 일은 아무리 멋져 보여도 경영의 목표로 해서는 안됩니다. 자아실현과 경영은 별개의 문제이지요.

2. 직분을 망각하지 말아야 합니다.

어떤 사업이든 자기의 직분이 남들에게 무언가 공헌함이 있기에 그에 대한 보상으로 돈이 따르게 되는 것인데, 목적을 돈에다만 두면 염불에는 관심이 없고 잿밥에만 관심이 있는 꼴이 됩니다.

직분을 망각한 사람들의 농담 같은 얘기를 들어볼까요?

기생이 "이 술을 마시고 취하고 안 취하고는 내가 알 바 아니다."

의원이 "이 약을 먹고 낫고 안 낫고는 내가 알 바 아니다."

스님이 "빌어서 통하고 안 통하고는 내가 알 바 아니다."

한다면, 손님이나 신도는 어떻게 할까요?

애당초 손님의 권리는 그 집에 다시 안 가는 권리밖에 없으니 "다시는 안 올 테니 당신 잘 되고 못 되는 건 내가 알 바 아니다" 하게 되겠지요. 염불에는 관심이 없고 잿밥에만 관심이 있으면 손님은 금세 알아챕니다.

자기의 직분에 충실하여 세상을 이롭게 할 때만, 이로움을 찾아 모인 사람들이 그 사업을 도와주는 것입니다.

이러한 경영의 이념은 경영주 혼자만이 아니라 임직원 모두가 공유하고 따르도록 하는 것이 더욱 중요한 과제입니다.

소비자에 대한 배려는 품질이 최우선입니다. 다른 건 다 아껴도 품질에 관련되는 원가는 아끼지 마세요. 아낄 걸 아끼라는 겁니다.

『회남자』에 "소를 삶는데 소금을 아끼면 간을 맞추지 못한다" 하였습니다. 작은 걸 아끼려다 큰 것을 망치는 거예요. 당신이 싱겁게 먹는 건 자유지만 손님 드릴 건 간을 맞춰야죠.

분업의 세상에서는 자기 직분의 맡은 일만 열심히 하면 의식주의 모든 것을 다른 사람에게 의탁하게 되는데 자신의 직분을 망각하면 경제적 성과를 떠나서 스스로의 사람구실을 포기한 것이니 자신의 생활을 사람들에게 의탁하기도 쑥스럽게 되겠지요.

모든 사업의 공통적 성공 비결은 자기 사업장을 찾아온 모든 고객과 방문객에게 웃는 얼굴로 반갑게 대해주는 것입니다. 직분의 헌신이 중요하지만 그에 앞서 미소와 친절로 그곳에 온 모든 사람들을 밝게(明)해주면 그곳이 바로 명당(明堂) 터가 되는 것입니다.

3. 새롭게 떠오르는 분야의 선택입니다.

누구나 출발할 때는 떠오르는 분야를 선택하려 하는데 사람이란 결단력이 적어 맨 처음 시도하기를 두려워하게 마련이고, 시작하고 나서도 세상이 변해가는 것, 고객이 변해가는 것을 놓치지 말고 살펴 썰물에 노 젓는 어리석음을 피해야 합니다.

흔히들 불경기 푸념을 하는데 아무리 잘 돌아갈 때도 '지금이 호경기'라는 시절은 있어 본 적이 없고, 지나고 나면 그때가 좋았다고 하는 것입니다. 엄밀히 말하면 잘나가는 업종이 드문 반면 못 나가는 업종이 흔할 뿐이고, 같은 업종에서도 잘나가는 집이 드물고 못나가는 집이 많은 것 또한 어쩔 수 없는 현실입니다.

떠오르는 분야는 국가 예산 규모의 변동추이로 짐작이 됩니다. 최근 복지, 환경 분야의 예산 증가율이 높아지는데, 그 방면에 호재가 있을 가능성이 크다고 볼 수 있습니다.

첨단 두뇌가 덜 몰려가는 분야 중에서 농어업 및 관련 기초 가공 등 성장 가능성이 높은 것을 찾아보는 것도 도피가 아니라 훌륭한 전략이 될 수 있습니다. 최근 국립 한국농수산대학의 졸업생들이 놀라운 성과를 거두고 있는 것을 볼 수 있습니다. 학비도 무료인데다 각종 정책적 지원까지 덤으로 얻을 수 있지요.

남들이 꺼리는 어렵고 지저분하고 위험한 일을 개선할 수 있는 방법을 찾아낸다면 훌륭한 틈새 업종이 될 수 있습니다. 누구나 편하고 깨끗한 일을 선호하는데 그런 쪽에는 사람이 몰려 경쟁을 각오해야 합니다. 사업에서 가장 무서운게 『경쟁』과 『경기』라고 할 수 있는데 경쟁에는 사활이 걸리고 경기에는 부침이 오가게 됩니다.

4. 법률을 준수하고 느려도 항상 정도를 지켜야 합니다.

사업을 하다 보면 부정한 방법이 빨라 보이고 쉬워 보여서 유혹을 받을 때가 많지만, 사업을 하는 것이지 범죄를 하려 나선 것이 아님을 늘 기억해야 합니다. 거래처를 속이는 일은 신용과 협력을 잃게 하고 소비자를 속이는 일은 매출 기반을 통째로 무너지게 합니다.

법률을 위반하는 일은 당신의 몸까지 묶어두게 할 수 있습니다. 어렵고 답답할 때 "딱 한 번"이라고 눈을 감고 들어가고나면 언제 나오게 될지는 당신 뜻대로 되지 않습니다.

개인에게는 주로 해서는 안 되는 일을 하는 게 죄가 되지만 기업에는 해야 할 일을 하지 않는 것도 문제가 됩니다. 실행과 기록 관리가 의무로 규정된 것은 기록 관리와 증빙의 보존에 철저해야 합니다. 개인이 일기를 안 쓰는 것은 자유이지만 기업의 기록 관리는 의무라고 생각하세요.

5. 자기의 역량과 환경을 고려해야 합니다.

경제생활에서 가장 중요한 원칙이라고 할 수도 있는 것인데 자신의 역량 범위에서 소비하고 투자해야 합니다. 점잖은 표현으로는 '미래소득 예상소비'라고 하지만 쉬운 말로 빚을 내어 사는 일은 아주 위험한 일입니다. 없으면 안 써야 되고 부족하면 아껴 쓰는 게 원칙입니다.

사업을 위한 빚도 운영이 뜻대로 안되면 개인 살림을 위해 빌려 쓴 것이나 결과는 마찬가지입니다. 한 가지 역설적인 면도 있습니다.

월세가 부담스러워 무조건 싼 곳을 고르지 말고 월세 100만 원 차이는 하루 삼만 원 남짓만 더 벌 수 있으면 된다는 계산도 할 줄 알아야 합니다.

인기 있는 분야라고 자신이 모르는 분야로 뛰어드는 것도 똑같이 조심스런 일입니다. 역량에 맞게 차근차근 늘리고 넓혀 나가는 게 사업의 순리입니다.

6. 걸림돌이 될 부분을 미리 예측하고 대비하세요.

사업의 진행에 기술적 미숙이나 민원발생 등으로 시간이 지체되거나 시행이 불가한 상황의 발생을 미리 대비해야 합니다. 다른 일을 다 이루어놓고도 걸림돌 때문에 지체되거나 중단되면 심각한 차질을 겪게 됩니다. 가면서 해결하려고 낙관하지 말고 실제적 해결 방안을 미리 확보하고 나서 재원을 투입하고 시간이 걸리는 부분을 먼저 착수해서 한가지 때문에 늦어지지 않게 준비해야 됩니다.

민족역사상 최대 사업이었던 경부고속철 공사가 천성산 도롱뇽을 보호한다는 억지 때문에 3년이상 발이 묶인 적도 있는데 개인의 일이었다면 영원히 물거품이 되었겠지요.

7. 신용을 생명으로 알고 지켜가야 합니다.

결혼의 대상을 고를 때는 여러 가지 조건을 다 살펴보지만 사업의 파트너에게는 경제적 신용 하나만 보게 되는 관계이니 신용이 무너지면 다 무너진 게 됩니다. 신용은 작은 것에서 시작해서 차츰 쌓여가는 것이고, 물꼬를 트고 나면 모든 게 수월해지지만, 그 신용은 지속해서 지켜질 때만 신용입니다.

현대에는 개인을 떠나 은행이나 공적 신용이 더욱 절대적 요소가 됩니다. 은행 얘기가 나왔으니 은행에 대출을 부탁할 때는 시간 여유를 갖고 느긋하게 부탁하세요. 당신이 촉박하게 말하면 은행은 불안해합니다.

신용을 지키는 데 중요한 요령이 하나 있습니다.

다른 사람에게서 돈을 받아 당신의 거래처에 지급하여야 할 경우 받기로 한 날짜와 주기로 한 날짜에 어느 정도 여유를 두고 약속하세요. 당신이 달리 수습할 시간이 필요하기 때문입니다. 약속을 지킬 수 없는 기미가 확실하면 상대에게 미리 얘기하고 공동 대처해보는 것도 그나마 덜 놀라게 하는 방법이 되겠죠.

거래선끼리의 신용도 중요하지만 가장 중요한 신용은 고객으로 부터의 믿음을 얻는 일입니다. P.R(홍보)도 초기에는 제품을 알리는 것으로 시작하지만 궁극의 목표는 고객이 회사를 믿게 만드는 일입니다. 고객의 믿음을 얻는데는 특이한 전략이 필요한게 아니라 정직과 정성으로 이루어집니다.

8. '갑'과 '을'의 관계

거래를 하다 보면 '갑'과 '을' 관계가 자주 거론되는데 힘 있는 자가 '갑'이고 매달린 자가 '을'이라고 보면 '갑을' 관계는 불평등이 당연할지도 모르지만 큰 흐름 속에서 보면 기업과 기업의 '갑을'은 본질이 아니고 결국 소비자가 '갑'이고 기업은 '을'이 아닐까요?

소비자는 후원자이면서 감시자로서 진정한 생살여탈권을 갖고 있습니다. '을'끼리 또다시 '갑을'을 가려본들 도토리 키재기 아닐까요?

거래선끼리 힘 있는 '갑'이 따로 있다 치고 '갑'이 '을'을 존중해주면 강요하고 휘두르는 것보다 훨씬 더 적극적으로 협력하게 됩니다.

영세 기업일지라도 원부자재를 공급해 주는 나름대로의 '을'을 갖게 됩니다. 판매가를 마음대로 하기는 힘든 게 현실이니 그들과 잘 협력하여 원가를 절감하는 것이 경영의 포인트가 됩니다.

유리한 매입이 유리한 매출의 관건이 됩니다. 주유소마다 기름 값이 천차만별인데 비싼곳이 마진을 높혀서가 아니라 비싸게 매입한 탓이며 비싸게 팔면 매출이 줄게되어 다음 매입 조건이 또 불리해지는 악순환이 거듭되게 마련이지요.

'갑을' 관계의 모범이 될 만한 필자의 체험이 있습니다.

필자가 운영하는 회사가 미국계 C할인점에 제품을 납품하여 왔는데 세월이 길어질수록 C회사의 엄정하고 공평한 업무처리와 협력회사 존중의 풍토를 실감하였고 그러한 경영이념을 C회사의 모든 임직원이 공유하고 있다는 것이 더욱 놀라운 점이었습니다.

그 회사의 경영신조(Mission)에 "우리의 협력회사를 존중한다"(We respect our vender)라는 항목이 있는걸 알게 되었습니다.

그들은 새로운 제안을 할 때 "이렇게 해도 괜찮을까요?" 질문을 합니다. 질문을 받으면 누구나 최대한 해 보려고 검토하게 되지요. 일상 생활에서도 누구에겐가 부탁할 일이 있으면 "이렇게 해주세요" 하지말고 "이렇게 해주실 수 있을까요?" 질문해 보세요. 일방 통보에는 거부감이 오기 쉽지만 질문에는 동조하기 쉽고 무리 없는 조율이 이루어지게 됩니다.

맡은 사람에 따라 흔들리지 않는 경영 정신의 제도화를 본받고 싶었고, 우리 회사 또한 C 회사와의 거래에는 1순위의 정성을 다하게 되었지요.

9. 정보와 연구개발에 집중하세요.

모든 일의 진행과정에 정보만큼 중요한 게 없으니 손자는 "삼군 중에 가장 믿고 후한 상을 내릴 대상은 첩자다" 라고 했습니다.

손자는 전쟁의 시대에 살았으니 첩자를 말한 것이고, 요즘 시대에도 투자정보, 개발정보, 신기술정보 등 제대로 된 것 하나면 팔자를 고칠 만한 게 정보의 매력입니다.

그러나 따끈한 정보는 그리 쉬운 게 아닙니다. 내공을 쌓고 공을 들여야 운 좋게 한두 번 차례가 오는 것이니, 메아리처럼 떠돌아다니는 정보에 너무

현혹되지는 마세요.

가장 염려스러운 것은 인터넷상의 지식 정도를 가지고 사업의 요령을 다 안다고 달려드는 분들입니다. 인터넷에는 기본은 있다 쳐도 엑기스는 빠져있게 마련입니다. 정보의 진정한 가치는 제대로 된 분석과 활용으로 완성되므로 정보의 수집에만 그치지 말고 분석과 활용에 눈을 떠야 합니다.

정보에는 늘 눈과 귀를 열고 있어야 하지만 떠도는 정보보다 알찬 연구개발을 우선으로 해야 합니다. 현상을 유지하는 것은 열심 하나면 될 수도 있으나 한 단계 도약하고 앞서가려면 연구개발(R & D)이 필수입니다.

'첨단기술'이란 말 때문에 내가 할 수 있는 게 아니라고 물러서지만 몇몇 분야를 빼고는 첨단기술이 아니라 '적정기술'이면 되고 적정기술이 현실성이 높은 경우가 더 많습니다.

개발 비용도 아끼지 말아야 하고 개발에 관련된 사람에 대한 투자도 아끼지 말아야 하며 우선은 사업주 자신이 개발에 대한 관심과 시간을 아끼지 말아야 합니다.

연구 개발의 시각은 공급자의 눈이 아니라 고객의 눈에 비친 세상을 알아내는 것입니다. 고객의 시선에 맞는 단 하나의 아이디어가 당신 자신을, 회사를, 나라를, 세상을 바꾸어 놓을 수 있습니다. 우리의 제품과 서비스에 대해 항시 "이것이 우리가 할 수 있는 최선인가?"를 질문해야 합니다.

상호나 상품명에 쓰일 브랜드와 디자인도 매우 중요한 연구과제이며 상표권의 확인 및 출원도 필수적입니다. 그럴듯한 상표가 떠올라 검색해 보면 누군가 이미 등록해둔 경우가 흔하니 놀라지 마세요.

연구개발은 기술 특허로 연결될 수 있습니다.

기술(실용신안) 특허는 예전에는 발명자가 직접 산업화하는 과정에서 오히려 경제적 어려움을 겪는 사례가 흔했었는데, 요즈음에는 지적 재산권이 보호되므로 구태여 직접 산업화하는 모험은 안 해도 됩니다.

발명자는 지적 재산권만 행사해도 되고 유용기술에는 자본과 인력이 쉽게 모아지는 세상이 되었습니다. 기술 특허의 경우 자칫하면 아이디어 누출로 끝날 수 있으니 변리사와 긴밀하게 상담하세요.

새로운 기술뿐 아니라 차질 없는 업무처리 방법도 중요한 역량입니다. 모든 분야에 미리부터 될수록 세세한 검토가 도움이 됩니다.

제조회사라면 나중에 물류까지 생각하는 치밀함이 필요합니다.

적재파레트는 100×120이 적용성이 높고, 이 경우 외포장 박스는 세로30×가로40이 딱 좋고(1단 10박스), 세로30×가로50 (1단 8박스), 세로40×가로50(1단 6박스) 등을 생각할 수 있습니다.

물류는 모든 업종의 공통 과제이며 별것 아닌듯한 일로 낭패를 겪을 수도 있습니다. 지게차의 발이 미끄러워서 파레트나 물건이 미끄러져 제품에 손상이 가고 사람도 다칠 수 있는데 지게 발 상단에 미끄럼 방지 테이프를 부착하거나 얇은 생고무판을 붙여두면 안심할 수 있게 됩니다.

대형 트럭에 플라스틱 파레트를 적재 시 전후좌우로 미끄러져 엉키면 난감해지는데 팔레트 세로 바닥이 닿는 방향으로 네 줄의 미끄럼 방지 테이프나 얇은 생고무판을 깔면 걱정을 덜 수 있습니다.

항상 전문가 집단과 협의, 자문할 수 있는 채널을 갖춰두고 시행착오를 겪기 전에 사전에 자문하는 태도가 중요합니다.

갈수록 전문화 하는 세상이어서 경영주나 사내 인력이 처리할 수 없는 일에 부딪히게 되므로 평소에 산학연(기업, 대학, 연구기관)협력 체계를 형성해두고 국가나 지자체의 기업지원 체제를 이용할 수도 있습니다.

우리가 끙끙 고심하던 문제가 전문 경륜이 있는 사람들의 한마디 조언으로 쉽게 풀리는 경우가 흔합니다. 어설프게 자기가 아는 바를 그대로 믿으면 오히려 커다란 화가 될 수 있으니 항시 새로 배우고 자문하는 자세를 가져야 합니다. 몸으로 일만 하는 사람은 생각하는 사람의 부림을 당하듯이 일만 해내는 기업은 생각하는 기업에게 부림을 당할 수밖에 없으니 일하면서 생각하는 걸 잊지 말아야 합니다.

10. 인재와 조직에 대한 배려입니다.

천재 기업가라 할 수 있는 빌게이츠가 성공의 비결을 "나보다 똑똑한 사람들을 모이게 한 것"이라고 했습니다. 천재도 『인재』의 도움으로 성공했으니 보통사람들에게는 『인재』의 도움이 더욱 절실하겠지요.

기업이나 어떤 일을 기획한다는 말에서 '기(企)'는 '도모할 기'로 '사람[人]을 머물러[止] 움직이게 해야 한다'는 뜻입니다.

먼저 종업원에 대한 교육과 보살핌이 중요합니다. 제대로 교육하지 않고 종업원이 알아서 잘해주기를 기대하는 것은 욕심에 지나지 않습니다. 단순작업에도 지침이 있고 요령이 있는데 종업원이 알아서 터득하도록 방치하면 그만큼 시행착오와 비효율이 따르게 됩니다. 꼭 필요한 것은 반복해서 강조해야 됩니다.

숭고한 경영의 이념이 있다면 종업원이 진정성 있게 같이 느끼고 공유하도록 전파해야 합니다. 지시하는 것은 권한이지만 지시하고 나면 반드시 확인해야 할 의무가 생깁니다. 확인하지 않고 있다가 잘못을 책망하는 것은 지시한 사람의 잘못입니다.

종업원을 따뜻하게 보살펴 스스로 잘해 보려는 동기를 불러내고 같이 꿈을 키워나가도록 격려해야 합니다. 일방적 배려라면 쉬울수도 있으나 엄정한 관리를 깨뜨리지 않는 범위속에서 운용의 묘가 필요합니다. 종업원에게도 규율에 따라야할 의무를 일깨우면서 쌍방의 배려를 이끌어 내야합니다. 어차피 기업이나 모든 이익 단체의 행동 지침에는 원하는 의도가 깔려 있습니다. 회사와 종업원 모두가 "이것이 우리가 할 수 있는 최선인가?"를 물어야 합니다.

회사의 실정에 맞게 기획팀, 생산(실행)팀, 지원팀, 마케팅팀 등 업무를 분담하는 조직을 구성하여 이끌어 가는데 조직(구성원)에게 가장 바라는 것은 책임감과 자부심이죠. 급여와 직책으로 책임감은 주어지지만 자부심을 심어주려면 책임에 걸맞은 권한을 주어야 하고 지원과 서비스를 더해야 합니다.

마케팅팀에 고객 서비스를 강조하려면 회사가 먼저 그들에게 서비스(지원)해야 그들에게 넘쳐난 에너지가 고객에게 전달되는 것이고 모든 팀(구성원)에게도 같은 원리입니다.

어느 못된 나라의 통치자는 말로만 국민을 위하는 척하고 국민은 겉으로만 열심히 일하는 척 한다는데 회사가 그렇게 된다면 걱정스런 일이지요. 『고용』을 '부려쓰는' 고(雇)에서 그 사람들을 머리(頁)로 '모시고 돌보는'고 (顧)로 생각하면 제대로 된 것입니다.

11. 변화에의 적응과 창의

정보화 시대도 커다란 변화의 하나이지만 세상은 정보화를 넘어서서 모든 분야에서 새롭고 바람직한 꿈을 펼치는 모습으로 쉴 새 없이 변해가고 있어 미래를 꿈의 사회(Dream Society)라고 합니다. 세상이 빠르게 변화하고 있는 건 누구나 인정하지만 어떤 새로운 변화를 사람들이 알게 된 때는 그 변화가 이미 오래전부터 준비되어 온 것입니다.

그 변화가 의미 있는 것이고 새로운 패러다임으로 굳혀질 것으로 판단되면 적극적으로 그 변화에 적응하고 참여해야 됩니다.

변화에 동참하지 못하면 결국은 변화에 떠밀려 도태될 수밖에 없기 때문입니다.

새로운 기술이 사회의 생활 구조를 바꾸고 경제의 틀을 바꾸게 되므로 부의 분배구조가 재편성되고 사회적 신분마저 달라지게 마련입니다.

태동기에 참여하지 못하면 변화의 주역으로서의 보상은 기대할 수 없으니 태아의 맥박을 읽어내야 합니다.

여기서 잠깐 변화의 놀라운 속도에 대해 살펴볼까요?

약 30년 사이에 반도체의 단위가 k(킬로)에서 M(메가)로 발전하여 1,000배의 성능이 되고 다시 G(기가)로 발전하여 100만 배의 성능이 되었으니 우리의 상상력이 따라잡기 어렵고 변화가 두려울 정도이지요.

어림계산하면 5년마다 10배씩(매년50%이상) 성장한 셈이며 이 놀라운 성과가 우리 『대한민국』의 국민과 기업이 만들어 낸 일이니 자부심을 갖고 새로운 사명감도 가져야 되겠지요.

개정판 직전에 무어의 법칙(Moore's Law)에 대해 알게 되었는데 수십년 전에 발표된 이론으로 트랜지스터의 기술발전이 1년 반(18개월)단위로 2배씩 향상된다는 내용입니다,

법칙이라는 용어를 쓸 정도이니 세세한 연구와 검증을 거친 것으로 볼수 있는데 접근 방법은 달라도 필자의 어림 계산과 놀랍게 일치하는 걸 알게 되었습니다. 이 역시 기술 변화의 속도에 대한 감각을 강조하는 취지에서 발표된 것으로 볼수 있습니다.

진공관에서 트랜지스터로 다시 반도체로 바뀌는 혁명이 계속되어 왔습니다. 트랜지스터 기술을 일본이 주도하던때 일본이 전자제품의 종주국 대우를 받아 오다가 반도체 기술을 한국이 주도하면서 한국이 전자제품의 종주국이 되었습니다.

기술 혁명으로 새판이 짜여지면 새로운 강자가 등장하게 됩니다. IT 분야 뿐아니라 재료 및 나노기술, 생명과학, 3D 프린팅등 정밀 가공기술, 신개념 에너지 및 엔진기술등 여러분야가 같은 추세로 발전하고 있으며 분야간 『융합』으로 발전의 가속도가 더해집니다. 미래 기술의 키워드는 『융합』이며 융합은 독식이 아니라 협력의 정신으로 이루어집니다.

공동체의 모든 구성원은 변화를 생각하는 사람이어야 하고 변화를 실행하는 사람이 되어야 합니다. 말로만 변화를 긍정하면서 행동에 소극적인 사람은 변화의 주역이 될 수 없습니다. 변화를 생각하는 사람은 CEO나 경영진일 수도 있지만 고객을 직접 만나고 현장에서 문제와 마주치는 아래로부터의 변화가 더욱 소중하고 현실적일 수 있습니다.

가장 중요하게 살펴야 할 변화는 『소비자의 인식변화』이니까요. 변화의 시대에는 기존의 지식이 색깔이 바래고 오히려 장애가 될 수도 있으므로 늘 새롭게 공부하고 연구하는 자세로 '평생학습'하는 마음을 가져야 됩니다.

변화에 가장 주도적으로 참여하는 방법은 스스로가 변화의 주역이 되는 것이라 할 수 있지요. 남다른 창의성으로 새로운 변화를 주도하여 미래의 먹거리를 창출하고 새로운 꿈의 사회를 일구어 나가는 것이지요.

위기에의 대응은 훨씬 급하게 다가오는 경우가 많으므로 결정의 내용도 중요하지만 결정의 타이밍을 놓치지 않는 게 더욱 중요합니다.

될수록 많은 시나리오에 대해 미리 생각해두고 대비하는 게 상책이고, 피해를 줄이되 어느 정도 감수할 줄 아는 결단이 필요합니다.

급하다고 정직과 원칙을 잃으면 일을 더 꼬이게 할 수 있습니다.

큰일을 도모하려면 세상의 변화를 지성을 다해 살펴보아야 합니다.

모든일에는 그렇게 흘러온 「근원」이 있는 것이며 자세히 살피면 어떤일이 다가오는 「단서」를 알아낼수 있고 시간을 보내면서 그 일이 발현되는 「기틀」이 잡혀 가게 됩니다.

변화에의 적응에는 평소의 지극한 관심이, 위기에의 대응에는 기미를 놓치지 않는 사전 대응과 미리 생각해둔 대비책이 도움이 됩니다.

진화론에서 적자생존이라 하는데 강자 생존이 아니라 적자생존이라 한 것은 강한 자가 살아남는 게 아니라 변화에 적응하는 자가 살아남는다는 의미입니다.

사업은 적응으로 생존하고 창의로 도약하게 됩니다.

동물계의 생존은 먹이 사슬 간 다른 종끼리의 경쟁인데 인간은 다른 종과의 경쟁을 넘어서고 나니 인간끼리 경쟁하는 모습이 되어 안쓰럽고, 그나마 목숨을 노리는 경쟁이 아니라 경제의 성과를 놓고 다투는 것인데 목숨을 건 듯이 치열합니다.

12. 기업의 사회적 공헌을 늘 생각하세요.

생존하고 도약하고 나서 생각하려 하면 백년하청이니 처음부터 늘 마음에 새겨야 됩니다.

공헌이 없으면 혼자 잘 살아보겠다는 개인처럼 누구의 협력도 못 받고 외면당하게 마련이고, 무언가 공헌이 있으면 존중받고 보호받게 됩니다.

홍보로도 그만한 게 없으니 전략으로도 상책이고 전략이라 불려도 떳떳합니다.

나눔의 정신이 개인에게도 꿈의 실현이듯이 기업의 사회공헌은 한 차원 높은 목표이며 공생의 길입니다.

세태의 변화로, 공헌을 외면하면 떠밀려 강요당하거나 심하면 도태되기 쉽습니다.

사업주의 얼굴을 살리려 하지 말고 기업의 이미지를 생각하세요.

04 투자(재테크)의 유의점

　어느 정도 돈이 모아지고 나면 예금이자는 양에 차지 않으니 흔히 주식에 배팅하거나 부동산으로 눈을 돌리는 경우가 많습니다. 투자의 전략은 각양각색이니 여기서는 조심할 것만 가볍게 살펴보겠습니다.

　먼저 생각해 볼 것은 스스로의 사업이 있는 사람이면 자기의 본업에 투자하는 것을 (기술개발이나 확장) 우선으로 검토하라는 것과 젊은 나이의 직장인이라면 작은 돈을 쪼개 재테크에 몰두하는 것보다 자기 개발이나 견문을 넓히는 데 투자하여 자신의 값을 높이는 게 현명한 선택이 아닐까 하는 것입니다.

　재테크로 방향을 정했다면 남들이 한다니 대강 따라하지 말고 나름대로 제대로 공부하고 세세히 살펴서 성과를 거두어야 합니다. 다소 부정적인 얘기를 하게 될지도 모르겠으나 재테크를 하지 말라는 게 아니라 꼭 조심할 부분을 강조하기 위해서입니다.

　주식(株式)은 주식회사의 출자 지분에 대한 증서를 말하는데, 회사를 10,000그루의 과일 나무가 심겨진 농장이라고 할 때 투자자별로 몇 그루에 해당하는 지분을 갖느냐 하는 뜻으로 그루를 의미하는 주(株)로 표시하는 방식이어서 주식(株式)이라 합니다. 주식회사가 처음 생길 때 식민지에서 열대 과일농장(plantation)을 만들면서 생겨난 말입니다.

　주식의 지분에 따라 회사 운영의 의결권을 갖지만 대체로 지배주주의 뜻대로 결정되므로 소액 주주에게는 의결권은 의미가 적고 성과에 따른 배당과 확장 시 증자에 참여할 권한을 갖게 됩니다.

　현실적으로는 가격 상승이 기대되는 주식에 투자하여 매매 차익을 노리는 경우가 대부분입니다.

　주식에 투자하는 것은 그 회사와 동업을 하겠다고 참여하는 것인데 어느 개인과 동업을 하려면 별의 별 내용을 다 따지고 확인하는데 주식 투자에는 대체로 너무 쉽게 달려드는 편입니다.

　더욱 심각한 것은 너무 모르는 게 많으니 증권사 직원에게 위임하기도 하는데 잘되면 다행이지만 잘못되면 그 직원은 "내가 알바 아니다"로 발뺌하니 딱한 노릇입니다.

　주식 경기도 안 좋고 예능계 입시비리가 문제되던 시절에 "어떤 사람을 빨리 망하게 하려면 주식투자를 하게 하고, 천천히 망하게 하려면 자녀를 예능계로 키우게 하라."는 말이 있었는데 언제든 다시 떠오를 수 있는 말이 아닐까 합니다.

　회사에 동업으로 참여하는 것은 운용 수익이 목적이 되어야 할 텐데 매매 차익을 위한 단기 투자가 흔하고 해당 회사에 대한 정보 분석에 한계를 갖는 게 가장 큰 문제입니다.

　흔히 개미군단, 기관투자자, 외국인 투자자로 구분하는데 기관 투자자들은 적어도 100명 이상의 전문 분석 요원을 두고 경제 상황과 대상 회사별 정보를 분석하고 있고 외국인 투자자는 전 세계를 무대로 한 더 큰 조직과 정보력을 갖고 있으니 그들과 한 무대에서 경쟁하기가 만만치 않은 일이지요. 그러니 대상 회사에 관해서만이라도 남들보다 앞설 수 있는 정보의 채널을 갖고 달려드는 게 좋겠지요.

지속적으로 성장 발전할 수 있는 대상 종목만 제대로 고를 수 있다면 주식투자는 다른 어떤 것보다 매력 있는 재테크 수단임에는 틀림없습니다. 세상의 변화를 면밀하게 살피고 세상을 바꾸는 기술과 아이디어를 태동기에 알아 차릴수 있으면 새로운 판의 주역이 될수 있습니다.

가장 조심할 것은 무리한 비중으로 투자하면 느긋하게 기다릴 수 없으니 몸통을 놓치고 머리와 꼬리만 챙길 수밖에 없게 됩니다. 좋은 기회에 투자했으면 한없이 머물지말고 채권이나 안전자산으로 분산 운용하는 신축성도 늘 생각해야 합니다. 어느 정도 큰돈을 투자하고 나서 거기에 관심을 쓰고 매달려 자신의 본업에 등한시 하게 되면 커다란 폐단이 될 수 있습니다. 주식투자의 필승 전략은 귀신도 모른다하니 각자의 영감에 맡깁니다.

가상 화폐는 표현 그대로 실체가 없는 「가상」입니다. 경제에서는 사람들이 필요로 하는 역할이 전제되어야 하는데 신기해 보이는 것에는 몇몇 사람들이 잠시 모여 기웃거리다가 역할이 없으면 슬그머니 흩어지게 마련입니다.

부동산(不動産)은 우리가 재테크의 상징으로 떠올리는 것으로 서양에서도 진정한 재산(real estate)이라고 표현합니다. 부동산은 움직이지 않으니 쉽게 날아가지 않는 게 장점이지만 쉽게 현금화 할 수 없는 불편이 따르게 됩니다.

부동산에 투자할 때는 이제는 그저 사놓고 기다리는 시대는 지났다고 볼 수 있으니 업무적 필요가 있거나 개발계획이 확실한 경우에만 투자할 것을 권합니다. 부동산은 속성상 장기 투자인데 장기적으로 보면 사람도 죽을 수밖에 없으니 막연한 장기투자는 생각해 볼 일입니다.

그간 한국에서는 세계 최고 수준의 인구밀도, 꾸준한 인구 증가와 경제성장 때문에 부동산 투자는 무조건 돈이 되어 왔지만, 출산율 저하로 인구 감소가 시작된 후에는 그간의 부동산 신화가 정반대 방향으로 갈수도 있으며 세계의 개방화 추세가 현실화 될수록 우리가 해외에 투자하려는 유출 요인과 해외에서 우리 땅에 투자하려는 유입 요인을 비교해 보아도 낙관적인 전망은 어렵습니다.

모든 재산의 진정한 가치는 그것에서 소득을 내는 데 있으므로 부동산도 지금까지의 매매차익을 기대하는 관점을 벗어나서 가지고 있으면서 제대로 활용해서 소득을 낼 수 있다면 올바른 투자이며 그럴 경우에는 매매차익도 저절로 생기게 되겠지요.

부동산을 공동 매입하는 경우 지분별로 '공유'로 등기하는 게 흔한데 공유자 중 한사람이 자기 지분에 대해 담보 설정하거나 다른 채무로 인해 그 사람의 지분에 대한 압류 등이 발생할 수 있고 나중에 매도하려 할 때도 의견이 맞지 않아 곤란해질 수 있으니 지분에 따라 분할해 두는 것이 편안할 것 같네요. 이 경우 잠시 후에 설명하는 합유등기는 지분을 표시할 수 없고 의견이 안 맞을 경우 서로 꼼짝 못하게 되므로 문제가 있습니다.

누구나 어느 문중의 구성원이므로 문중 재산의 관리에 관심을 갖게 됩니다. 종친 문중의 재산은 대를 이어 오래 보존되어야 하는데 공유등기로 해두는 경우 앞에서와 똑같은 걱정이 따르게 되므로 '합유' 등기가 좋은 방법일 수 있고 전환비용도 저렴합니다.

'합유'는 각자의 지분이 명시되지 않고 전원의 의견 일치로만 재산권을 행사할 수 있고 어느 한 사람의 제 3자에 대한 채무로 인한 압류를 피할 수 있게 되므로 활용보다 보존이 중요할 때 유리합니다. (소종파 대표 몇 명 정도의 명의로)

'문중회(종친회)' 명의로 해두면 편리하지만 문중회 명의로 전환할 때 증여 혹은 매매의 방식이므로 증여세 혹은 양도세의 부담이 따르고 전, 답 등 농지는 문중회 명의의 등기가 불가능합니다. 문중회 명의 재산은 등기에 나타난 문중 회장의 인감 증명과 회의록 등 부속서류로 처분될 수 있으므로 서류의 조작 등이 이루어진 서글픈 사례가 흔히 들립니다.

대외적 권한 행사에 관해서는 문중회 규약, 등기명의자 등에 소종파 대표들 중에서 2~3인 이상의 문중회장 공동 대표를 두는 것도 좋은 방안이 되겠지요.

부동산 실명제 법률을 어기면서까지 부동산을 타인 명의로 해두는 것은 당신의 사정이지만 나중에 마음을 바꾸는 건 그 사람의 자유입니다.

토지의 용도 지역에 따라 개발이나 이용에 제한을 받게 되므로 해당 토지에서 허용되는 범위를 정확히 알아야 합니다. 지목(전, 답, 임야, 대지 등)보다 용도지역을 확인하고 그 땅에서 할 수 있는 것과 할 수 없는 것을 알아야 합니다.

용도지역의 변경을 미리알면 대단한 호재가 되겠지요. 임야 중 보전 산지와 준 보전산지의 차이와 전답 중 농업 진흥구역과 농업 보호구역의 차이는 말이 비슷하다고 비슷한 게 아니라 개발 허용범위에 차이가 많으니 제대로 구분해야 합니다.

그 토지에서 어떠한 개발행위(주택, 공장, 창고, 음식, 숙박, 상가 등)가 가능한지를 건축 혹은 토목회사에 문의하는게 좋습니다. 관공서에 문의하려면 여러 연관부서를 다녀야 하므로 번거롭게 됩니다.

도로와의 접근성을 현장감 있게 살펴보세요. 큰 도로에 접한 토지도 자동차 전용도로나 간선도로의 경우 출입로 개설이 제한되므로 출입이 가능한 램프부터의 접근성이 중요해 지는 것이지요.

토지매입 시 진입로가 없는 토지(맹지)는 가격이 좀 쌀 수는 있으나 상당히 주의해야 합니다. 다른 토지를 진입로로 해야 할 경우 진입로와 동시에 계약하든지 아니면 진입로 계약을 먼저 해두고 본토지 계약을 하는 게 순서입니다.

우리 국토의 3분의 2가 임야인데 임야는 다른 사람의 농지나 임야를 거쳐가는 경우가 많고, 그간은 인정상 통행을 허용했다 해도 점점 약점으로 잡혀 곤란을 겪을 수 있습니다.

중도금을 받고 나면 잔금이 오래 지연되어도 부동산의 권한은 매입자가 갖게 되므로 뚜렷한 소득이 발생되지 않는 비어있는 토지 같은 경우 매도자의 입장에서는 중도금 없는 거래가 편안합니다.

중도금은 우리의 관행이지만 피차간 위험요소가 있는 게 사실이며, 아주 큰 금액이라면 중도금 설정등기를 하도록 계약 때 단서를 달아두는 게 좋습니다.

　원격지에 있는 토지,건물에 대해 서류상 근거없이 임대 혹은 경작을 위탁할 경우 세월이 길어지면 상대가 점유에 의한 시효취득이나 지상물에 대한 권리를 주장할 수 있으니 길어도 10년 정도로 임대차 계약을 작성하고 (쌍방 합의 시 연장조건) 임의 시설물이나 수목에 대한 지상권을 인정하지 않기로 단서를 달아두세요.

　토지에 대한 사용 승낙서를 써 줄때는 그 부분을 빼고도 지장이 없는 곳으로 검토하고 위치와 면적, 승낙기간을 반드시 써둬야 하며, 승낙서를 주기 전에 복사해서 보관해두세요.

　쉽게 팔리지 않는 토지를 개발하여 좋은 값에 처분해 줄테니 사용 승락서를 써 달라는 경우는 미끼에 물려 꼼짝못하게 될 위험이 높으니 반드시 법률 전문가와 상의해서 서식과 절차에 주의하세요.

　주변 토지와 경계가 불편한 경우 문제가 없을 때 미리 조정해 두는걸 생각해보세요. 어느 한 쪽이 조금 양보해도 둘다 훨씬 나아질 경우가 많으며 교환처리 시 양도세는 발생하지 않습니다.(18평 미만은 분할 승인에 별도조건 필요)

　조심스런 내용만 얘기했지만 개인이나 기업이 대부분의 자산을 부동산에 묶어두고 있어 이 방면의 성과가 빈부의 갈림길이 되므로 관련된 지식을 배우고 꾸준히 관심을 가지세요.

　세상의 빠른 변화가 부동산의 가치에도 변화를 줍니다. 거의 모든 생필품을 택배로 주문할수 있게 되면서 중심 상가의 역할이 줄어들게 되고 자율주행차, 승객용 드론, 탄환열차등교통 수단의 대 혁명이 이루어지고 나면 환경과 경관에 관심이 높아질 것이며 생활의 질이 여유로워 지면서 재미있고 유익한 테마 시설이 다양해지게 될것이므로 그에 따른 토지 이용의 변화가 예상됩니다.

중장비나 농기계를 사용할 수 없는 급경사 임야 등은 그간은 억척으로 관리하여 왔어도 점점 활용이 어려워질 것이며, 농촌 인구 감소가 코앞이므로 산간 지역의 한계농지도 매년 경작 작물의 재배는 어려워질 것입니다.

도시나 국토개발부서, 기관의 종사자, 건축·토목·측량업무나 부동산 평가, 중개업무종사자는 정보에 빠를 수 있어 직업의 인센티브가 될 수 있고 그런 사람들과의 교류도 필요합니다.

재벌은 기업이 만들고 갑부는 땅이 만들어 왔습니다.

05 개인 거래 관계의 주의점

거래에는 상대가 있기 마련이고 상호간 『신의 성실』이 원칙이지만 경제 생활에는 마음보다 현실(처지)이 작용하게 되고 때로는 의도적으로 약속을 지키지 않는 경우가 생기게 되므로 이러한 일에 대비하려면 평소 법률적 지식을 배우고 거래관계 시 법적 안전망을 마련해 두어야 합니다.

『경제』의 장에서 법률적 이야기를 많이 하게 되는것도 평소 거래에 법적 안전장치를 만들어 두지 않으면 이해 관계가 충돌되고 나서는 뾰죽한 해결 방법이 없게 되기 때문입니다.

경제 생활의 포인트는 부의 창출과 보존인데 일상적 경제활동은 그런대로 흘러가지만 중요한 계약이나 거래에 허술하면 한 번의 실수로 새싹이 꺾이고 둥치가 부러질 수 있으니 주의 깊게 움직이고 그저 약속이 아닌 실효성 있는 법적 안전장치를 준비해 두세요

1. 돈 거래와 보증

금융권에서 충분한 자금 조달이 안 될 때 지인에게 돈 부탁을 하게 되는데 부탁하는 사람의 사정은 딱하고 부탁 받은 사람은 난감한 부분입니다.

결론부터 말하면 못 받아도 잊을만한 범위 내에서만 도움을 주고받는

게 상책입니다. 나눔의 정신과 상충되는 듯 보일 수도 있으나 나눔은 누구에게 뭉텅 풀어주는 것과는 다릅니다. 핑계나 거절을 미안해 할 일도 아니고 부탁하는 사람도 거절을 서운해 할 일도 없습니다. 부탁하는 사람도 미안한 마음으로 부탁했으니 거절하는 사람도 안타까운 마음만 표현하고 자신이 부담스럽지 않은 범위 내에서 협조하면 됩니다.

자기 수중에 없는 걸 제3자에 빌려서 건네주는 마당발 노릇은 더 위험합니다. 이건 보증의 한 형태인데 있는 돈을 빌려준 것보다 빚더미에 앉게 되는 것이니 훨씬 심각하게 됩니다. 근래 은행권의 보증은 어느 정도 없어졌으나 어떤 형태의 보증도 위험하기는 마찬가지니 각별히 조심해야 될 일입니다.

주식회사 등 법인사업체와 거래할 때 법인이 부실해지거나 의무를 이행하지 않을 때 법인의 대표자에게 책임을 물으려 하는 것이 일반인의 상식이지만 특별한 약정이 없는 한 대표자의 법적 책임은 없습니다. 사업의 실패가 개인의 몰락으로 연결되지 않도록 배려한 상법의 취지 때문인데 이를 악용하는 경우가 흔하니 미리 알고 대비해야 합니다.

법인사업체가 개인사업자보다 규모 있고 그럴듯해 보이지만 궁극적 책임감은 별개의 문제입니다. 책임과 채무를 재주껏 뭉개놓고도 곧바로 다른 사업체를 벌이는 뻔뻔한 모습을 흔히 보게됩니다. 법과 제도도 손볼 부분이 있고, 우리가 반드시 고쳐 나가야 할 부끄러운 풍토입니다.

우선 경제범의 형사처분에 『고의성 없음』면죄부가 관행처럼 남발되고 있는 게 현실인데 좀 더 엄격한 잣대가 필요한 듯합니다.

미필적 고의로 몰지 않으니 바보가 아니면 처음부터 그럴 의도는 없었다는 발뺌으로 쉽게 빠져나가서 재미를 붙여 반복하게 마련이고 피해 상대자는 속절없이 신음하게 되지요. 책임을 뭉갤 수 있는 세상에서 법의 정의를 말하기 부끄럽고 선진 사회로 가는 꿈이 아득해 집니다.

　미국은 초대 대통령(조지 워싱턴)때부터 임금을 지불하지 않거나 거래 채무를 지키지 못하면 사회 어느 구석에서도 행세할 수 없도록 못박아 두었는데 그러한 미국의 신용풍토가 부럽습니다.

2. 계약과 서류근거

　결혼은 인생을 좌우하는 중요한 계약이지만 "사랑" 한마디면 족합니다. 그러나 사업상 계약은 "신의, 성실"한마디로는 안 되고 구체적 사항을 서면으로 명확히 해두어야 합니다.

　형식에 얽매여 어려운 말을 쓸 필요도 없고, 해석이 애매한 표현도 쓰지 말아야 합니다. "~하도록 최선을 다한다"라고 하면, 안 되면 할 수 없다는 뜻이 됩니다.

　계약 시 명시해 두지 않으면 뻔한 일도 의견이 달라 다툴 수 있으므로 되도록 세세히 약정해 두세요. "언제까지"라는 기한을 누락하는 것도 흔히 저지르는 실수입니다.

　우리 풍토로는 동업을 할 때도 서로 잘 아는 사이이다 보니 동업계약 없이 시작하는 경우가 많은데 잘 될 때도 문제, 안 될 때도 문제가 되기 쉽습니다. 의견이 맞지 않을 경우 계약조차 없으니 누구 말이 옳은지 분간할 수가 없게 됩니다.

　부동산(토지, 건물)계약 시에는 주로 규정된 서식을 사용하게 되므로 서식에 큰 문제는 없으나 상대방의 신분확인을 꼭 해야 됩니다. 건물관리인인지 건물 주인인지도 모르고 계약해서는 안 됩니다.

　부득이 대리계약을 하는 경우 대리인의 신분확인이 필요하고 권리자가 대리인에게 위임한 근거 서류(인감증명 첨부)를 받아두어야 하며 돈은 권리자의 통장으로 입금하도록 계약하는 것이 안전합니다.

　요즘의 부동산 거래는 계약서를 먼저 작성하고 나서 은행 계좌로 송금하는 경우가 많은데 이때는 계약서의 '계약금 영수함'란에 도장을 찍지 말고 계약서의 특약 사항란에 '계약금 및 중도금, 잔금은 매도인의 ( )은행 ( )계좌로 입금키로 함'이라고 써두면 됩니다.

　잠시 후에 입금한다는 말을 믿고 계약금 영수함 란에 도장을 찍거나 영수증을 발행해 주면 이미 계약금을 받은 게 되니 분쟁의 소지가 있습니다. 법에서는 진실보다 입증근거가 우선시 됩니다.

　때로는 "사람을 못 믿느냐?"고 옆사람까지 끼어 분위기를 조성하기도 하는데, 그럴 때일수록 절대로 떠밀려 가서는 안 됩니다.

　대출이나 임대 등으로 소유자의 실제 권한이 제한된 경우(깡통 소유자도 있을 수 있음) 더욱 조심해야 하고, 계약 시부터 관련자를 참여시키거나 통지해야 합니다.

　부동산 전자 계약시에도 원리는 마찬가지입니다.

　금전차용 시에도 차용증을 생략하고 나면 차후에 변제가 어려워질 때 그때 가서 차용증을 써줄 사람은 없으니 거저 주어도 그만인 범위를 넘어설 때는 차용증을 꼭 챙겨 두세요.(메일, 문자로라도) 차용증 작성시에도 'OO은행 OO계좌로 입금키로 함'이라는 단서를 달아두세요.

　통장으로 보냈으니 근거는 된다 생각하지만 법으로 따지다 보면 상대가 자기가 받을 돈이 있어서 송금 받은 거라고 하면 누가 이길지 모르게 됩니다.

또 하나 빌렸던 돈을 갚을 때도 믿음이 없는 상대일 경우에는 작성해준 차용증을 회수하는 게 필요합니다. 나중에 그 차용증으로 채무변제를 청구하면 당신은 이미 갚은 거라고 송금 근거를 대겠지만 그건 별도의 채무라고 하면 난감하게 되는 겁니다.

차용증이 없어졌다 하면 변제확인서를 받아두면 됩니다. 이렇게 살자면 머리 아파 어쩌냐고 하지 말고 만약의 경우 진짜로 머리 아프지 않게 해두는 게 편하다는 얘기입니다.

모든 계약 시 도장만 찍지 마시고 자필 서명을 같이 받아두는 게 좋습니다. 인감증명을 받아두면 되지만 그때에는 인감증명에 나타난 인감도장이 맞는지를 확인하고 날인 해 두어야 합니다.

모든 계약에는 이처럼 여러 가지를 잘 챙겨두어야 상대방이 엉뚱한 생각을 하지 못하게 됩니다. '깨어진 창문의 원리'라는 게 있습니다. 담이 허술하고 창문이 깨어진 건물은 도선생들의 호기심을 자극하여 범죄를 부추기게 된다는 이야기죠.

법정 소송으로 가게 되면 변호사는 양쪽 모두에게 "해볼 만하다"고 하지만 어느 한쪽은 이기고 어느 한쪽은 반드시 지게 마련인데 변호사는 싸움의 절차에 도움을 줄 수 있을 뿐이고 이길 수 있는 근거는 본인이 마련해 두어야 합니다.

갈수록 『도리』에 따라 살아가는 세상이 아니라 『법리』를 따져야 할 경우가 흔해지고 있습니다. 문제가 생기고 나서 변호사를 찾지말고 중요한 일에는 미리 자문받을 수 있는 절차(고문변호사)를 생각하세요.

3. 인감 등의 관리

우리나라는 인감증명 제도가 있어서 인감도장이 날인되면 법적 효력을 부정하기 힘들게 되기 때문에 인감도장은 관리에 주의를 기울여야 합니다.

가장 위험한 것이 인감도장을 대리인에게 맡겨 보내는 일인데 완전한 믿음이 없는 사람에게는 잠시라도 맡겨두지 마시고 거꾸로 오해를 피하기 위해 남의 인감도장 등을 맡아 어떤 일을 처리해 주지도 않는 게 좋을 듯합니다.

다음으로 주의할 점은 완성되지 않은 서류, 예를 들면 금액이 기재되지 않은 서류 등에 도장을 찍지 말아야 하고 아무리 바빠도 백지에 도장을 찍고 가면 써넣겠다는 요청은 들어주지 마세요. 다시 한 번 올 테니 서류를 다 해놓으라고 하세요. 개인이나 기관에 인감증명을 제출할 때는 인감증명 용도 '일반용' 란에 사용용도를 본인이 기재하여 건네주는 것이 좋습니다.

목적별 통장관리 방법을 생각해두세요.

개인의 경우 한 개의 주거래통장으로 거래하는 게 보통이지만 여러 사람들과 공동 관련되는 내용이 있거나 동업 관련자, 돈거래가 잦은 사람이 있을 경우 별도의 통장으로 거래해두면 따로 기록을 남겨두지 않아도 내용 파악이 쉬워집니다.

빌딩 등 규모 있는 부동산을 매입한다면 처음부터 관련 거래를 별도의 통장으로 거래해두면 세무 관련 자료를 입증하기 쉽고 경비 등을 누락하지 않게 됩니다.

부득이 찜찜한 돈거래를 하게 될 경우에도 별도 통장을 만들어 거래해두면 하나의 문제로 다른 일까지 줄줄이 연관되는 염려가 적어질 수 있습니다.

4. 달콤한 미끼를 사양하세요.

사기는 잘 감춰진 미끼와 당신의 욕심이 결합해서 생깁니다. 당신에게 달콤한 이득이 없으면 당신이 물지 않으니 항시 대박의 꼬리표를 살짝 흔들며 접근해서 당신의 쪽박을 노리게 됩니다. 물고기에 낚싯밥을 주는 것과 비슷하지요. 저승이나 이승이나 공짜는 없으니 달콤한 미끼를 사양하세요.

제가 직접 겪은 일 하나를 얘기해 볼께요.

외국에서 식품을 컨테이너로 수입하는데 20톤 부피 중 자기는 1톤 분량만 들어올 게 있는데 요금은 반을 부담하겠다는 제의가 들어왔습니다. 그때는 깊이 생각 안 하고 그냥 복잡해서 거절했는데 만약 받아들였다 치고 그 물건이 정당한 물건이 아니고 밀수품이거나 마약 같은 거라면 어떻게 될까요? 제가 밀수업자가 되고 마약 밀수범이 되는 겁니다.

더 흔한 사례로 공항에서 옆 사람이 짐이 많으니 내 이름으로 가방 하나만 부쳐달라고 하면 어떻게 할까요?

그저 대수롭지 않게 그렇게 해주다간 당신이 밀수업자가 되고 마약밀수범이 될 수 있으니 절대로 그런 호의는 베풀지 마세요.

중국 같은 나라에서는 마약사범은 사형이 보통이니 당신을 아주 못 보게 될지도 모릅니다.

상대가 대박의 꼬리표를 달고 흔드는데 '이런 횡재가 있나?' 하고 반응을 보내면 그 사람이 한 수 위니까 결국은 넘어가게 됩니다.

사기(거짓)에 속는 것은 상대가 당신의 욕심을 재주껏 활용하는 것이니 당신의 욕심에 스스로 속는 것입니다.

'이런 호재가 왜 나한테까지 차례가 오나?' 하고 차분해져 보세요.

새가 공격하려 할 때는 날개를 접고 낮게 날며 맹수가 공격하려 할 때는 귀를 붙이고 엎드려 있으니 눈치채기 어렵습니다.

당신이 차분하게 느긋해지면 접었던 날개를 퍼덕이며 어떻게든 해보려고 분주해질 것이고 그때 보면 얕은수가 다 드러나게 됩니다.

5. 돌발 사태에 대응

거래 관계의 차질은 피해자측에 심각한 난관을 가져올수 있습니다. 개인이나 영세기업의 난관은 꽃샘 추위처럼 도약의 초기에 찾아오기 쉽습니다. 갑자기 좋은 기회가 오거나 큼직한 오더를 받으면 뒷일을 걱정할 틈이 없게 마련이지요.

신용이 확인되지 않은 업체가 첫 거래에 규모 있는 발주를 준다면 납품 후 매출채권을 확보할 수 있는 보험제도도 있으니 『신용 보증 기금』에 문의하여 준비해 두세요.

거래계약서, 최소한 발주서(메일로도 가능)를 먼저 받아두고 거래명세서에 인수확인을 정확히 해두세요.

많은 분들이 한번 잘못된 일로 평생을 그늘지게 합니다.

스스로의 경영구조 악화로 인한 것이든 다른 사람의 채무 불이행으로 인한 연쇄작용이든 더 이상 사업을 지속할 수 없게 되거나 개인의 경제 신용을 지킬 수 없게 되는 경우가 생길 수도 있습니다.

시간을 주면 수습할 수 있다 하여도 먼 데 있는 물로 가까운 데 있는 불을 끌 수 없다는 게 안타까운 일입니다.

쇠미해지는 것은 위태로움의 징조라 하였으니 대개 본인은 미리 알게 됩니다.

피할 수 없는 거라면 분명한 태도가 필요합니다.

피해자의 숫자를 최소로 줄이고, 눈물 나는 피해자가 없게 하고,

몇 푼 건진다고 범법행위를 하지 마세요. 망해도 매너 있게 망하고

그러고 나면 다시 한 번 해볼 기회가 옵니다. '부도(不渡)'는 '건널 도(渡)'이니 건너지 못했을 뿐 침몰이 아닌데 처리하는 태도가 그르면 침몰이 될 수가 있습니다.

사업을 접는 것이지 인생을 접는 게 아님을 분명히 해야 합니다.

사람이 감동하면 사람이 도와줄 것이고 여러 사람이 감동하면 하늘이 감동한다니 하늘이 도울 것입니다.

누가 되었든 도와줄 사람을 만들어 재기의 발판을 마련하세요.

8장

건강과 스트레스

01 몸의 건강
02 마음의 건강
03 스트레스 사절
04 스트레스 극복
05 스트레스 해소
06 안전관리 환경

건강과 스트레스

건강을 잃으면 다 잃는 것이란 말이 있듯이, 건강은 생존의 기반이며 행복의 토대입니다. 건강하게 태어난 것은 행운이며 축복이지만 건강을 지키고 가꾸어 가는 것은 우리의 노력에 달렸습니다.

살면서 다른 요소들은 부족하면 그런 대로 참으며 살면 되지만 건강에 문제가 생기면 그럭저럭 넘길 수가 없게 됩니다.

특출난 건강을 탐내지 않아도 무탈한 건강은 필수입니다. 건강의 비결은 가꾸고 조심하는 길밖에 없습니다. 오행(五行)의 원리에 따라 하나의 장기가 상하면 다른 장기를 허해지게 합니다.

복잡한 현대 생활에서 시시각각 닥치는 스트레스는 마음을 다치게 할 뿐 아니라 마음과 몸이 연결되어 있어 몸의 건강까지 다치게 합니다.

스트레스의 뜻이 몸과 마음에 해로운 외부 자극에 대한 자신의 '반응'입니다. 자극이 손님이라면 '반응'이 주인이 되는 것이니 어떤 손님이 찾아올지는 주인이 정할 수 없어도 그 손님을 어떻게 대할지는 주인이 정해둘 수 있겠지요.

콤플렉스를 장애가 아니라 자신의 독특함으로 받아들이고 스트레스가 덤덤한 인생에 양념이 되게 하는 의연함이 필요합니다.

01 몸의 건강

건강의 중요성은 새삼 얘기할 필요조차 없을 것이고 건강은 아무리 신분이 높아져도 남의 것을 빌려 쓸 수 없고 아무리 돈이 많아도 돈으로 사들일 수 없는 비매품입니다. 사람의 다른 부분은 지위와 재력에 따라 보완되고 대체될 수 있는 면이 있으나 건강에는 대체품도 없습니다. 그래서 건강을 잃으면 다 잃는 거라고들 말합니다.

소중한 것들은 있는지조차 모를 때가 제일 고마운 겁니다. 장기와 사지가 어디 있는지 모를 때가 건강한 거고 간이 어디 있고 위가 어디 있고를 알게 되면 탈이 생긴 거고요. 건강은 건강할 때 챙기라는 말대로 무엇보다 기미에 신중해야 할 부분이 건강입니다.

필자의 지인 한분이 건강이 안 좋아지고 나서 어느 날 식사자리에서 나무젓가락을 제게 주시더니 휘었다가 펴보라고 하시네요. "조금 더 조금 더" 결국 제가 구부리던 젓가락이 부러지고 나니 다시 펴보라고 하시네요. 부러진 젓가락이 어떻게 다시 펴지겠어요. 그러자 그분은 "건강은 그런 걸세, 늘 조심하게" 하셨습니다. 건강에 걱정되는 구석이 있을 때마다 저는 그분의 말씀을 떠올립니다.

건강의 기미는 숨겨져 늦게 알게 되기 쉬운데 이를 경계하는 옛 말이 있습니다. "간이 병들면 눈이 보이지 아니하고 신(신장)이 병들면 귀가 들리지 아니하니 모든 일은 이처럼 보이지 않는 곳에서 시작하여 마침내 보이는 곳으로 나타나느니라." 과학적으로도 근거 있고 인간사의 비유에도 적절한 명구같네요. 보이지 않는 곳에 있을 때 기미를 살피는 조심성이 필요합니다.

요즘은 세상이 좋아져서 정기적으로 또는 어디 안 좋은 느낌이 있을 때 건강검진을 하는데 귀찮아도 거르지 않는 게 좋습니다. 질병의 치료는 늦은 대응이고 질병의 예방과 조기 발견이 최상의 정책입니다. 건강한 사람일수록 방심하기 쉬운데 겉으로 건강을 자신해도 속에서 생기는 조화속은 알수 없는 일입니다.

그냥 살다 죽으면 그만이라 하시는 분도 있는데 그렇게 쉽게 죽어지지 않는 게 문제랍니다. 고통스럽게 사는 게 무서워서 건강을 걱정하는 겁니다. 걱정을 줄이려면 미리 조심하는 길 밖엔 없습니다.

해롭다는 술이나 담배도 독약인줄은 뻔히 알면서도 순한 독약이란 핑계로 덜 무서워하고 오래 그러다 보니 독약인 줄도 아예 잊은 듯합니다.

건강을 위해 몸에 좋은걸 챙겨먹는 것보다 좋지 않은 것을 피하는 게 더욱 중요합니다.

건강을 위해 최고의 보약은 운동입니다. 건강을 위해 운동이 필수인 것을 잘 알면서도 시간이 없어 운동을 못한다고 합니다. 운동은 몸을 단련할 뿐 아니라 마음의 건강에도 최고의 보약이니 다른 일에 앞서 1 순위로 시간을 배려해야 합니다.

다른 일을 다 하고 남는 시간이 아니라 우선은 운동하는 시간을 정해놓고 나머지 시간에 다른 일을 처리하도록 시간을 짜세요. 상대가 있어서 같이 즐길 수 있는 운동은 재미를 더해주고 사교도 겸할 수 있지만 매일 시간을 맞추기 어려운 부분이 있으니 매일 혼자 꾸준히 할 수 있는 운동을 따로 병행해야 합니다. 운동이 습관이 되어야 하는데 어렵게 생각하지 말고 3주만 꾸준히 해보세요.

다음의 보약은 균형 잡힌 영양입니다. 먹을 게 지천인 세상이지만 바쁜 걸 기화로 인스턴트 음식 등으로 끼니를 때우는 경우가 흔하니 균형 잡힌 식사에 꼭 관심을 가져야 합니다.

인스턴트 식품은 기초 영양은 있지만 비타민과 미네랄등 생리 활성 물질을 채워 주지는 못합니다. 최근 문제되는 코로나등 감염병을 예방하기 위해서도 기초 면역력을 높혀주는 일이 중요합니다. 코로나를 그런대로 성공적으로 극복할수 있게된 것도 관계자들의 헌신적 노력과 국민의 건강에 대한 관심과 협조에 감사드릴 일이고, 면역력에 도움되는 것으로 알려진 홍삼,마늘과 발효식품에 친숙한 우리의 식문화의 영향도 연구 과제가 될수 있을 것입니다.

더욱 조심스러운 건 무리한 다이어트입니다. 대부분 남에게 보여주기 위한 다이어트에 매달리는데 보여주기에 자신이 있을 만큼 하고 나면 이미 스스로 써먹기에는 불편해지는 게 문제입니다. 자신의 활동이 편한 수준이면 그게 아름다운 것입니다.

운동을 통한 체중관리는 문제가 없으나 식사를 거르고 특이한 비방(?)에

의존하는 것은 걱정스럽습니다. 이런저런 이유로 아침을 거르는 사람이 많은데 저녁 이후 다음날 점심까지 18시간을 비워두는 것인데 위장에도 해롭고 두뇌 활동에도 지장을 주게 되는 나쁜 습관입니다.

평소 생활에서 몸의 자세를 바로 하는 것도 매우 중요합니다. 직업 또는 습관상 바른 자세를 벗어나는 경우가 많으면 관심을 갖고 교정할 수 있도록 노력해야 합니다.

철봉에 매달려 몸을 똑바로 펴주는 것만으로도 간편한 교정이 됩니다.

건강에 이상을 느끼면 바쁜 일, 어쩔 수 없는 일 모두 제쳐두고 치료에 우선해야 합니다. 미덕으로 강조되는 낙관주의 따위는 이 경우엔 통하지 않습니다. 여유를 부리다가 호미로 막을 걸 가래로 막게 되니 공사비만 더 들고 상처는 상처대로 커지게 됩니다.

건강할 때 마음대로 부려먹었으니 탈이 나고 나면 살펴주고 위해주는 게 마땅한 도리이기도 하고 살펴주지 않으면 평생을 두고 투정을 부릴지도 모르는 일이지요.

다음으로 생각해둘 게 건강이 한 번 안 좋아진 후에 의사와 약을 잘 만나 조금 나아진 듯할 때가 더 조심스럽다는 것입니다. 완치가 안 되고 다시 도지면 대부분 병이 내성을 갖게 되어 더욱 어려워지기 쉽습니다. 평소에 건강에 대해 자문할 수 있는 의사를 알아두세요.

모든 분야에 자문하려면 가정의학 전문의나 한의사도 무난할 것입니다. 항간에 떠도는 비방을 너무 믿거나 자신이 알고있는 상식에 의존하면 병을 키울 수 있습니다. 병은 어차피 의사의 도움으로 고치게 되는데 여기서 한 가지 생각해 볼 점이 있습니다.

특히 지방에 사는 분들이 조금 중한 병이 생기면 무턱대고 서울 큰 병원으로 찾아가는데 지방 병원에서 좋은 의사를 만나는 것과 서울 와서 병원은 좋은데 한 단계 낮은 서열의 의사를 만나는 것 중 어느 게 나은 방법인지 잘 따져 봐야합니다.

인생을 생, 노, 병, 사. 의 과정으로 말하는데 네 단계로 차근차근 다가오는 게 아니라 『생』과 『노, 병, 사』두 단계로 생각하는 게 현실에 맞습니다. 생은 당당한 주인이지만 『노, 병, 사』는 달갑지 않은 패거리 손님이어서 『노』가 찾아든 낌새가 있을 때 제대로 단속하지 않으면 그 문이 닫히기도 전에 『병, 사』가 겹쳐 들어올 수 있으니 나이 지긋한 분들은 각별히 유념해야 합니다. 좀 섬뜩하게 들릴지 몰라도 다른 일들의 잘잘못에 대한 응보는 내세로 미뤄질 수도 있지만 건강 관리에 대한 응보는 반드시 현세에 나타나게 되니 요행을 바랄 수가 없습니다.

유전자 분석을 통한 맞춤형 개별 건강관리 기법까지 나오고 있으니 관심을 기울이면 건강장수도 기대할 수 있습니다.

02 마음의 건강

몸과 마음은 서로 연관되어 있습니다. 건강한 상태를 혈기왕성하다 하는데 '혈(血)'은 몸에서 나오고 '기(氣)'는 마음에서 나오니 몸과 마음이 하나로 묶여 상호작용함을 알 수 있습니다.

몸의 건강에 대한 지식은 놀랄 만큼 향상되어 보통사람들도 반쯤은 의사가 되듯이 건강상식이 높아졌으나 마음의 건강에 대하여는 천 년 전과 별다른 진전이 없는 듯합니다.

현대인의 건강문제는 복잡한 사회적 스트레스로 인한 마음조절의 실패와 너무 편한 생활로 인한 운동부족, 과도한 음식과 약의 남용 등에서 원인을 찾을 수 있습니다.

전문가들의 연구결과에 따르면 뇌 질환의 가장 큰 원인은 결혼실패, 경제적 파탄과 비관, 고독과 걱정, 오래 품고 있는 원한 등 정신적 스트레스라고 합니다.

스트레스는 뇌 질환뿐 아니라 심장병, 위궤양, 당뇨까지 초래하며 주름살, 흰머리, 탈모의 원인이 되기도 합니다. 나이든 분들이 공통으로 걱정하는 치매 같은 것도 마음 자체의 병인 셈이니 대부분의 병은 마음에서 출발함을 알 수 있습니다. 그러니 마음의 탈이 자신을 해치지 않도록 챙겨 봐야 합니다.

　동물학자 파블로프가 의미 있는 실험을 해본 적이 있습니다. 원숭이를 세 무리로 나누어서 한 무리에게는 물만 주고 먹이를 안 주었더니 7일 만에 죽었고, 한 무리에게는 먹이만 주고 물을 안 주었더니 5일 만에 죽었고, 한 무리에게는 물과 먹이를 다 주고 잠을 안 재웠더니 3일 만에 죽었답니다.
　생존에는 먹이보다 물이, 물보다 잠(마음의 휴식)이 더 중요하다는 얘기이며 원숭이는 사람과 가장 비슷한 동물이니 바로 우리들 얘기이기도 합니다. 스트레스가 우리에게 얼마나 심각한 영향을 주는지를 알게 됩니다.
　마음의 탈은 약으로도 고치기 힘드니 마음으로 마음을 다스리고 스트레스를 의연히 물리칠 수 있는 방안을 찾아야 합니다. 몸에 탈이 생기면 곧바로 의사를 찾아가지만 마음의 탈은 애당초 『병』으로 생각하지 않으려는 게 문제입니다.
　똑똑한 사람일수록(요즘은 모두들 똑똑한 사람들) 내가 이렇게 똘똘한데 "마음에 무슨 문제?" 냐고 마음의 병을 인정하지 않으려 합니다. 하지만 『똑똑한 것』과 『마음의 건강』은 별개의 문제입니다. 어쩌면 덜 똑똑하고 대강은 접어둘 줄 알고 무딘 면이 있는 사람이 마음의 건강에는 한 수 위일 수 있습니다.

　몸의 건강에는 방심이 탈이 되고 마음의 건강엔 근심이 탈이 됩니다.
　근심을 잘해서 잘되고 근심을 잘해서 훌륭해진 사람을 보셨나요?
　근심은 웃자라서 가시밭길을 만들어 내니 잦아지고 깊어지기 전에 잘라 내세요.

   지나친 알콜의존, 도박성, 가정폭력, 참지 못하는 과격성등도 그저 그런 단점이 아니라 분명한 마음의 병이며 몸의 병은 혼자만 괴로움으로 그치지만 마음의 병은 주변 사람까지 괴롭히고 범죄를 부를수도 있습니다. 저절로 낫기 기다리면 백년하청(황하의 물이 백년을 기다려도 맑아지지 않음)이니 의사의 도움을 받으세요.

   『치매』는 나이를 막을 수 없는 것처럼 때 없이 누구에게나 찾아올 수 있는 것이니 자기만은 예외라고 생각지 말고 초기 증상이 느껴지면 바로 의사의 도움을 받는 게 더 똘똘한 행동입니다.

   초기 증상은 깜빡,깜빡하는 망각증인데 나이가 들면 다 그런거지 하고 방치하면 망각을 넘어 망령이 들어서 더 안좋은 쪽으로 번저가게 되니 그 방면 전문가(의사)의 도움을 받아 심각하게 되는걸 막아야 합니다. 그나마 위안을 가질수 있는건 기억력이 조금 약해진다해도 세상을 살펴볼수 있는 『사고력』은 여전하니 너무 주눅들지는 마세요.

| 03 | 스트레스 사절 |

스트레스는 사람과의 관계에서 주고받게 됩니다. 어떤 사람이 당신의 집에 선물 꾸러미를 들고 찾아왔는데 마음에 들지 않아 받지 않았다면 그 선물은 누구 것인가요? 당연히 가져온 사람 것이 아니겠어요? 그 꾸러미가 스트레스 꾸러미라면 누구 것인가요? 받지 않은 이상 당신 것은 아닙니다.

상대를 찌르는 말이 늘 문제인데 받아들이는(듣는) 방법부터 고쳐보는 게 어떨까요. 대부분의 경우 말하는 사람이 독한 뜻을 품고 말한 게 아니라 주의 깊지 않게 잘못 던진 말 때문입니다.

"말 그대로 들으면 용서 못 할 놈도 그 뜻을 걸러 들으면 용서 못 할 것이 없다"는 원효대사의 말씀을 또다시 떠올려 봅니다. 받는 쪽만 잘해도 말로 생기는 스트레스는 줄일 수 있습니다.

딱딱한 야구공을 부드러운 글로브로 받으면 손이 아프지 않은 것과 같습니다. 스트레스는 사람끼리 서로 주고받는 것이니 받지 않기로 했으면 줄 생각도 안 하는 게 좋겠네요.

사람들은 자기를 깎아 내리고 흠집 내는 말에 민감합니다. 똑똑한 사람들은 모든 일에 현명하게 대처하지만 자기를 나쁘게 하는 말에는 유난히 민감한 반응을 보이는 경향이 있습니다.

어떤 사람이 "국회의원의 반은 도둑놈"이라 했더니 국회의원들이 난리가 나서 "국회의원의 반은 도둑놈이 아님" 이라 했더니 잠잠해 지더라네요? 말한 사람도 한 번 생각해보고 할 걸 그랬고 들은 사람들도 처음부터 잘 생각하고 들었으면 그 말이 그 말 아닌가요? 스트레스를 쿨 하게 사절하려면 산뜻한 재치가 필요합니다.

이성계와 무학대사의 일화는 잘 알려진 이야기입니다. 서로 농담을 하기로 해놓고 이성계가 "대사님 얼굴은 돼지로 보입니다." 하자 대사가 "전하의 얼굴은 부처님으로 보입니다." 하고 나서 "돼지의 눈에는 돼지만 보이고 부처의 눈에는 부처만 보이는 법이지요." 했다네요. 얼마나 쿨한 반전인가요?

이 말의 유래는 소동파의 일화입니다.

동파의 단짝 맞수 불인(나중에 불인대사)이 동파에게 "자네는 부처님 같이 보인다"고 하자 그말을 여동생에게 전하며 우쭐해하는 걸 보고 동파의 여동생이 그말의 속뜻을 알려 주었다네요.

소동파(소식)는 여기서 잠시 둔해 보였지만 주옥 같은 시와 문장을 남겼고, 부친(소순), 동생(소철)과 함께 나란히 당송 8대가로 꼽혀 3소(三蘇)로 불리우니 그야말로 「가문의 영광」이라 할만 합니다. 그는 또한 대단한 미식가이며 서민을 사랑하는 마음도 깊어 그들에게 서민 음식인 동파육(중국 말로는 "똥파유"로 듣기 거북하지만) 요리를 대접해서 지금까지 전해집니다.

위인들은 대체로 반전의 재치가 있었습니다.

링컨에게 정적 더글러스가 "당신은 교활한 이중인격자요 두 얼굴을 가진 사람이다." 하니 링컨이 태연하게 "내가 두 얼굴이 있다면 여기처럼 중요한 자리에 이렇게 못난 얼굴을 가지고 나오겠습니까?" 하고 반문하였답니다.

우리나라의 Y대통령이 독일의 콜 수상을 만난 자리에서 체중이 얼마냐고 묻자 콜 수상이 "국가기밀"이라며 대답을 생략했답니다. 체중이 100kg이 훌쩍 넘으니 묻는 것 자체가 실례였겠지요. 이런 재치가 없을 땐 그냥 웃어넘기면 그만이고 무시하려면 못 들은 척하면 그만입니다. 다른 사람의 말 때문에 화를 내는 건 그 사람이 잘못한 일로 나 자신을 벌하는 꼴이 됩니다.

스트레스의 또 다른 원인은 비우지 않는 쓰레기통 때문입니다. 실연당한 사랑을 잊지 못하는 건 아직도 사랑해서가 아니라 찔리고 상처받은 원망이 아직도 쌓여있기 때문이라네요.

사람을 가장 괴롭게 하는 것은 지우지 못하는 후회입니다. 남의 일에는 "무슨 일을 당해도 담담하게 받아들이고 미소를 잃지 말라."고 충고하면서 왜 본인 일에는 그렇게 하지 못할까요?

사람들은 매일 한 번씩 주변의 쓰레기통을 비우고 살면서 왜 마음에 쌓인 쓰레기는 세월이 가도록 비우지 않나요? 미운 사람 생각이 가득 차면 예쁜 생각이 들어갈 자리가 없어집니다. 사랑하는 가족, 친구만 마음에 넣어두고 쓰레기는 비우세요.

과거를 잊으려고 노력할 때마다 한 번 더 기억하게 되니 잊으려 노력하지 말고 그대로 인정하고 나서야 세월 속에 잊혀집니다. 과거가 나를 붙잡는 게 아니라 내가 과거를 붙잡고 있는 것이죠. 지난 일을 아무리 고심하여도 없었던 일로 되돌릴 수는 없으니 편안히 인정하고 교훈만 기억하세요.

세상을 모나게 바라 보지 말고 스스로 모나게 살지 마세요. 하늘도 둥글고 땅도 둥근데 사람이 둥글면 줏대 없이 굴러갈까 걱정하지만 둥근건 절대로 넘어질 염려가 없습니다. 하늘이 우리에게 완성된 행복이 아니라 행복의 재료만 보내주듯이 세상은 우리에게 스트레스 자체가 아니라 스트레스 꺼리 (재료)만 건네줍니다. 그 재료를 사절(반송)하거나 무시(폐기)하면 잠시 흘러가는 에피소드가 되지만 간직하고 키워가면 두고두고 당신의 발목을 잡는 족쇄가 될 수 있습니다.

자기의 책임이든 남의 책임이든 따지지 않고 세상이 뜻대로 안 될 때 무조건 짜증을 내기가 쉽습니다. 세상일이 제대로 안 풀릴 때 짜증은 그런대로 봐줄 만도 하지만 습관적 짜증은 팔자가 풀리지않고 오그라들게 합니다.
"봄 날씨는 나른해서 싫고 가을 날씨는 스산해서 싫다" 고 할 정도면
『개성』이 아니고 『트집』인 거죠. 그런 사람에게 어느 세월에 봄다운 봄, 가을다운 가을이 찾아오겠어요.
사람이 하도 걱정과 시름을 떨치지 못하고 사니 "사는 나이 백 년이 못 되는데 천년의 시름을 안고 산다"고 합니다. 시작도 모르고 끝도 모를 시름은 이제 훌훌 털어내고 사세요. 심심해서 걱정이라도 하는거라면 자기 걱정은 늘 해봐도 그저 그러니 나라(겨레)의 일. 세상(인류)의 일을 걱정해 보세요. 이루지 못할 걱정이라 해도 그런 걱정은 아름다운 모습입니다. 세상일을 생각해 보면 자기 걱정은 저절로 줄고 세상일에는 걱정이 아니라 궁리와 준비를 하게 됩니다.

04 스트레스 극복

날씨가 변화하듯이 좋은 일, 나쁜 일이 오가므로 스트레스 꺼리는 어쩔 수 없이 찾아오게 마련이지만 뜻하지 않는 손님이 온다고 너무 놀라면 올바로 대응하지 못하게 됩니다. 인생사가 뜻대로 안 되는 고통이 스트레스인데 어떻게 고통을 벗어나느냐보다 고통을 어떻게 받아들이느냐가 중요합니다.

고통도 인생의 필연적인 경험으로 인정하고 갖가지 고난은 깨달음을 위한 기회로 생각하세요. 쇼펜하우어가 "세상에 재수 없는 일은 없다. 재수 없는 기분이 있을 뿐이다"라고 말했듯이 어떤 일을 재수 없다고 생각하면 정말로 재수 없는 일이 되고 "이만하면 괜찮다, 다행이다" 하면 다행인 일로 바뀝니다.

루즈벨트 대통령이 퇴임 후 집에 도둑이 들었는데 그의 친구가 염려하는 편지를 보내자 다음과 같이 답장하였답니다.

"지금은 마음이 편할 뿐 아니라 하느님께 감사하고 있다네.

첫째, 도둑이 훔쳐간 것은 물건일 뿐 내 생명에는 아무런 해가 없네.

둘째, 도둑이 훔쳐간 것은 내 물건의 일부일 뿐 전부가 아니네.

셋째, 가장 다행인 건 도둑은 그 사람이지 내가 아니라는 것이네."

바꿀 수 없는 일은 담담히 받아들이고 바꿀 수 있는 일만 바꾸어 나가는 의연함이 필요합니다. 나에게 고통을 준 상대에 대하여는 아무리 미워도 용서하세요. 그 상대를 위해서가 아니라 나 자신을 위해서 용서하는 겁니다. 미운 사람을 가슴에 담고 있으면 화병이 나를 다치게 할 뿐 정작 벌 받을 상대는 당신이 미워할 때는 잘못을 인정 안 하다가 용서하고 나서야 미안하다고 사죄하게 마련입니다.

남아프리카 공화국의 지도자 만델라는 27년간이나 옥살이를 했는데 대통령 취임식 때 예전 자기의 교도관 세 명을 직접 초청하여 그들을 용서하고 축하 받았습니다.

기억하고 싶은 일은 바위에 새기고 잊고 싶은 일은 모래에 쓴다 했으니 미운 사람 이름은 모래에 쓰세요. 초나라의 오자서는 선대의 원한을 잊지 못하고 처절하게 원을 풀었으나 자신은 또 다른 원한을 품고 죽어가게 되었지요. 지나간 과거를 편히 받아들여야 현재를 망치는 일이 없습니다.

지나친 걱정에 시달리는 분들도 많은데 『걱정』은 지난 일과 장래에 대해 깊이 생각하려는 데서 시작된 것 이지만, 걱정이 습관이 되고 잘못 다스리면 '걱정이 팔자'가 됩니다. 과거를 바꾸려는 것은 하느님도 할 수 없는 일이고, 미래를 바꿔주는 것은 걱정이 아니라 제대로 보내는 현재의 누적입니다. 지난 일은 이미 지울 수 없는 일이니 교훈만 기억하면 그만이고 앞일에 대해선 우리 능력 밖의 일은 어차피 닥쳐봐야 알 일이고 우리가 대비할 수 있는 일에는 준비해야 할 시간을 걱정으로 빼앗기지 말아야 되겠지요.

막연한 불안은 우리의 능력 밖의 일 때문인데 신의 영역에서 신은 못된 심술꾼이 아니니 은총을 믿어보세요. 철없는 실수만 조심하고 안 좋은 인연만 피하면 됩니다. 잠이 안 올까봐 걱정할수록 잠이 편히 올 리 없는 것처럼 앞일이 잘못될까 걱정만 앞세우면 편안한 미래가 올 수 없게 됩니다.

새들이 나뭇가지에서 편한 잠을 잘수 있는 것은 나뭇가지를 믿어서가 아니라 자신의 날개를 믿기 때문입니다. 사람들이 나뭇가지보다 훨씬 단단한 집을 짓고 살면서도 편한잠을 못이루는 것은 날개가 없어서가 아니라 생각의 날개가 너무 길어서가 아닐까요?

습관으로 깊어진 걱정은 일종의 '질병'임을 인정하고, 스스로 조절이 안 되면 늦기 전에 의사의 도움을 받으세요. 조절이 안되는 걱정은 『마음의 병』인걸 인정해야 치료의 골든타임을 놓치지 않게 됩니다.

걱정이 무거워지면 점술에 의존해서 귀신까지 끌어들이게 되는데 귀신의 힘을 빌려 별로 도움 될 일은 없습니다. 귀신에게 지각이 있다면 어차피 올바로 응보할 것이며 지각이 없다면 빌어본들 무슨 소용이 있겠습니까? 그나마 한국의 도깨비는 귀여운 구석이 있는 귀신이랍니다.

도깨비는 머리 쪽을 쳐다보면 자꾸 커져서 하늘에 닿을 정도가 되지만. 발쪽을 쳐다보면 점점 작아져서 쪼그라들게 된답니다. 귀신 자체가 허깨비일 뿐인데 직업적 수단으로 귀신을 조종하는 사람들에게 휩쓸리는건 그야말로 『귀신이 비웃을』일이지요.

심각한 좌절과 수모를 겪은 사람들 중에는 수모와 좌절을 견디지 못하고 목숨을 버리려 하는 사람도 있습니다. 아무리 발버둥 쳐도 자기의 진실이 통하지 않으니 오죽하면 그런 극단적인 생각을 하겠어요.

당신의 답답하고 괴로운 마음은 충분히 이해가 갑니다. 그 심정 당연하지요. 하지만 모든 사람들이 당신을 무시하고 비웃을 것이라는 당신의 추측에는 동조할 수가 없네요. 당신을 괴롭힌 상대 조차도 당신이 그렇게 괴로워할 줄은 모르고 있으니 이럴 때는 정말로 세상이 나를 무시하고 비웃고 있는지 스스로 세상이 그럴 것이라고 짐작하는 것인지 냉정하게 생각해보세요.

사람들은 당신이 실망할 정도로 남들 일에 무관심하게 사는데 당신 일에만 유달리 관심이 있겠어요? 당신이 주변 사람들에게 특별한 관심을 갖고 살펴보지 않는것과 똑같으니 서운해 할 것도 없습니다.

목숨을 버린다고 진실이 통하고 명예가 회복되는 것도 아니고 대부분 사람들의 무관심 속에 몇몇 사람의 동정심을 얻는 게 전부인데 가까운 주변 사람들에게 황당한 슬픔을, 부모에게 평생을 가슴에 묻고 살 아픔을 주고, 조상에게까지 죄가 되는 일이지요.

낳아 길러준 부모 마음과 당신을 통해 무언가 이루고자 하는 조물주의 뜻은 어떨까요? 모든 생명은 고귀하고 존중받아야 하는데 자기 것이라고 함부로 할 수 있는 걸까요? 이 질문에 자신 있게 답할 수 없다면 되돌릴 수 없는 길이니 함부로 서둘지는 말아야겠지요.

바둑을 두다가 어려워지면 천천히 장고하고 훈수도 받는데 훨씬 더 중요한 게임이니 그처럼 따라 해 보세요. 극한의 상황에서는 배짱이 마지막 묘수입니다. 빚에 몰려 있다면 줄 사람은 미안함뿐이고 받을 사람이 낭패인것이고 실연을 당했으면 당신 같은 보물을 몰라주는 상대가 멍청한거고 못난 일을 저질렀으면 살아서 잘난일도 해낼수 있는걸 보여주면 됩니다.

심각한 고민은 혼자 간직하지 말고 누구에겐가 털어놓으세요. 혼자 지고 있던 무거운 짐을 그 사람과 나누어지는 것이고 상대는 "그만한 일로 뭘 그렇게 고민하세요?" 말할지도 모르죠. 주변에 마땅한 상대가 없으면 사회의 상담기관이나(전화 1393) 공공성 있는 사이트도 좋고 병원의 의사도 좋습니다.

당신 혼자만이 아니라 사회의 모든 구석에 당신 같은 고민을 안고 살아가는 사람들이 있는 걸 알게 될 것이고, 당신의 고민이 그나마 가벼운 것인 걸 알게 될 수도 있지요. 털어놓고 나면 이미 치료가 시작된 것이에요. 당신이 실패한 부분은 접어두고 당신이 잘해온 떳떳한 부분을 찾아 마음을 달래고 실패한 부분을 극복하려 매달리지 말고 잘할 수 있는 부분에서 실마리를 찾으세요.

남들이 보기엔 아무것도 아닌 일로 스트레스에 빠져있는 경우도 있습니다. 얼굴이나 몸매가 마음에 안 들어 하는 사람들이 흔합니다. 얼굴이 못난 게 스트레스라면 돈 들여 고치려 하지 말고 웃는 얼굴로 바꿔보세요. 거울 앞에서 당신의 웃는 얼굴과 찡그린 얼굴을 비교해 보세요. 예쁜 얼굴은 젊어서 이성에게 보여주는 잠시의 매력이고 웃는 얼굴은 평생을 모든 사람에게 풍겨주는 매력입니다. 어떤 콤플렉스라도 그것을 장애라고 받아들이지 말고 자신만의 독특함이라고 예쁘게 생각해 보세요.

나이 들고 늙어가는 것은 누구도 피할 수 없는 스트레스인데 멋있게 극복하고 있는 분이 계신답니다. 구십이 넘은 나이에도 목장에서 염소를 기르고 있는 분께 염소가 모두 몇 마리죠? 물으니 "백이십 마리에 오늘 낳은 새

끼까지 하면 백이십 한 마리가 되었네." 하시더라네요.

할아버지 연세는 어떻게 되시죠? 물으니 "나이는 팔십이 넘으면서부터 세지 않고 산다네. 그건 훔쳐가는 놈이 없으니 챙길 필요가 없지 않나?" 하시더라네요. 늙어가는 것에 짜증 내지 않고 그저 『조금씩 익어가는 것』으로 생각하는 태도라고 할 수 있겠지요.

늙어가면서 죽음에 가까워지는 것마저 덤덤히 받아들이는 여유라면 장애나 질병, 실연이나 배신, 금전의 압박, 수모와 좌절이 아무리 심각하다 한들 거기서 거기 아니겠어요?

스트레스에는 긍정적 측면도 있습니다.

하나는 크고 작은 스트레스를 겪으며 면역력이 길러진다는 점입니다. 100 의 스트레스를 겪어본 사람은 다음에 150 정도의 스트레스에도 놀라지 않고 맞서 볼만하게 됩니다. 부러움없이 승승장구하던 사람들이 우리가 보기엔 이겨 넘길만한 좌절에 굴복하여 허망하게 생을 매듭짓는걸 보면 그들이 너무 곱게 자라며 면역력 없이 살아온게 아닌가 하는 안타까움을 느끼게 됩니다.

또하나, 자신이 아픔을 겪어본 사람이라야 남의 아픔에 공감할줄 알고 그 아픔을 달래고 치유해줄수 있습니다. 과부가 과부 사정을 알고 홀아비가 홀아비 사정을 알게 되는 것이지요. 스스로 겪어본 아픔이니 남들의 아픔을 모른 척 안 하게 되고 자신의 아픔을 치유해본 솜씨로 상대의 아픔을 달래줄 수 있게 됩니다.

좋은 일만 가득하면 세월이 화살같이 흘러 너무 빨리 종점에 다다를까 염려가 되는데 스트레스 받는 시간은 일각이 여삼추처럼 천천히 흘러가니 철들며 마디게 살아갈 수도 있게 됩니다. 이렇게 보면 스트레스도 『훈장』까지는 아니라도 『내공』정도로 대우해 줄 수도 있겠네요.

  인생의 묘미를 제대로 느끼려면 음지와 양지를 넘나들어 보는 것도 좋습니다. 인생의 1분면을 즐겁고 유익한 일, 2분면을 즐겁지만 해로운 일, 3분면을 괴롭고 해로운 일, 4분면을 괴롭지만 유익한 일이라 하면, 1분면에 안주한 사람보다 고루 겪어본 사람이 내공이 깊어지고 무언가 들려줄 거리가 많아지겠지요.

| 05 | 스트레스 해소 |

참는 게 미덕으로 알고 그저 참으면서 살다보면 『화』의 찌꺼기가 『화약』으로 쌓여 곪으면 『화병』이 되고 건드리면 『폭탄』이 됩니다. 매사에 들어옴과 나감이 걸맞아야 되므로 『사절』하거나 『극복』하지 못한 스트레스는 반드시 내보낼 구멍을 마련해야 합니다. 스트레스로 마음이 무거워지면 운동이든 여행이든 오락이든 적당한 방법으로 스트레스를 풀어 나갈 방법을 찾아야 합니다.

인간사에서 받은 스트레스를 가장 잘 해결해 주는 것은 자연과 친해져 보는 것입니다. 사람은 본시 자연의 일부라서 청산에 몸을 담고 녹수를 음미해 보면 저절로 마음이 편안해 집니다.

青山生黑百年畵 綠水無絃萬古琴 (청산생흑백년화 녹수무현만고금.)
청산은 검은 흙에서 나왔으나 백 년의 그림이요,
녹수는 현이 없으나 만고의 가야금이다.

새싹과 꽃, 신록과 녹음, 단풍과 열매, 꽃망울과 눈꽃으로 철따라 멋이 다르고 해가 바뀌면 나이테를 더해 새로운 그림을 그려냅니다. 바람소리는 우주의 숨결을 전하고 물소리는 자연의 맥박을 들려주네요. 자연은 우리 모두의 고향이니 아름답고 포근하게 당신을 감싸주고 관심을 갖고 살피면 신비와 교훈으로 가득합니다. 달력을 넘기며 봄과 가을을 말로만 헤아리면서 멀리 두고 스쳐보는 자연이 아니라 가까이 들어가 느끼고 살피면서 당신의 봄, 당신의 가을을 찾아보세요.

때로는 바다를 찾아 바다의 넓은 도량을 배워 보세요. 바다는 맑은 물, 흐린 물을 가리지 않고 받아들이지만 절대로 쓰레기통으로 변해가지는 않습니다. 모든 걸 차분히 앙금으로 가라 앉혀서 늘 초록빛, 코발트빛을 지켜내는 모습을 보게 됩니다. 잠시도 잔잔할 날이 없지만 그것이 살아있는 모습이지요.

차분히 하늘을 바라보세요, 하늘이 푸르름을 앞세워 흰 구름, 검은 구름을 뿌리치거나 노을을 시기하는 법은 없습니다. 그저 흘러가게 내버려 두면 어느새 푸른 하늘 그대로 돌아옵니다. 그저 푸르기만 하다면 배역이 없는 무대처럼 허전할 수도 있고 배역을 담았기에 푸른 하늘의 묘미가 돋보일 수도 있겠지요.

가득 차면 반드시 기울고, 기울고 나면 반드시 다시 채워지는 달님의 교훈도 알게 되고 별들은 나홀로 '스타'라고 내세우지 않고 별자리의 멤버와 같이하는 아름다운 모습도 보게 되지요. 별이 쏟아지는 밤 하늘에 반딧불이가 "초롱" 맴도는 모습이 그립습니다.

스트레스를 푸는 또 다른 명약(名藥)은 운동입니다. 몸과 마음이 본시부터 연관되어 있는 탓으로 마음을 누르는 스트레스가 있을 때도 무슨 운동이든 20분 이상만 열심히 움직이면 모르는 사이에 걱정이 잊혀지고 마음을 즐겁게 하는 호르몬이 활동하게 된다는 과학적 근거도 있습니다. 몸의 건강에도 좋은 일이니 이만한 명약을 찾기는 쉽지 않습니다.

당신이 좋아하는 취미나 오락을 즐겨보세요. 상대가 있는 오락이면 더욱 좋습니다. 오락도 다 좋은데 노름과 마약은 끼워주면 안됩니다. 노름에 빠지면 마누라까지 팔아치우고 망조가 들며, 마약은 한 번 해보는 것 자체로 형사처벌감인 데다 더 확실하게 패가망신으로 가는 지름길입니다.

마약은 교활해서 피로회복, 다이어트, 미용, 정력제 등으로 위장해서 시작하게 하는 경우가 많으니 특별히 신기한 약은 믿지 않는 게 좋을 듯합니다. 그런 명약이라면 당연히 전문의가 처방해 줄 테니 그분들에게 확인해 보세요.

술로 스트레스를 해소하려는 분들은 조심할 점이 많습니다. 술은 순한 독약이니 많이 절제해야 합니다. 사람과의 교제에 좋은 촉매가 되는 때가 많아 딱 잘라 나쁘단 말을 못할 뿐입니다. 필자도 술과는 꽤 친분이 깊어서 젊은 시절 크리스마스이브 날인가 할 땐데 친구들과 과하게 하다 보니 새벽이 다되어 정신이 몽롱한데 거리를 청소하는 분들을 보고 "저분들은 오늘을 시작했는데 나는 어제를 아직 정리하지 못하였구나"하고 자책이 들었던 일이 지금도 생생합니다.

사람이 술을 먹다가 술이 술을 먹게 되면(술잔의 속도가 빨라지면) 빨리 눈치를 채야 됩니다. 얼마 안 가서 술이 사람을 먹게 되니까요. 그러다 한 번 잘못 걸리면 건강도 그렇고 인품에도 큰 금이 갈수 있으니 '내일을 망가뜨리지 않는' 한계는 늘 지켜야 합니다.

태곳적에 사람이 최초로 포도나무를 심어 놓은 밭에 악마가 양, 사자, 원숭이, 돼지의 피를 거름으로 뿌려 놓았다네요. 악마의 심술을 먹고 자란 포도로 술을 만들고 나니 술을 처음 마실 때는 양처럼 순하다가 나중에는 사자처럼 사나워지고 더 마시면 원숭이처럼 주책없이 놀다가 끝내는 돼지처럼 추해진다고 하니 어디까지 갈 것인가를 미리 정해두세요.

술은 괴로움을 잊게 하는 망각제로 알고들 있지만 어떤 일에 골몰하게 하는 집중제 라는 게 과학적으로 알려져 있습니다. 그나마 봐줄 만한 건 같이 마시는 사람들과의 대화가 위안이 될 수 있습니다. 혼자 마시는 술은 이러한 위안도 없을 뿐 아니라 알코올 중독으로 가는 첩경으로 확인되었으니 각별히 조심할 일입니다.

일상을 잠시 접어두고 어떻게든 시간을 내어 여행을 떠나 보세요. 여행은 스트레스가 없는 사람들이 자주 다니는 것처럼 보일수도 있지만 어쩌면 그 사람들이 여행 때문에 스트레스가 적어진 것일 수도 있습니다. 새로운 세상을 보며 새로운 생각의 눈을 뜨면 마음을 누르던 스트레스도 사라지고 새로운 꿈과 새로운 착상도 떠오르게 되니 새로운 인생이 열리게 될 수 있습니다.

여행은 쉬고 즐기기 위한 것이지만 새로운 견문과 식견을 넓혀주는 더 소중한 선물을 덤으로 얻게 됩니다. 집 떠나면 고생이라 하듯이 여행은 호강과는 거리가 멀지만 마음을 살찌게 합니다. 문인, 예술가들이 생의 문제에 고심이 깊게 마련인데 잘 알려진 문인, 예술가들이 문명 생활과는 동떨어진 미개발 지역을 자주 여행하고 때로는 눌러 살면서 창작 활동을 해온걸 보면 여행은 『치유와 사색의 숲』인 듯 십습니다.

  해외여행의 경우 언어의 장벽 등으로 패키지여행을 흔히 하는데 그곳의 물정과 인심을 깊이 느끼기 어려운 점이 있으므로 교민의 협조를 받거나 자유 여행 계획을 짜서 같은 날짜라도 여러나라 여러 곳에 점만 찍으려 하지 말고 차분하고 느긋한 일정을 잡아 보는 게 좋을 듯합니다.

06 안전관리 환경

　한 사람의 건강과 행복을 한순간에 무너지게 하는 불의의 사고가 흔히 발생하는 것을 볼 수 있습니다. 화재, 가스, 전기사고, 교통사고, 산업재해, 천재지변, 환경과 먹거리의 오염 등 심각한 위험이 늘 도사리고 있는 것이 현대사회의 모습입니다.

　국가와 사회는 국민의 안전을 위해 각종 예방과 대처방법을 강구해야 되고 기업이나 개인도 직장과 가정의 안전에 만전을 기해야 됩니다. 안전에 관하여는 대처방법이 미리 수립되어야 하는 것도 필요하지만 더욱 중요한 것은 예방에 주력하는 것입니다.

　사소한 부주의로, 특히 나이 드신 분들이 화장실이나 바깥출입 시 넘어져서 다치는 사고(낙상사고)로 심히 고생하는 경우가 흔합니다. 샤워할 때 슬리퍼를 신고(샤워용 슬리퍼 준비해 두고), 겨울철에는 모자와 장갑을 챙기고 미끄럽지 않은 신발을 골라 신기만 해도 낙상사고를 상당히 예방할 수 있습니다.

　예방은 간단한 주의가 큰 효과를 가져옵니다.

　안전벨트를 매는 1초의 주의가 사망률을 20분의 1로 줄여주고 졸음이 올 때 20분의 휴식이 사고를 막아 줍니다. 한 사람이나 한 가족의 팔자를 한순간에 가장 처참하게 망가뜨릴 수 있는 것이 부주의한 운전이라는 걸 늘 마음에 새기고 한 시간 거리라면 5분만 미리 출발해서 차분하게 움직이세요.

커브길이 오기전에 충분히 감속하고 나서 막상 커브에 접어들면서는 악셀에 발을 살짝 얹으세요. 그렇게 하면 차의 쏠림이 없이 부드럽게 통과하고 눈.비 올 때 미끄러짐이 현저히 줄어들게 됩니다. 혼자만의 안전속도를 고집하지 마세요. 60km길을 대부분 80km이상 달려가는데 혼자 60km를 고집하면 다른 차들이 무리하게 추월하려다가 서로가 위험해집니다. 2차로 이상에서는 통상 80km제한이지만 대부분 100km이상 달리는데 혼자 80km를 지키려면 1차로를 피해 다른차로로 가면 됩니다.

다른 차들에게 『준법』을 내세우려 하지 마세요. 준법을 무시하는게 아니라 현실적 안전이 먼저라는 뜻입니다. 내가 끼어들면 상대가 속도를 줄이겠지 기대하고 급하게 끼어들지 마세요. 그 사람이 한눈 팔수도 있고 반응이 느릴지도 모르니 상대의 마음을 예측하는건 빗나갈수 있는거죠. 눈·비오는 날 밤에 모르는 길을 피곤할 때(졸릴 때) 운전하지 마세요. 불리한게 겹치면 무리가 따르고 무리한 운전의 끝은 이 세상이 아니랍니다.

가족과 동료를 보호하려는 사랑의 마음이 있다면 겉으로 보이지 않는 숨은 위험을 발견할 수 있는 통찰의 눈이 열립니다.

자세히 살피고 작은 가능성도 접어두지 말고 철저히 대비하는 것이 사랑의 실천입니다.

평온과 재해가 하루아침에 저절로 이루어지는 게 아니라 오랜 시간 인과가 쌓여 마침내 현실로 나타나게 됩니다.

다른 분야는 비용과 효율을 비교하게 되지만 안전에 관하여는 비용과 효율을 떠나 최선의 방법을 택해야 되고 안전은 모든 다른 목표보다 우선되어야 합니다.

정치인이나 사업주가 말하는 『안도』의 말보다 과학자나 실무자가 말하는 『우려』의 목소리가 반영되는 풍토가 중요합니다.

세상을 놀라게 하는 사고나 사건이 터졌을 때 관련자의 입에서 "관행대로 해왔다"는 말을 자주 듣게 되는데 생각 없이 습관대로 해온 일이라니 안타까움을 더해주는 말입니다.

해오던 방법대로의 타성이 용납될 수 없고 늘 새로운 관심과 연구가 지속되어야 합니다. 자나 깨나 조심하고 살펴보아야 됩니다. 안전이 무너지면 인생이 무너지고 정권이 무너지고 세상이 무너지게 됩니다.

생명체의 최 하급단위 : (미물중의 미물)에 불과한 바이러스가 변이를 거듭하면서(코로나 19) 괴질로 번져 만물의 영장인 인류의 건강에 치명타를 가하는 세상이 되었습니다. 개인 각자의 조심을 넘어서서 국가가 총력으로 나서서 안전망을 펼치고 전 세계가 협력해도 마음 놓을 수 없게 되어 인류의 생활 모습을 송두리째 흔들어 놓고 인간의 미력함을 여지없이 드러내 보였습니다.

인간은 사회적 동물이어서 모든일의 시작과 끝이 『만남』으로 이루어지는데 만남을 두려워하는 풍토가 되어 버렸으니 서글프고 속절없는 일이지요. 『보이는 적보다 무서운게 보이지 않는 적』이라는 교훈은 안전관리 전반에 기본이 되어야 합니다.

우리 후손의 삶의 터전인 자연과 환경을 보호해야 합니다. 거창한 노력이 필요한게 아니고 개발을 위한 편의대로 함부로 파괴하지 말고 더럽히지 않고 그대로 두기만 하면 되는데, 한번 파괴되고 나면 되돌리는데 백배의 노력이 듭니다.

후손을 위한다는 표현은 그간의 속편한 생각이고, 우리(인간)가 그간 저질러온 잘못만으로도 당장 자연의 말 없는 대꾸에 시달립니다. 말 없는 사람일수록 행동으로 보여줄 때 무섭듯이 자연은 말 자체를 모르니 참을 만큼 참다가 행동으로 보여줄 때는 무서운 적이 됩니다.

동물 식물이 편히 살수 있는 곳이 인간도 편히 살수 있는 곳입니다.

우리가 자연을 아프게 하면 자연이 우리를 아프게 하고,

우리가 환경을 멍들게 하면 환경이 우리를 멍들게 합니다.

9장

감사와 종교

01 감사가 행복의 출발

02 지족(족함을 알기)

03 천명(하늘의 命)과 종교

04 죽음과 내세

05 천도(선악에 따른 응보)

감사와 종교

바쁘게 살다보니 고마운 것들에 대해 생각해 볼 틈이 없고 자신의 부족한 것에 집착하다 보니 감사할 마음이 일어나지 않고 내 잘난 맛에 살다보니 감사의 마음을 잊고 살게 되지만 우리는 많은 사람들과 하늘의 은덕에 힘입어 살아갑니다.

감사할 줄 아는 것은 이러한 은덕에 대한 기본적 예의라 할 수 있지요. 사람들에 대한 감사는 물론이고 생존의 기반을 제공한 자연에, 또한 모든 편의와 문화를 누리게 한 세상에 감사해야 합니다.

이렇게 상대에게 감사하는 마음을 가지다 보면 저절로 자기 자신에 대한 감사의 마음이 싹트게 되고 자신에 대한 감사는 그 자체가 만족과 행복으로 통하게 됩니다.

상대에 대한 감사의 마음이 자기 자신에 대한 감사와 만족으로 돌아오게 되니 세상의 이치는 생각할수록 묘한 것이라 할 수 있지요. 좋은 뜻을 품고 지성을 다해 살아도 생명에 한계가 있는 것처럼 모든 일이 만족스럽고 완벽할 수는 없습니다.

전지전능이 아니라 반지반능으로 태어난 태생적 한계입니다. 인생사가 허무함은 느낄 수 있으나 그렇다고 무의미한 게 아니고, 그런 깨달음이 해탈의 문턱이니 한 발 더 들어가세요. 인간의 불완전을 메워 삶의 위안을 얻고 내세의 구원을 약속 받을 수 있는 종교의 "높은 가르침"을 깨우쳐 마음의 기둥으로 삼으세요.

01 감사가 행복의 출발

우리는 바쁜 탓도 있겠지만 생각 없고 무관심한 탓에 하루하루를 그저 흘려보낼 뿐 느낌도 감동도 없이 살아가기 쉽습니다. 평범한 날들을 행복으로 느낄 줄 알아야 하고 평범한 인생을 행복으로 받아들일 줄 알아야 하겠습니다.

살다 보면 희비가 교차하는 날, 그저 그렇게 덤덤하게 지내는 날이 있는데 대부분의 날들은 그저 그런 날들이지요. 특별히 기쁜 일이 있는 날은 '+', 언짢은 일이 있는 날은 '-', 덤덤한 날은 '0' 라고 한다면 대부분의 날들은 '0' 점짜리 날들이 될 테니 안타까운 일이지요.

매일 매 순간 스쳐가는 행복의 순간을 무감각으로 잃어버리고 경이로운 축복의 순간 마저도 덤덤하게 흘려 보내고나서 인생을 다 살고 난뒤 "나는 행복하게 살았노라" 채점하려 들지 마세요. 인생은 한 장의 채점표를 남기는게 아니라 90 인생이면 32,850일의 일기와 788,400개의 시간 퍼즐을 편집없이 고스란히 담는 장편 대작인데, 행복의 퍼즐이 많으면 『희극』이 되고 언짢은 퍼즐이 많으면 『비극』이 되는 겁니다.

일상의 업무가 반복되는 지루함을 이기려면 마음 만이라도 새롭게 하세요. "오늘은 새 날이니 새롭게, 내일은 나날이 새롭게, 모레는 또다시 새롭게"를 다시 한번 떠올려 보세요. 별일 없이 무탈하게 보낸 하루에 합격점을 주고 감사할 줄 알아야겠습니다. 덤덤하게 평범한 일상이 극한에 처한 사람들이 그토록 갈망하는 「평범」입니다.

우선은 아무 탈 없이 지내게 해준 하늘에 감사하고 곁에서 도와주고 즐겁게 해준 사람들께 감사하고 편안한 울타리를 마련한 세상에 감사해야 되는 거지요. 하늘에 감사는 첫째는 날씨이고, 둘째는 무탈입니다.

운동회든 결혼식이든 특별한 일을 정해놓고 나면 사람이 아무리 잘 준비해도 행사는 그날의 날씨가 반은 좌우하게 마련이지요. 천재지변 없이 비바람이 고르고 순탄한 날씨가 얼마나 큰 축복인지 모르고 살지만 반년을 가물면 곡식이 없고 한 해를 가물면 먹을 물이 없게 됩니다.

세상에의 감사는 선인들과 많은 사람들이 이루어놓은 문명의 혜택과 탈 없이 잘 돌아가는 세상에 대한 감사입니다. 인간은 기록으로 유산을 전수하므로 모든 지식과 문화가 계승 발전되고 분업의 덕분으로 먹는 것, 입는 것, 사는 곳을 내 손으로 안 하고 세상에 의지하니 얼마나 큰 사회의 은공이며, 전쟁과 폭탄테러가 예사인 불안지역을 보면 안정된 사회가 얼마나 큰 축복인지를 알게 합니다. 세상 구석구석에 보이지 않는 사람들의 땀과 수고로 모든 게 잘 돌아가는 것들에 감사해야 됩니다.

사람에 대한 감사는 곁에서 없는 듯 도와주는 가족과 측근이 첫째인데, 모르는 사람의 작은 배려에는 감동하면서 가까운 사람에의 감사는 잊고 삽니다.

하늘과 세상에의 감사는 마음으로만 하면 되지만 사람에의 감사는 꼭 말로 표현해야 됩니다. 말없이 도와주니 말없이 받으면 안 됩니다. 표현 안

하는 감사는 감사할 줄 모르는 것입니다.

당신의 작은 호의에 "감사하다"고 말하는 사람을 만나면 예의바른 사람이라고 칭찬하게 되고 무엇이든 더 도와주고 싶은 마음이 저절로 생기게 되잖아요? "감사"는 마력을 지닌 말(Magic Word)입니다.

<u>감사를 잊고 사는 이유</u>가 몇 가지 있습니다.

첫째, 남과 비교해서 그 사람보다 나아야 감사하려는 탓입니다.

우리는 늘 누군가를 부러워하는데 내가 부러워하는 그 사람은 또 누군가를 부러워하고 있답니다. 어쩌면 그 사람이 거꾸로 나를 부러워할지도 모를 일입니다. 내게 부족한 것을 많이 가진 사람만 부러워하다 보니 그 사람의 모자라는 부분은 눈에 띄지 않기 때문입니다.

이란의 시인 사디는 젊어서 가난 때문에 신발이 없는 처지를 비관하다가 어느 날 다리가 없는 사람을 보고 (신발을 신을 수 없는) 그의 처지를 생각하니 자신에게 감사하게 되었다고 합니다. 승진한 동료, 잘나가는 사람의 결과만 보지 말고 자신의 열정, 헌신과 능력을 그들과 비교해 보세요.

위와 비교하여 자신의 부족함을 깨닫고 아래와 비교하여 감사할 줄 알아야 합니다.

헤밍웨이는 더 좋은 비교 방법을 찾았습니다.

"남보다 뛰어난 것은 자랑거리가 못 되며 진정한 자랑거리는 과거의 자신보다 나아진 것"이라고 했습니다.

둘째, 직접 만나지 못하는 사람들에겐 감사를 잊기 쉽습니다.

남송 고종황제가 "몸에 한 조각 천을 걸쳐도 베 짜는 여자의 노고를 생각하고 하루 세 끼 허기를 때워도 농부의 노고를 생각하라" 했습니다. 생각을 넓혀보면 세상엔 감사할 사람이 지천으로 널려있습니다. 세상이 거저 잘 돌아가는 게 아닙니다. 국가의 울타리가 안전하게 지켜지고 전기, 수도, 가스, 교통수단 등 생활기반이 탈 없이 돌아가고 거리가 늘 깨끗하게 치워져 있고, 엄동설한에 수도관이 터져도 금세 고쳐져 탈 없이 물이 나오고, 화재나 사고가 나면 가족보다 먼저 도움의 손길이 달려오고, 눈 내린 길이 치워져 편히 오가게 되는 게 저절로 된 일인가요? 보이지 않는 많은 사람들의 노고에 감사해야 합니다.

셋째, 잘 나가는 사람은 자기가 잘나서라고 생각하기 쉽습니다.

특히 명문학교를 나와서 '꿈의 직장'에 들어간 사람은 모든 게 자기 잘난 탓으로 여기고 살기 십상입니다. 그렇지만 낳아 길러준 부모, 가르쳐준 스승, 보살펴준 지인들, 그중 하나라도 없었으면 그게 가능했을까요? 그저 단순한 도움 정도가 아니라 '은인'에 둘러싸여 살고 있는 것임을 깨달아야 합니다.

넷째, 모든 게 뜻대로 다 잘되어야 성이 차기 때문입니다.

소금장수와 우산장수를 아들로 둔 사람은 비가 오면 우산이 잘 팔릴 생각보다 소금이 녹을까 걱정하고, 날이 개면 소금 걱정은 없으나 우산이 안 팔릴 걱정을 하게 되니 늘 걱정 속에 살아갑니다. 원하는 걸 다 가지고 싶어도 그건 하늘이 탐탁해 하지 않는 일입니다. 모자라는 것은 접어두고 모자라는 그대로의 당신에 감사하세요.

스티븐 호킹은 루게릭병 환자로 고통 받으면서도 "나의 손은 아직 움직이고 나의 머리는 아직 생각한다. 내게는 평생 추구할 꿈이 있으며 내가 사랑하고 나를 사랑해주는 가족과 친구가 있다. 그래서 나는 감사한다." 하였습니다.

완벽하지 못한 자신을 사랑할 줄 알아야 합니다. 어려서는 어머니의 사랑이 나를 지켜주지만 나이 들고 나면 어머니 대신 스스로가 자신을 사랑으로 감싸야 되는 거예요.

스스로 자신을 사랑하지 않으면 누구한테도 사랑받지 못합니다. 남 앞에서도 자신의 부족한 부분을 인정하고 당당하게 처신하세요.

루즈벨트 대통령은 소아마비로 두 발이 불편하게 살아왔는데 그가 대통령에 출마하자 언론사에서 그를 찾아와 "대통령의 직무수행에 건강이 문제되지 않겠느냐" 질문하자, "거미는 날개도 없는데 공중에 집을 짓고 날아다니는 벌레를 잡아먹고 살지 않느냐? 내가 발이 불편하긴 하지만 두 발이 없는 것도 아니고 대통령의 직무는 머리로 하는 것이지 발로 하는 건 아니지 않소?" 하고 당당히 말하고 처음 유세 때 휠체어에서 일어나 절름거리며 연단에 서서 연설하여 당당한 자신감을 보여주었습니다.

그가 불편한 자기 발을 원망하고 좌절하였다면 그의 두 발은 '장애'가 되었겠지만 부족함을 인정하고 당당해지는 순간 장애는 지워지고 극복의 찬사로 바뀌게 된 것입니다.

자신의 흠을 부끄러워하고 원망한다면 남들의 흠은 비웃고 책망할 건가요? 남들에게 관대한 만큼 자신에게도 관대해져 보세요. 선천적으로, 또는 살아가는 과정에서 건강을 잃거나 장애를 얻을 수도 있는데 어렵고 안타까운 일이지만 많은 분들이 자신에게 남겨진 것들에 감사하는 마음으로 출발하여 어려움을 이겨내는 모습을 보여줍니다. 감사하는 마음이 눈물겨운 노력을 불러오고 눈물겨운 노력은 극복의 찬사를 만들어 내게 되지요.

다섯째, 스스로 인생을 주관하지 않고 손님의 마음가짐으로는 요구할 것만 많지 감사할 건 없게 됩니다.

두 사람이 같이 일하고 있을 때는 주인과 객을 가릴 수 없지요. 일을 끝내고 나서 어느 한 사람이 "수고했다.", "고맙다."고 하면 누가 주인인가 알아채게 됩니다. 자기 인생을 손님의 눈으로 바라보지 말고 주인의 눈으로 바라보면 "감사하다"고 말하게 됩니다. 자기의 인생을 남이 만들어 준 것처럼 원망하지 말고 자기 스스로 만들어가다 보면 자기의 인생이 값지고 고마워지게 됩니다.

자기 인생은 스스로 만들어낸 것이고 인생의 점수도 스스로 채점하게 됩니다. 남들이 채점해줄 리도 없고 채점에 신경쓸 일도 아니죠. 스스로 매기는 점수이니 너무 깎아내리고 나서 찡그리지 말고 후하게 주고 나서 웃는 낯으로 사는 게 어떨까요?

예전에 초등학교 성적부에 수, 우, 미, 양, 가 등급으로 평가할 때 모든 등급이 좋은 의미이고 최하 등급인 '가'도 가능하다는 의미로 가(可)자를 썼는데 이러한 마음의 여유를 배워볼 만합니다.

여섯째, 늘 흔히 있는 것에는 감사를 잊기 쉽습니다.

사람의 목숨을 이어가는 데 가장 중요한 건 공기와 물인데 그 고마움을 생각하기는 쉽지 않습니다. 무와 인삼 중 어느 것이 값지냐고 물으면 누구나 인삼이 귀한 것이라고 하겠지만 이 세상에서 한 개만 남겨야 한다고 하면 어쩔 수 없이 무를 선택하게 될 것 같네요. 흔하니까 값어치를 몰라주었던 게 미안한 일이죠.

우리는 주변의 사람들에 대한 고마움도 늘 그래왔던 것이니 잊고 삽니다. 가까운 사람일수록 나에게 모든 것을 조건 없이 도와주지만 그건 당연히 그런 거라고 생각 없이 살아온 것이지요. 늘 곁에 있는 고마운 것들과 고마운 사람들에게 감사할 줄 알아야 합니다.

02 지족(知足: 족함을 알기)

사람의 마음은 엄청나게 큰 욕심의 자루를 하나씩 차고 삽니다. 그 자루는 먹어 채워넣는 입만 있고 내보내는 꽁무니가 없으니 점점 더 커져서 거추장스럽고 볼썽사납게 되어갑니다.

매사가 편하려면 들어옴과 나감이 걸맞아 균형이 잡혀야 되는데 욕망을 조절하지 못하면 물질의 향연만 퍼부어 그만하면 됐다고 만족해 할 줄을 모릅니다. 그래서 모든 현인들은 하나같이 욕망의 조절을 강조하였습니다.

『명심보감』에 "큰 집이 천 칸이라도 여덟 자 방에 눕고, 좋은 밭이 천 이랑이라도 하루에 두 되 먹는다" 하였습니다.

욕망의 조절에 관하여는 장자를 따를 사람이 없지요.

"뱁새가 큰 수풀에 집을 지으나 작은 나뭇가지 하나에 족하다."

"음식을 맛있게 하려 애쓸 게 아니라 조금씩 적게 먹으면 모든 음식이 맛있다." 하였으니 거처하는 곳이나 먹는 음식이나 그리 문제 삼지 않았습니다.

있는 것에 족함을 알고, 없는 것을 갈구하지 않으면 항시 마음의 부자로 살게 됩니다. 꽃 가게에는 수백 가지 꽃들을 갖춰둬야 하지만 내 집에는 내가 좋아하는 몇 가지 꽃들만 있으면 그만입니다.

가난하고 구차하게 살라고 하는 말이 아닙니다. 욕망을 조절하는 기술로 당신이 가진 것들을 더 복되고 맛있게 즐길 줄 알기를 바라는 것입니다.

과분한 욕심은 하늘이 용납하지 않습니다. 이빨이 날카로운 짐승에게는 뿔을 주지 않았고 날개가 달린 새에게는 다리를 두 개만 준 것은 동물들에게도 과욕을 허락하지 않는 신의 뜻이 아닐까요? 셀 수 없이 많은 종류의 곤충(곤충은 여러 가지 벌레라는 뜻)에게도 공평하게 두 쌍의 날개와 세 쌍의 다리만 준 것도 신기한 일이고요.

무조건 만족하라는 건 아닙니다. 무조건 만족하면 진보가 없고, 욕심이 아예 없으면 나태해지고 발전을 막을 수도 있습니다.

사람의 욕심은 자기가 처한 상황에 따라 달라집니다. 겨울엔 양지바른 곳을 찾고 여름엔 그늘을 찾는 게 우리의 본성입니다.

한 여인의 마음이 어머니로서 딸을 대할 때와 시어머니로서 며느리를 대할 때의 태도가 달라지게 됩니다. 그때그때 변덕스런 욕심이니 너무 나무라서 토라지게 하지도 말고 어르고 달래서 말 잘 듣게 타이르는 게 상책입니다. 자기에게든 상대에게든 본성의 욕구는 편안하게 인정하고 살펴주어야 하는데 사람의 욕심은 가꾸는 사람이 없어도 웃자라는게 탈이지요.

모든 사람들의 시선을 의식하는 욕심이 재앙이 됩니다.

사람들의 시선을 생각해서 예쁜 신발을 찾는데 그것이 편한 신발이 아닐 때가 문제입니다, 예쁜 신발을 탐내면 내 발이 불편해지는데 신발보다는 발이 중요한 걸 깨달아야 합니다.

명예나 지위를 성취하고자 하는 목표, 재물을 소유하고자 하는 목표는 모든 사람들이 당연시하는 과제이지만 그것들은 남들과 비교를 통해서만 성취감을 느낄 수 있게 마련이고 대부분의 사람들을 상실감에 허덕이게 합니다.

그 사람들은 최고(BEST)와 완벽(PERFECT)을 추구하는데 『최고』는 나라에서는 오천만 혹은 세계에서는 칠십억과 비교하려면 아득해지고 『완벽』은 추구해 볼 뿐 도달할 수 없는 것이어서 본인도 미심쩍어 100% 완벽이라고 꼬리표를 달지만 그럴수록 완벽의 자신감은 무너져가는 것이지요.

요행히 성취에 성공한 사람들도 그 성취를 행복으로 연결시키지 못하고 더 높은 성취에 갈증을 느낍니다.

인생에 대한 시각을 목표에서 과정으로 바꿔보세요. 목표에의 집착을 내려놓으면 오히려 성취의 길이 열릴 수도 있습니다. 숭고한 목표는 집착보다 순수한 열정으로 이루어 낼 수 있기 때문입니다.

돈과 명예를 탐내어 시를 쓰고 그림을 그린다면 제대로 된 작품이 나올 수 있을까요? 순수한 열정으로 매진하는 일에는 신께서 영감을 떠올려 슬그머니 도와주지만, 돈이나 명예 따위의 욕심으로 갈망하는 일은 신의 심기를 불편하게 합니다. 특별히 인생의 소명을 느끼고 실현해내는 선택된 소수를 빼고는 인생은 대단한 결과를 남기는게 아니라 매 순간 과정의 누적을 남기는 것입니다.

등산을 할 때 정상 정복에만 몰두하여 주변의 아름다운 것들을 살펴보지 못하면 그 사람은 등산의 고행을 한 것이고 아름다운 경치와 동행인과의 대화를 즐긴 사람은 설령 정상을 밟지 못했다 해도 하루의 신선을 누린 것이지요. 누구나가 끝까지 자기 것으로 간직할 수 있는 것은 살아온 과정에 대한 긍지와 보람밖에는 없습니다.

개인의 만족을 떠나 『세상』에 대한 불만에서 출발하여 새로운 이상세계 『유토피아 UTOPIA』를 꿈꾸고 시도해 본 사람들도 많지만 성공해 본 적은 없습니다.

UTOPIA의 희랍어 표현 UTOPOS가 부정(없다)을 뜻하는 『U』에 장소를 뜻하는 『TOPOS』로 되어있으니 처음부터 "아무데도 없다" 는걸 알고 시작한 것 같기도 합니다. 하지만 마음이 모든 것의 터전이라 했으니 우리의 마음속에는 유토피아를 앉혀둘 수 있겠지요.

03 천명(天命)과 종교(宗教)

천명(하늘의 命): 인간의 한계

하늘의 명을 생각하는 것은 타고난 수명과 능력의 한계를 깨닫고 삶의 의미를 깨우치고 살기 위해서입니다. 우리가 흔히 쓰는 '인생무상'이란 말은 '인생이 덧없고 허무하다'는 뜻도 있지만 '인생은 한결같지 않고 변화가 많다'는 뜻이기도 합니다. 내일 당장 무슨 일이 닥칠지 모르며 모든 게 한결같지 못하니 인생의 진정한 의미를 깨닫기 어려움을 말합니다.

사람의 생명은 호흡에 달려 있어 내쉰 숨이 돌아오지 않으면 저세상으로 간 거라 하네요. 하늘이 내려준 『수명』의 한계가 분명하고 속절없으니 하늘이 우리를 통해 이루어 내고자 내려준 『소명』을 깨닫고 사는게 더 절실한 일이지요.

인생사를 겪다 보면 사람의 한계를 느끼고 하늘(신)의 영역에 마주치게 될 때가 많습니다. 못나고 미약해서가 아니라 똑똑해도 한계를 느끼게 됩니다. 구름이 몰려오면 비가 온다고는 알고 있지만 정작 어느 구름에 비가 들어 있는지를 모르고 사니 우리의 지혜는 이처럼 어렴풋이 짐작이나 할 줄 아는 정도입니다.

인간사에 대해 알만큼 안다고 생각하게 되고 나서야 진정으로 중요한 것에 대해서는 아무것도 모르고 있다는 걸 깨닫게 되지요. 『인간사』는 사람의 뜻대로 이룰수 없는 부분이 분명히 있다는걸 깨우치면 한 단계 더 깨달은 것이고 그러고 나면 인생의 거창한 목표에만 매달리지 않고 자신과 주변의 소소한 행복에 마음쓸줄 알게 됩니다.

미약한 지혜로 우주까지 생각해 보기도 하는데 우주에 관한 과학적 탐구는 그야말로 걸음마 단계입니다. 지구가 둥글다는 걸 알게 된 지가 약 600년인데 우주 과학은 아무리 길게 잡아도 그 시기 이후의 일로 보아야 되기 때문이지요.

반면에 우주에 관한 철학적 탐구는 이미 수천 년 전에 '범아일여(梵我一如)'와 같은 놀라운 철학을 내놓았습니다. '범아일여'는 '우주의 원리와 나의 본질은 하나'라는 생각인데 인간은 미약하지만 우주를 품을 수 있다는 깊은 뜻이 담겨 있습니다.

하나의 근원을 바탕으로 한 만인과 만물이니 자연스럽게 모든 인간을 사랑하고 생명이 있고 없는 만물을 사랑하는 마음도 열리게 됩니다. 우주를 내 마음에 품고 나면 내가 우주의 주인공이 되는 것이고, 그러지 못하면 조연이나 엑스트라로 그칠 수도 있겠지요.

이렇게 우주를 품는 포부를 지니면서도 인간의 불완전함은 여전히 벗어날 길이 없고 인간의 모든 일에는 한계가 지어집니다. 큰일을 도모하는 사람들일수록 그 일을 기필코 이루어내겠다는 각오가 각별하지만 시운에 따라 이루어 낼 수 없는 경우도 생기게 됩니다.

"민심과 천심을 얻고도 때를 얻지 못하였다" 하듯이 모든 일에는 인간의 노력으로 어찌할 수 없는 신의 영역이 있는게 현실입니다. 안타까운 일이지만 『기필』을 고집하여 무리하거나 자탄하지 말고 시운을 받아들여 물러설 줄 아는 것 또한 용기이며 지혜입니다.

큰일을 도모하는 것은 소중한 꿈이지만 거기에만 매달려 자신과 주변의 소소한 행복을 돌보는 일을 등한시하고 살다가 그 꿈이 깨지고 나면 아무것도 얻지 못하게 되는 셈이니 무엇이 진정으로 중요한 건지 알고 살아야 합니다.

어느 정도 살다 보면 허무함을 느끼기는 쉬운데 해탈에 이르기는 어렵다고 합니다. 느끼기는 해도 꿰뚫어 보기 힘드니 선각자나 신을 생각하게 되지요.

종교(신앙)

과학의 시대에도 신은 존재할까요?

'너무 높아서 하늘의 말은 들리지 않고 너무 넓어서 하늘의 모습은 보이지 않아도' 신은 있다고 믿는 게 편할 것 같네요. 신이 없다고 생각하다가 죽어서 만나면 크게 놀라게 되지만 신이 있다고 생각하면 죽어서 만나든 못 만나든 놀랄 일은 없을 테니까요.

또한 우리에겐 과학이나 논리로 설명할 수 없는 일들이 너무 많으니 경제학에서 '보이지 않는 손(the invisible hands)'을 얘기하듯이 인생의 영역에도 다른 의미의 보이지 않는 '손'이나 '신'이 존재한다고 생각하면 편할 것 같습니다. 보이지 않는다고 없는 건 아닙니다. 낮에도 별은 총총히 떠 있는데 볼 수 없는 것 처럼요.

세상사를 살펴보는 데는 눈으로 보는 것(볼 견, 見)보다 마음으로 살펴보아야 보이는 것들(보일 시, 示)이 더욱 중요합니다.

보일 시(示)는 마음으로 공을 들여 살펴야 보이는 것들에 쓰이는 글자입니다.

이 책의 첫 부분에 화(禍)와 복(福)에 대해 말한 바 있고 귀신 신(神), 조상 조(祖), 제사 제(祭), 제사 사(祀), 빌 축(祝), 빌 기(祈), 모일 사(社), 예절 례(禮), 숨길 비(祕) 등이 그러합니다.

눈으로 보는 것(見)은 보는 즉시 보이지만 마음으로 보는 것(示)은 보일 때까지 살펴야 합니다.

신을 인정하면 만사에 힘닿는 데까지 최선을 다하고(진인사) 나면, 우리의 힘이 미치지 못하는 일에는 신의 은총을 기다려 볼 수 있으니(대천명) 나름대로 편히 사는 방법인 듯합니다.

신을 부정하면 모든 일을 자신이 매듭지어야 하니 신에 버금가게 완벽하려면 훨씬 고단하게 사는 방법이겠지요.

신을 인정하는 일은 교회나 절에 다니고 안 다니고, 신을 섬기는 정도와는 별개의 문제입니다. 태초에 인간과 만물을 창조한 신이 없었더라도 인간은 스스로의 필요에 따라 신을 만들어내지 않았을까요? 그러니 부처님이든 예수님이든 알라든 하느님이든 조상신이든 있기는 있다고 믿기로 하지요. 많은 분들은 각자의 금쪽같은 신앙을 갖고 있으니 그렇지 않은 분들께 드리는 말씀입니다.

국가 공동체로는 신이 내려준 왕권을 부정하고 민심이 지배하는 민주주의를 택하였고 자연현상과 사회현상에도 신의 뜻을 살피기보다는 과학과 이성을 믿게 되었으나 개개인의 일상에서는 과학과 이성만으로 해결할수 없는 일들에 마주치게 되므로 초월적 존재에 기대게 되는 것이지요.

신을 인정하고 나면 사람들은 필요할 때 기도를 하게 되는데 기도는 우리의 번민을 정확하게 말로 정리해주며 혼자가 아니라 능력 있는 분과 무거운 짐을 나눠지게 하는 효과가 있습니다.

신에게 기도할 때 자기를 완벽하게 만들어 달라고 하지 말고 불완전한 그대로도 삶을 지탱해 나갈 수 있게 해달라고 기도하세요. 기도를 통해 더 높은 삶의 가치를 깨우치게 될 수도 있게 됩니다.

기도하는 요령이 있다네요. 신에게 "이렇게 해주세요. 저렇게 해주세요" 하지 말고 "신의 뜻대로 해주세요" 하는 게 제일 잘 통하는 기도라네요. 신이 알아서 잘해주려 생각하고 있는데 멍석을 깔면 신의 자존심을 건드릴 수 있고 너무 골치 아픈 부탁을 하면 아예 하나도 들어주지 않을지 모르니까요.

종교에 관하여 생각해 볼 점은 신을 믿는 것과 중재자(목사님, 스님, 신부님)를 믿는 것을 잘 구분 못하는 분들이 많다는 것입니다. 그분들이 손가락으로 신을 가리켜 주는데 신을 보고 믿어야지 가리키는 손가락을 믿는 격이니 안타까운 노릇입니다.

그러다 보니 어느 절 스님이 용한가, 어느 교회 목사님이 영험한가 찾아다니려 합니다. 용한 스님이나 영험한 목사님이 우리를 직접 구원해 줄 수 있는 게 아니고 부처님과 예수님의 가르침을 쉽게 안내해줄 수 있을 뿐입니다. 믿는 사람도 가르침에 집중해야지 구원을 먼저 바란다면 순서가 뒤바뀐 것 같네요.

나를 도와줄 부처님, 예수님을 기다리지 말고 부처님을 닮고 예수님을 닮으려는 노력이 중요한 겁니다. 예수님이나 부처님이 진정으로 바라는 것은 사람들이 신을 믿고 섬기는 것보다, 사람들끼리 서로 믿고 사랑하며 살아가는 모습이 아닐까요?

슈바이처 박사는 "세상과 사람들의 행복을 위한 봉사가 가장 위대한 신앙"이라 하였습니다. 모든 종교의 핵심계율은 사랑과 자비로 일맥상통하지만 같은 진리를 놓고 설명 방법이 다르고 찾아가는 길이 다를 뿐입니다.

종교는 '높은 가르침'인 탓에 독학으로 깨우치기 어려워 목사님이나 스님을 통해 배우게 되므로 그분들의 역할이 중요해집니다. 교회에는 하느님은 없고 목사님만 있고 절에는 석가모니는 없고 스님만 있다는 말이 있는데 성직자의 사심을 경고하고 신도에게도 경종을 주는 뜻이 아닐까요?

신에 대한 충정을 구실로 인간을 해치는 극단주의 소행이나 신도의 재물과 노역을 갈취하는 행위는 용서받을 수 없는 죄악이며 비판 없는 맹신 행위 또한 죄악의 대열에 동참하는 것일 뿐 신앙을 내세울 자격조차 없습니다.

종교의 역할은 현세의 위안과 내세의 구원뿐인데, 현세에 복을 받게 해준다거나 영생을 책임진다든가 자기를 통하지 않고는 구원받을 수 없으니 금전과 노력을 바치라고 말하면 듣기에 솔깃할지 몰라도 무조건 사이비(진짜 같은 가짜)가 틀림없으니 절대로 끌려 들어가지 마세요.

중세 때의 『면죄부』는 지금 시대에서 보면 어이없는 사기극인데 형태는 달라도 결과는 다를 바 없는 일들이 여전히 벌어지고 있습니다.

『믿어지지 않는 얘기는 믿으면 안되는 것』인데 백번 천번 그럴듯하게 말하면 『혹』하고 넘어가게 되는거죠.

인생을 파멸시키고 세상을 어지럽히는 사이비 종교라도 『종교탄압』이라는 항변에 막혀 제대로 처벌하기도 힘드니 피해를 호소할 길도 막연해집니다. 세속인의 입장에서는 종교를 생활의 전부로 할 수도 없는 게 현실이므로 균형 잡힌 태도가 필요합니다. 종교는 생활의 상위 규범이지만 종교가 속박이 되는 것은 바람직하지 않은 모습입니다.

우리나라에는 뚜렷한 종교가 없다는 사람이 많은데 그런 분들은 유교의 생활 철학을 따르는 경우가 많습니다. 유교도 성현의 가르침이고 훌륭한 생활 규범이지만 내세를 약속하지 않아 종교에 포함 여부가 논란이 되기도 합니다.

유가에서도 천심(天心).천명(天命).천도(天道) 등으로 우주의 주재자로서의 하늘(신)을 분명히 인정하고 있으나 하늘은 공명정대하여 믿고 빌어서 움직일 수 있는 게 아니라고 생각해서 올바른 처신만 강조하고 믿음에 따른 구원과 내세의 화복을 약속하지 않았습니다.

어떤 종교보다 체계적이고 합리적인 생활 규범을 제시하면서도 구원과 내세를 약속하지 않아 생활 철학으로 머물게 되었으나 높은 가르침에는 틀림이 없고 『천도』의 공정함을 믿는다면 "뿌린대로 거두려는" 올곧은 종교(믿음)로 볼 수도 있겠지요.

중국 문물과 함께 유(유교), 불(불교), 선(도교) 사상을 받아 들여 고려때는 불교를 국교로 할 만큼 깊이 믿었고 조선조에는 유교를 국가 사회의 기본 이념으로 삼아 행실의 근본으로 지켜왔으며 도교는 민간 신앙과 결합하여 신비주의 믿음으로 전해오고 있습니다.

근세에 이르러 서양 문물과 함께 천주교와 기독교를 받아들여 널리 믿게 되었습니다. 다행히 우리나라에서는 종교간 극한 대립의 모습은 찾아볼수 없는데 뿌리 깊은 동양사상과 종교간에 균형이 이루어지는 듯 합니다.

종교의 참된 가치는 미약한 인간에게 흔들리지 않는 윤리의 틀을 정해주고 어떤 경우에도 희망을 잃지 않는 믿음과 안식을 주기 때문입니다. 종교를 떠나 그만한 올바름과 그만한 위안을 찾기 힘드니 많은 사람들이 자연스럽게 신앙을 갖게 됩니다.

역사에서 기록하는 사람의 견해가 반영되듯이 종교에서는 해석하는 사람의 견해가 반영되므로 무슨 종교를 믿든 훌륭한 스승(용한게 아니고 진정한)을 만나 올바로 깨우쳐야 합니다. 종교의 속성은 '따지기 전에 믿는 것'이라 하지만 언젠가 올바로 깨우치고 나서야 진정한 믿음으로 갈 수 있게 됩니다.

필자는 종교적 수양은 깊지 못해 더 이상의 말은 줄이기로 하고 각자의 금쪽같은 신앙을 통해 '높은 가르침'을 깨우쳐 마음의 기둥으로 삼기를 기원합니다.

04 죽음과 내세(來世)

내세

종교는 내세를 전제로 하는데 일반인의 시각으로는 내세에 관해 긍정과 부정의 시각이 엇갈릴 수 있으나 허무하고 짧은 인생에 내세를 부정하고 나면 짧은 인생을 더욱 확실히 짧게 하고, 허무한 인생을 더욱 허무하게 하니 일단은 좀 늘려놓고 보는 게 어떨까요?

죽고 나면 몸은 분해되어 자연으로 돌아가는 건 분명히 알 수 있는데 마음(영혼)은 살아남을 것인지 그저 소멸할 것인지는 생각에 따라 달라질 수 있습니다.

남겨 전해줄 만한 '혼'과 '기'가 있다면 살아남을 것이고 그러한 '혼'과 '기'가 없다면 저절로 미약해 진다고 볼 수 있겠지요. 민족의 '혼' 정도는 모두가 인정하는 것처럼 사람마다 자신의 '혼'과 '기'는 살아남는다고 생각해 두기로 하지요.

죽으면 몸은 땅속에서 썩어 없어진다 해도 마음만은 하늘로 날아 천국을 누리든, 새로운 몸을 빌려 환생을 하든 그저 없어지지는 않는다고 믿는 게 그나마 희망적일 테니까요.

내세의 활동을 전설로 남긴 사람들도 있습니다.

신라 때 왜구의 침입을 막기에 골몰하였던 문무왕은 죽어서 동해를 지키는 해룡이 되고 삼국통일을 이룬 김유신은 죽어서 나라를 지키는 천신이 되어 둘이서 뜻을 모아 신라에 어려움이 생기면 불어주는 만파식적(萬波息笛: 만가지 파란을 그치게 하는 피리)을 만들어 보냈답니다.

우리(대한민국)에게도 살아서 나라와 민족에 헌신하고 그 『혼』을 살려 『만파식적』을 내려줄 『영웅』을 기다려 봅니다.

죽음

내세에 관한 생각에 앞서 죽음에 대한 인식이 먼저입니다.

인간의 불완전함 중에 가장 서글픈 것은 누구도 영생할 수 없고 죽음을 맞이하게 된다는 사실입니다. 죽음에 대하여 생각해야 될 이유는 죽음의 철학적 의미보다도 죽음을 인식하고 바람직한 삶을 찾기 위해서입니다.

죽음의 고비를 겪어본 사람들이 인생의 유한함을 절실히 깨닫고 나서 완전히 다른 새사람이 되어 새로운 인생을 살아가는 모습을 보여주는 경우가 많이 있습니다. 죽음에 대해 절실하게 인식하는 것이 사람을 진정으로 철들게 하는 것이지요.

친구 부모님들의 부음(돌아가신 소식)이 뜸해지고 친구들의 부음(돌아간 소식)이 잦아 질 나이가 되면 둔한 사람도 깨닫게 마련이지만 그 나이가 되기 전에 미리 헤아려 깨달으면 제때 철드는 것이지요.

죽음에 대하여 따로 준비할 일이 있는 게 아니라 의미 있고 후회 없는 인생을 살아가는 것이 제대로 된 준비입니다. 죽음을 미리 인식하고 자기의 생이 그런 대로 의미 있고 보람되게 느낄 수 있도록 준비해 두면 막상 때가 올 때 마음 편히 의연하게 맞이할 수 있게 되겠지요. 죽음을 진정으로 인식한다면 자질구레한 불만과 모자람에 초연해질 수도 있고 어차피 모두 내려놓고 떠날 것이니 '나눔'을 생각하는 동기가 생길 수도 있습니다.

  죽음이 필연인 것은 안타까운 일이지만 젊음과 건강을 그대로 유지할 수 없고 어차피 늙고 병드는 것을 피할 수 없다면 죽음이 어떤 면에서는 다행스러운 것일 수도 있습니다.
  죽음은 모든 부귀영화와 영원히 이별하는 아쉬움이 있는 반면 모든 병고와 고통에서 해방되는 다행스러움이 있으니 빈손으로 태어날 때처럼 모든 사람들을 다시 한 번 공평하게 만들어 줍니다.
  내세를 부정하면 죽음은 종점이 될 수밖에 없으나 내세를 인정하면 죽음은 새로운 세상을 여는 경계선이 됩니다.
  한때는 구름이었던 물을 보고 한때는 물이었던 구름을 보세요.
  형태는 달라도 그 본질은 하나이며 모습을 바꿔 순환하는 것이 자연의 신비이고 인간에게도 어떤 암시를 주는 듯합니다.

05 천도(선악에 따른 응보)

　천도는 특정 종교의 시각이 아니고 동양 문명에서 사람의 선악에 따라 응보가 이루어진다고 하는 하늘의 섭리를 말합니다. 천도가 각자의 선악에 따라 길흉화복을 합당하게 시행하는지에 대해서는 의문의 시각도 많기는 합니다.

　선의 열매가 여물기 전에는 착한 일을 하는 사람이 복을 받지 못할 수도 있고, 악의 열매가 여물기 전에는 악한 일을 하는 사람이 화를 받지 않을 수도 있으니, 우리의 눈에는 천도의 시행이 의심스러울 수도 있게 됩니다. 그러나 하늘에는 반드시 응보가 있어 가까이는 자신에게 있고 멀리는 자손에게 있다 하였으니 우리는 다만 자신의 도리를 떳떳이 다하고 나서 편한 마음으로 천도의 시행을 하늘의 몫으로 맡겨둘 수밖에 없습니다.

　"하늘의 '그물'은 넓고 넓어서 성글지만(촘촘하지 않지만) 빠트리는 법이 없다" 하였으니 믿고 기다려 봐야죠. 천도가 화와 복을 내려주기 이전에 스스로의 마음 편함과 떳떳지 못함의 교차가 먼저 찾아오게 되지요.

　불가에서는 『업보』라는 표현을 쓰는데 『업보』의 '보(報)'가 『갚을 보』, 『응답할 보』이므로 반드시 응답이 있고, 대가를 치르고 받게 된다는 것은 명확히 하지만 전생, 내생을 포함하므로 전생의 업보를 갚는 것인지 새로운 업보를 쌓는것인지는 알수 없는 일이지요.

　옛날에는 자연재해와 전염성 질병에 속수무책이었고 인간끼리의 흉폭한 살상이 빈번하여 천도에 역행하는 재앙이 흔했던게 사실입니다. 물론 현세에도 전쟁이나 내란, 폭정이 있는 지역에서는 『천도』를 따지기가 허망한 것이겠지요. 안정되고 진화한 사회일수록 천도의 시행도 공정해지는 건 틀림없습니다.

　천도는 내세를 약속하지 않으니 이승에서 확인할 수 있는 매력도 있습니다. 내세를 말하지 않으니 늦게 여무는 열매는 본인이 거두지 못하면 자손이 거둔다고 한 것이지요. 우리는 그저 이승을 천국처럼 느끼며 살아가면 되겠습니다. 스스로 내세를 부정하지 않는다면 이승에서 여물지 못한 선악의 열매를 내세에 거두게 될 수도 있겠지요.

10장

나눔

01 나눔의 중요성

02 나눔의 실천

03 아름다운 만년

04 인생은 나눔으로 완성

나눔

사람은 본시 사람과의 관계 속에서 살아가므로 누군가로부터 도움을 받고 누군가에게 도움을 주면서 사회적 동물로 살아갑니다.

인생의 초년기에는 일방적으로 받는 것에서 시작하여 중간에는 주고받으며 살아왔다면 언젠가는 나눠주는 일을 생각해야 합니다. 나눔은 받는 사람뿐 아니라 주는 사람도 더 크게 행복하게 합니다.

세상에 태어나서 세상을 조금이라도 더 살기 좋은 곳으로 만들 수 있다면, 어떤 한 사람이라도 더 행복하게 해줄 수 있다면 인생의 보람이라 할 수 있겠지요.

세상에 대한 관심과 애정이 먼저 자신을 행복하게 하고 세상까지 더불어 행복하게 만들어 주는 것이지요.

조물주가 당신을 소중한 인물로 태어나게 한 것은 당신의 나눔으로 세상의 밝은 빛이 되게 하려는 뜻이었습니다.
당신 스스로도 세상을 널리 이롭게 하려는 꿈을 가져 왔으니, 나눔은 꿈의 실현이며 인생의 완성이라 할 수 있습니다.

01 나눔의 중요성

사람은 혼자서는 행복해질 능력도 없고 찾아온 행복을 혼자 즐길 방법도 없습니다. 누군가와 나누지 않고는 행복할 수 없는 것이죠.

근본이 이런데도 사람들은 물질 앞에서는 여지없이 욕심을 드러냅니다. 원시의 사냥꾼은 그날 잡은 먹이로 다음의 사냥 성공 때까지 버텨야 하니 누구를 생각하고 배려할 여유는 없었겠지요.

그러나 요즘은 보관기술이 발달하여 일 년을 먹고도 남을 먹거리가 있고, 통장에 쌓인 재산은 삼대를 거저먹어도 남을 만한데도 마음은 더 가난해져서 배고픈 짐승처럼 눈을 번득입니다. 수십만 년 길들여진 본능이니 아직도 지워지지 않고 남아있나 봅니다.

하늘은 한 부자를 내어 백 사람을 구제할 뜻이었는데 사람이 그 뜻을 모르고 오히려 백 사람의 마음을 서글프게 합니다. 원시 때 길러진 독식의 본능이 우리 마음을 짜게 만들었나 봅니다.

세상의 모든 움직이는 것들은 Flow(흐름)와 Stock(정지량)의 개념으로 파악할 수 있습니다. 호수로 따지면 고인 물은 'Stock'이고 들어오고 나가는 것이 'flow'입니다.

호수의 존재 가치는 고인물의 많고 적음이 아니라 들어오고 나가는 물의 순환에 의미가 있습니다. 호수에 출구가 없으면 그게 바로 사해(죽은 바다)가 되는 겁니다. 사해의 물은 '짠물'이고 베풀 줄 모르는 욕심쟁이를 '짠놈'이라고 합니다.

사해의 물은 짠물이라 생명을 살릴 수 없으니 많으면 뭐하고 적으면 뭐하겠으며, 부자의 돈이 짠돈이라 옆 사람을 살필 수 없으면, 많으면 뭐하고 적으면 뭐하겠습니까?

세상 만물의 아름다움은 끊임없이 순환하기 때문이며 당신이 가진 것이 세상에 의미 있는 게 되려면 나눔에 쓰여야 하고 당신 자신도 나눔을 생각하고 나서야 의미 있는 존재가 됩니다.

김수환 추기경은 "인생에서 가장 힘들고 긴 여행은 머리에서 가슴으로 가는 30cm 여행"이라고 말하였습니다. 자기 자신만 생각하는 머리에서 남을 생각하는 가슴으로의 여행을 뜻한 겁니다. 남을 생각하는 일은 일단 마음만 먹으면 걸림돌 없이 이뤄집니다.

기적이란 상식을 뛰어넘는 신기한 현상으로 생각하지만, 내 것에 대한 집착을 내려놓고 다른 사람과 같이 하겠다는 마음의 문을 열면 진정한 기적이 나타납니다.

남을 돕겠다는 큰 뜻은 그 안에서 엄청난 에너지를 이끌어 내어 기적을 이뤄냅니다. 의로운 일에는 따르는 자가 있다 하였으니 그것이 기적의 발단인 듯싶습니다.

'나눔'을 시작한다고 당신은 아무것도 갖지 말라는 뜻이 아니라 가진 것에 지나친 집착을 버리라는 뜻입니다. 신이 사람에게 오른손과 왼손을 주었으니 한 손으로는 당신 자신을 살피고 나머지 한 손으로 다른 사람을 살피면 되는 것입니다.

남겨줄 자식이 걱정스러울 수 있지만 그 자식들 측에서도 자기 몫이 조금 줄어도 부모의 아름다운 모습을 남겨주는 게 더 큰 보람으로 받아들일 수 있습니다. 마음을 열면 당신에게 오히려 득이 되는 일들도 많습니다.

금고를 못열게 단단한 자물쇠만 궁리하는 사람은 금고를 통째로 가져가는 도둑을 돕는다 하는데 그런 어리석음을 벗어나게 합니다. 당신의 재물을 가장 안전하게 숨기는 방법은 '나눔' 속에 숨기는 것입니다. 아무도 훔쳐갈 수 없고 당신이 떠난 뒤에도 사람들 마음속에 살아 있으며 그 재물이 다 쓰여지고 나서도 기억되기 때문이지요.

재물이란 어차피 당신의 몸 밖에 있는 것이라 살아서도 몸 안에 지닐 수 없고 죽어서도 가져가지 못하니 빈손으로 온 것처럼 빈손으로 가기 마련입니다. 사람들이 이 사실을 믿지 않을까봐 알렉산더 대왕이 확인해준 일이 있습니다.

세상의 모든 명예와 권력과 부를 한 손에 쥐었던 알렉산더대왕이 죽기 전에 "내가 죽으면 관에 두 개의 구멍을 뚫어 내 두 손을 내밀어 놓고 삼 일 동안 사람들이 많이 다니는 시내를 돌도록 하라. 나도 죽어서 빈손으로 간다는 것을 똑똑히 알리려는 것이다" 하였고 실제로 유언대로 시행하였답니다. 세상을 움켜쥐려고 주먹을 꽉 잡으면 손안엔 아무것도 없고 손을 펼치면 그 안에 세상이 모두 들어가기 마련입니다.

천당과 지옥의 차이가 무엇일까요?

한 사람이 저승사자의 실수로 붙들려가서 천당, 지옥을 다 구경하고 돌아왔는데 그 사람이 본 천당과 지옥의 차이는 젓가락의 길이 차이랍니다. 양쪽 다 둥근 테이블에 모여 식사를 하는데 지옥에는 젓가락이 짧아서 여럿이 음식으로 모이다 보니 몸과 머리가 부딪혀 아무도 제대로 먹을 수가 없는데 천당에는 젓가락이 길어서 멀리 떨어져 앉아 음식을 집어 반대편 사람에게 서로 먹여 주더라네요. 서로 배려하고 나누면 과하고 부족함은 그리 문제가 되지 않습니다.

허무한 인생이지만 사람은 누구나 자신의 흔적을 남기고자 합니다. 자신의 흔적을 남기는 수단에는 수신으로 덕행을 쌓는 것, 큰일을 맡아 공적을 이루는 것, 자신의 행적과 생각을 글로 표현하여 남겨두는 것이 있습니다. 이 중의 으뜸이 덕행을 쌓는 일인데 나눔은 덕행의 핵심입니다.

02 나눔의 실천

　가지고 있는 것부터, 가까운 곳부터 나누세요. '나눔'은 하고자 하는 마음이 중요하고 크고 작음이나 방법의 미숙함은 문제되지 않습니다.

　월왕 구천이 오나라를 치러 강을 건너갈 때 어떤 백성이 술 한 통을 바치자 그 술을 강의 상류에 붓게 하고 병사들과 함께 강물을 마셨답니다. 병사들은 왕의 '나눔'에 감동하여 목숨을 걸고 싸워 이기게 됩니다.

　나눔은 그 나누고자 하는 것이 크냐 값나가느냐가 문제되지 않고 나누는 사람의 마음이 값진 것이니 도움을 베풀 수 있다면 상대가 누구든 지금 당장 가까운 곳에서 시작하면 됩니다. 의로운 행동에는 방법이나 결과를 가지고 잘잘못을 얘기하지 않습니다.

　교황 레오 13세는 "이 세상에 남의 도움이 전혀 필요치 않을 만큼 부유한 사람도 없고 남을 전혀 도울 수 없을 만큼 가난한 사람도 없다" 하였습니다. 빈부 차이를 떠나 어느 누구도 혼자서는 인생을 꾸려갈 수 없고 누군가의 도움과 사랑 없이는 살아남을 수 없게 되어 있답니다.

　조물주가 인간을 만들 때 자기 스스로의 힘만으로 살 수 있으면 각자 떨어져 살게 될까봐 반드시 다른 사람의 보살핌이 필요하고 남들을 보살필 줄 아는 마음도 심어 놓았다네요.

'나눔'이라고 하면 모든 사람들이 '재물'을 떠올리고 자기가 쓰고 남을 만큼 '넉넉한 재물'이 있어야 시작할 수 있는 일로 생각하므로 대부분의 사람들이 나눔은 자신의 분수에 어울리지 않는 일로 접어두고 살아가기 쉽습니다.

어떤 사람이 부처님께 "나는 가진 게 없으니 남들에게 베풀 수가 없다." 하자 "아무것도 없는 사람도 마음만 먹으면 얼마든지 남에게 좋은 걸 베풀 수 있다. 웃는 얼굴을 보여주는 것[화안시和顔施], 격려하는 말을 해주는 것[언시言施], 마음의 문을 열어 주는 것[심시心施], 선의의 눈빛을 보내주는 것[안시眼施], 행동으로 도와주는 것[신시身施], 남에게 양보하는 것[좌시座施]가 그것이다" 하셨답니다.

재물로만 생각하면 나눔은 당신 몫을 줄어들게 하지만 당신 몫을 줄이지 않는 나눔이 얼마든지 있습니다. 한 개의 촛불로 백 개의 초에 불을 붙여줘도 초 자신은 전혀 줄어들지 않는 것과 같습니다. 이런 게 촛불의 매력이고 무서운 힘이 되어서 촛불이 세상을 바꿔놓는 것을 우리의 역사에서 체험한 적도 있습니다.

재물이 없으면 재능을 나누면 되고 맑은 영혼을 나누면 됩니다. 우선은 당신 주변의 가까운 사람들부터 힘들이지 않고 도와줄 일이 무엇인가를 궁리해보세요. 가장 자연스러운 나눔은 직업(직분)을 통해 누군가에게 도움을 주려는 마음가짐입니다. 나눔의 실현에 편한 직업과 직무가 있기도 하지만 어떤 직업과 직무에도 누군가를 도울 수 있습니다. 분업의 세상은 만인을 향한 투쟁이 아니라 만인이 서로 돕는 세상입니다. 나눔은 일단 마음만 먹으면 좋은 방법들이 많이 있습니다. UN의 산하기구인 UNICEF에서 세계의 아동과 교육을 위한 출연기금 등을 시행하고 있는 것이 좋은 예입니다. 가까운 지자체나 봉사단체와 상의하는 것도 좋습니다.

아무리 솔깃해도 다른 생각으로 가득 찬 사이비 집단 사람들에게 맡기지는 마세요. 오해의 소지가 있으니 유머임을 먼저 말씀드리고 그런 사람들이 헌금 쓰는 방법을 들어볼까요?

맨 먼저 신부님께 헌금을 어떻게 쓰느냐 물었더니 "땅에 원을 그리고 나서 헌금 받은 돈을 하늘에 던져서 원안에 떨어진 것은 하느님을 위해 쓰고 원 밖으로 나간 것은 본인을 위해 쓴다." 하기에 스님에게 똑같이 물었더니 "비슷합니다. 원안에 떨어진 것을 내가 쓰고 밖으로 나간 것은 부처님을 위해 쓴다." 하였고, 목사님에게 물으니 "돈을 하늘로 던져 하느님이 챙긴 것은 하느님이 쓰고 땅에 떨어진 것은 제가 씁니다." 하더라네요. 종교인을 몰아서 비방하는 게 아니라 종교의 탈을 쓴 사이비 집단을 경계하는 말입니다.

유머가 아니라 실화를 말하려니 마음이 씁쓸해지는데 일부 사회봉사 단체에서 기금을 부당하고 방만하게 운영해 출연자의 정성을 짓밟는 사례는 진정 서글픈 모습이지요. 이들은 선의 가면을 쓰고 돈을 탐내면서 명성까지 넘보니 우리가 반드시 솎아내야 할 『공공의 적』이라 할 수 있겠지요.

기부하는 돈이 적으면 자선단체를 통하게 되지만 돈이 커지면 원하는 일에 직접 출연하여 더 멋진 일들도 만들 수 있습니다. 어떻게든 좋은 나눔을 궁리해야 하고 부자가 죽을 때까지 부자로 남는 것은 불명예스러운 일이랍니다.

나눔 중에 이런 것도 멋지구나 하는 게 있습니다.

가보로 물려받은 미술품이나 골동품은 혼자 보기에는 아깝고 팔아 치우기도 쑥스러우니 지역 미술관에 기증하면 여럿이 보아서 좋고 선조의 얼굴도 살려드리니 일석이조 아닐까요?

가까운 분들에게 정성 깃든 선물을 전하는 것도 훌륭한 나눔이라 할 수 있습니다. 선물은 자기가 좋아하는 것이 아니라 상대가 좋아하는 것으로 고르는 게 마음의 배려를 느끼게 해줍니다. 비싸지 않으면서도 보내준 사람을 잘 기억나게 하는 것은 꽃묘(꽃씨)나 책이 아닐까 합니다. 그 꽃이 피어날 때마다, 그 책을 펼칠 때마다 보내준 사람을 생각하게 해 주기 때문이죠. 해가 지지 않는 나라는 만들기 힘들겠지만 책을 읽느라 불이 꺼지지 않는 나라, 꽃이 지지 않는 나라는 만들 수 있겠네요.

나눔은 받는 사람보다 주는 사람을 더 크게 기쁘게하고 활기차게 해줍니다. 믿어지지 않으면 "한번 해보세요."

세상을 이롭게 하겠다는 당신의 꿈을 이루는 일이니 나눔을 계획하고, 준비하고, 실행하는 단계마다 기쁨을 느끼게 됩니다.

나눔의 실천에서 가장 중요한 것은 취약 계층에 대한 사회 구성원의 공동 관심과 제도적 합의를 이끌어 내는 것입니다. 우리의 현실은 사회보장 제도가 너무나 취약한 탓에 그야말로 '불행에 포위된 행복'의 모습인데 그러한 행복은 즐거울 수도 없고 지켜질 수도 없지요.

'나눔'에는 긍정하다가도 '공정한 분배'라고 말하면 많은 사람들이 고개를 가로젓는 게 현실인데 공정한 분배 없이 '불행에 포위된 행복'을 벗어날 길은 없습니다. 작은 나눔으로 생색을 내면서 지속적인 의무를 외면하려 한다면 우리의 미래는 밝아질 수 없는 것이지요.

성장에만 몰두하여 온 그간의 사정은 이해한다 치고 더 이상 그대로 끌고갈 수 없는 문제인데 정권에만 맡겨두면 그들은 유권자의 부담을 늘리는 일에는 머뭇거릴 수밖에 없으니 시민의 공감이 먼저 모아져 함께 이끌어가야 합니다.

어차피 필요한 사회적 비용이니 『기부』에 대해 파격적인 세제 혜택을 주어 기업이 자긍심을 갖고 적극 참여해서 그 재원으로 사회적 비용을 충당하면 여력있는 업체의 자발적 참여이므로 저항감도 없겠고 재정의 압박도 줄일 수 있을 것으로 생각해 봅니다. 다만 확보된 재원이 국가 예산처럼 정당하고 투명하게 관리되어야 하겠죠.

에베레스트산 주변의 네팔, 티벳 사람들은 방문객이나 명절 때 자녀들에게 "언제 어디서나 늘 존중받고 보호받으시길~"이라고 덕담을 주고 받습니다.

그들은 척박한 환경에서도 세계에서 가장 높은 『행복지수』를 느끼며 살아가는데, 덕담의 정신이 작용하는 듯 합니다.

우리는 그들처럼 공통의 신앙이 없으니 신에게 부탁하지 말고 서로가 존중하고 보호해주는 마음가짐으로 살면 훌륭한 나눔의 정신이 될 것 같습니다.

03 아름다운 만년

통상 은퇴 후의 시기를 만년이라 할 수 있는데 장수하는 세상이 되니 삼십 년이 넘는 기간이라서 덤으로 그럭저럭 살아가기에는 너무 아까운 세월이고 의미 있는 '매듭'을 위해 만년의 과제를 생각하게 됩니다.

만년기에 누구나 바라는 것은 건강하게, 즐겁게, 보람 있게 사는 것인데 인생 전 과정의 과제도 내내 똑같은 것이지만 총정리 시간이니 더욱 의미가 각별해지고 그래서 인생철학자(?)들도 만년 팔자가 가장 중요하다고 말합니다.

첫째. 나이를 떠나 건강과 열정을 지켜나가세요.

나이가 사람을 늙게 하는 게 아니라 열정의 소멸이 사람을 늙게 합니다. 나이 들면서 특별한 지병이 없어도 몸의 활력은 줄어들고 불편한 구석이 생길 수 있지만 한창 때 자만심은 싹 털어버리고 이제는 달래고 위해주면서 부려야 합니다.

젊어서 달리며 살아 왔으니 좀 쉬면서 살펴볼 권리도 있으니 쫓기지 말고 여유롭게 움직이세요. 몸이 약해질수록 마음의 젊음은 더욱 굳건히 해야 치매 같은 마음의 병도 물리칠 수 있고 영혼은 어쩌면 죽은 후에도 써먹게 될 테니 더욱 소중하게 간직해야겠네요. 때는 늙어가나 매일 찾아오는 아침은 젊습니다.

몸은 움직일수록 단단해지고 마음은 써먹을수록 맑아진다네요.

태공망(강태공)은 전(前)80에 유유자적하다가 80세때 주 문왕을 만나 후(後)80에 천하의 대업을 이루었으니 웬만한 나이 때문에 주눅들거나 열정을 접어서는 안됩니다.

둘째, 즐거움을 위한 일거리를 꼭 가지세요.

당사자들의 마음으로는 한창 일할 만할 때 은퇴를 맞게 되므로 은퇴가 퇴출이 아니라 자신의 진정한 삶을 위한 새로운 일을 시작하는 계기로 삼아야 합니다. 젊어서의 일이 가족을 위한 의무였다면 만년의 일은 자신과 세상을 위한 즐거운 권리로 누리세요. 만년의 일거리를 직업으로 생각하면 압박감에 무리가 따를 수가 있으니 미리 명확한 태도를 정해두세요.

일거리가 없어서 '남는 게 시간뿐'이 되면 처량한 모습이니 새로운 걸 배우거나 자기에 맞는 취미생활을 찾아야 하고, 그러다 보면 거기서 새로운 일거리가 나타날 수도 있겠지요. 괜찮은 일자리가 있는데 문이 안 열릴 때 마크 트웨인이 알려준 방법을 써보는 건 어떨까요?

"나는 일거리를 찾고 싶을 뿐이지 보수에는 전혀 관심이 없다"고 말하고, 일이 주어지고 나면 충분히 보수를 주어도 아깝지 않을 만큼 멋진 성과를 올려줘 보세요. 젊은이들도 꼭 해보고 싶은 일자리가 있을 때는 써먹어 볼 만한 방법입니다.

셋째, 보람 있고 후회 없는 인생의 매듭입니다.

인생의 보람은 세상에 내세울 수 있는 거창한 공적을 말하는 게 아니라 스스로 느끼는 소박한 보람입니다. 그저 큰 죄 지은 것 없고("인생을 낭비한 죄" 정도는 제껴두고) 누구한테 못된 짓 한 것 없이 열심히 살아온 것을 위안으로 삼는 것이지요.

자연은 하루를 황혼으로 아름답게 마무리 하는데 인생의 마무리는 병고에 시달리며 측은하고 추하게까지 될 수 있으니 마음의 향기(FRAGRANCE)로 덮어쓰기 하세요.

나이 들고나면 자신의 행복한 삶은 접어두고 자손들의 행복만 생각하기 쉬운데 자신의 행복을 돌보는 것이 자손들에게도 마음 편하게 합니다.

자신의 행복을 먼저 챙겨 보면서 자손과 주변을 살펴보세요.

곁에 있는 사람들에게 끊임없이 관심과 애정을 베풀고 세상에 대한 나눔에 눈을 뜨는 것이 가장 아름다운 매듭입니다.

물려줄 재산이 있으면 자녀들이 절실히 필요로 할 때 미리 도와주세요. 증여세를 걱정할 수 있지만 증여의 면세 범위도 있고 부동산은 어차피 신고해야 되지만 현금은 아주 큰 금액이 아니면 문제없이 패싱(passing) 하는 경우가 많습니다.

가지고 있어야 대우받는다는 생각은 나름의 전략이지만 으뜸으로 친한 사이에 「전략」은 하책(下策)에 불과합니다. 때로는 부모가 거(去) 하기를 바라는 씁쓸한 모습도 보이고 정신이 혼미해지고 나면 누군가 술수를 부릴지도 모르며 거(去) 한 후 다툼의 소지가 있으니 미리 명확하게 해두세요.

이제까지 생각만 해오던 일이라면 이제는 더 미룰 시간도 없으니 사랑으로 태어난 인생을 사랑으로 매듭지으세요.

나이 든 사람이 젊은이보다 유리한 점은 못된 짓을 저지를 시간이 얼마 남지 않았다는 거라고 하는데, 아쉬운 건 좋은 일을 할 수 있는 시간 역시 얼마 남지 않았다는 것이죠.

젊어서의 실패는 바로잡을 장래가 있지만 만년기의 실패는 인생의 실패인데 실패한 인생을 바로잡을 또 다른 인생은 없으니까요.

04 인생은 나눔으로 완성

 진정한 행복은 나눔으로 시작되고 완성됩니다.
 향기로운 차도 마음 맞는 사람과 마셔야 기분이 좋고 즐거운 경사도 같이 즐겨줄 사람이 있어야 빛이 납니다. 하늘이 사람에게 현명하고 성스러운 재능을 내려준 것은 그것이 부족한 사람들을 보충해 주라는 뜻이랍니다.
 태공망도 천하의 이로움을 함께하는 자는 천하를 얻고, 천하의 이로움을 독차지하는 자는 천하를 잃는다 하였습니다. 꼭 천하를 운운할 것까지도 없겠고, 혼자만의 그저 그런 삶에서 세상과 같이 하는 의미를 찾으려면 나눔이 출발입니다.

 나눔을 행하면서 보답을 받으려 하지는 마세요.
 나눔의 동기가 감사와 보답으로 시작된 것인데 보답한 일에 다시 보답을 바랄 수는 없는 일이지요. 나눔을 '베풀어 주는 것'으로 내세우면 받는 쪽에서는 고맙기보다 오히려 불편해집니다.
 나눔을 봉사(奉仕)라는 말로 표현하는데 봉사는 '받들고[奉] 섬긴다[仕]'는 뜻이므로 자기보다 못한 사람에게 베푼다고 생각한다면 한참 잘못된 것이지요. 불우이웃 이라는 말도 쓰는데 뭐가 잘못된 사람이 아니라 『아직 때를 만나지 못한』 사람이니 존중의 마음을 갖추고 대해야 합니다.

나눔을 행하면서 밖으로 드러내려 하지도 마세요.
명성을 얻고자 하면 남의 입에 오르내리게 됩니다.
명성의 옆집에는 시샘과 시기가 살고 있기 때문입니다.
정보의 홍수 시대이니 가만히 있어도 알려지게 마련인데 스스로 티를 내고자 하면 옥에 티가 될 뿐입니다.
세상을 살다보면 후회할 때가 많습니다.
젊어서는 "내가 왜 더 열심히 공부하지 않았을까?" 후회하고, 중년에는 "내가 왜 더 열심히 일하지 않았을까?", "그때 왜 그런 선택을 했을까?" 후회를 합니다. 사람마다 다른 후회가 있겠으나
죽음을 앞두고 나면 모두가 "내가 왜 좀 더 베풀지 못했을까?"
"내가 왜 좀 더 배려하지 못했을까?"
"내가 왜 좀 더 그 사람을 행복하게 해주지 못했을까?" 후회합니다.
모든 사람들이 나눔에 부족했음을 후회하는 것입니다.
미국의 911 테러와 한국의 세월호 참사 때 모든 사람들의 마지막 말은 "사랑해, 미안해, 고마워"였다고 하니 인생의 요점을 깨우치게 합니다.
또 하나 내면의 후회는 매 순간의 소중함을 깨우치지 못해 인생을 즐겁게 보람을 느끼며 살아오지 못한 안타까움이죠.

나눔을 망설이게 되는 이유는 가진 것이 애써 얻어낸 것이다 보니 영원히 혼자 간직해보려는 욕심 때문인데 애써 얻어낸 것이긴 하지만 사업의 수익

이든 재테크의 수익이든 자기 혼자 만든 게 아니라 세상의 도움으로 이루어진 것이니 그렇게 생각하고 나면 보답의 도리로 나눔이 자연스러워 질 수도 있겠지요. "권력을 나누면 평화가 오고, 이익을 나누면 신뢰가 오고, 재물과 재능을 나누면 보람과 존경이 옵니다"

남들과 뜻을 같이하고 나눔을 실천하며 살려면 상대에 대한 깊은 관심과 애정을 가져야 합니다.

영화 〈로마의 휴일〉, 〈전쟁과 평화〉, 〈티파니에서 아침을〉 등의 주연배우로 잘 알려진 오드리 헵번은 유니세프 친선 대사로 활동하면서 만년기에 암으로 투병하면서도 세상에 대한 나눔에 열정을 쏟아 기부의 천사로 알려졌습니다.

그가 임종을 얼마 앞두고 가족들에게 다음과 같은 시를 읽어준 적이 있습니다.

매력 있는 입술을 가지고 싶으면 친절한 말을 하세요.
아름다운 눈을 가지고 싶으면 상대의 좋은 점을 보세요.
날씬한 몸매를 원하면 당신의 음식을 배고픈 사람에게 나누세요.
- 중략 -
당신의 손이 두 개인 걸 깨닫고 나면
한 손은 당신을 위해 쓰고
다른 한 손은 다른 사람을 위해 쓰세요

이 시는 시의 작가를 떠나 이 시를 읽어준 기부천사의 이름으로 더 많이 기억되고 있습니다.

저의 선친(이오남 님)께서 종종 말씀하셔서 기억이 생생한데 "인장지덕 목장지폐(人長之德 木長之弊)"라는 말이 있습니다. "큰 나무는 그늘을 만들어 작은 나무에게 폐가 되지만 큰 사람의 그늘은 다른 사람에게 덕이 된다"는 말입니다. 당신이 지시하고 명령할 수 있는 범위가 아니라 당신이 보살피고 그들이 당신을 찾아들 수 있는 범위가 당신의 그늘입니다.

당신께서 어느 시절에 큰 사람의 그늘을 경험했다면 언젠가는 스스로 큰 사람의 그늘을 만들어 보세요. 젊어서는 큰 사람의 그늘을 제대로 활용할 줄 알아야 되겠고 나중에는 큰 그늘을 제대로 만들 줄 알아야 됩니다.

나눔의 동기에 배경과 의도가 깔려있었다 해도 그것 때문에 나눔의 가치가 흔들리지는 않습니다. 석유재벌 록펠러가 사회적 물의에 휩싸여 록펠러 재단을 설립하였고 마이크로소프트사의 빌 게이츠가 독과점의 지탄을 받을 때 빌 게이츠는 재단을 설립하였는데 아무도 그 동기를 문제 삼지는 않았습니다. 나눔의 가치가 동기를 넘어서기 때문입니다.

모든 것이 발전하고 편리해져서 "세상 참 좋아졌다"는 말을 흔히 쓰는데 좋은 세상 누리고 살아온 보답으로라도 세상에 무언가는 남기고 갈 생각을 해볼 만하지요.

누구에겐가 인생의 올바른 방향을 깨우쳐주고 덜 힘들게 소망을 이룰 수 있도록 도와줄 수 있다면~

절실한 어려움을 조금이라도 줄여줄 수 있다면, 으뜸의 공덕입니다.

세상에 가장 값진 당신이 후덕(厚德)으로 높여지시길 빕니다.

초목은 꽃을 피워 향기롭고 사람은 덕을 쌓아 높여집니다.

덕을 쌓아 높여지고 하늘에 통하는 계단으로 삼으세요.

좋은 일에는 따르는 사람이 있기 마련이니 당신의 덕행이 만인의 모범이 됩니다.

세종 때 훈민정음을 백성들에게 쉽게 가르치기 위해 〈용비어천가〉, 〈월인천강지곡〉, 〈석보상절〉 등의 시곡(詩曲)에 한자와 한글을 같이 적어서 널리 알렸는데 '월인천강(月印千江)'은 '하나의 달이 떠올라 천 개의 강물에 눈 도장을 찍어 반짝이게 한다'는 뜻입니다.

'당신께서 하나의 달이 되어 떠올라 만 리의 세상을 밝혀주세요.'

부록

같이 생각해 볼 과제

01 독립기념관의 명칭

02 화학식의 표현

03 세기(Century)의 표현

04 무분별한 신조어에 대해

같이 생각해 볼 과제

우리가 쓰는 말은 그 말을 만들 때 여러모로 생각하고 시작한 것이지만 때로는 검토가 미흡한 채 관행처럼 사용되는 경우도 있습니다.

오래전에 행정 서식 중 현재의 '도시계획 확인서'를 '도시계획 확인원'이라고 발급하고 있었는데 자세히 살펴보니 신청서에 '~와 같이 확인을 원합니다.' 라는 문구가 있어 '확인원'이라는 명칭을 쓰고 있었습니다.

민원인이 신청할 때는 확인원이라 해도 발급해 줄 때는 '확인서'가 맞다고 생각되어 당시 감사원 고위직에 근무하던 친구에게 행정감사 시 논의해 보라고 부탁하였고 그러한 과정 후에 변경되게 되었습니다. (비슷한 서식 명이 여러 종류임) 현실적 피해 여부를 떠나 흠결있는 표현은 시정되어야 마땅하고 말이 바로서지 못하는 것은 생각의 허물일 수 있으니 어물쩍 넘길 일이 아닙니다.

몇 가지 표현에 대해 같이 생각해보고자 제의합니다.

필자가 제안하지만 논의를 주관하여 매듭지을 수는 없는 사안이며 최종적으로는 문화관광부, 교육부, 과기부, 외무부, 재경부등 연관 부처의 검토와 판단까지 필요한 내용이지만 관련 학회나 사회단체, 우선은 독자분들의 관심과 검토를 부탁드립니다.

이에 관한 의견이나 본문내용에 대한 의견이 있으시면 fineljh@naver.com 으로 보내주시면 도움이 크겠습니다. 일일이 답변을 못 드려도 양해해 주시고 미리 감사 말씀 드립니다.

| 01 | 독립기념관 명칭에 관해 |

첫째 과제는 독립기념관의 명칭에 관해서입니다.

여기서 『독립』이란 표현은 일제의 침략으로 부터의 독립을 의미한 것인데 우리가 그때를 『독립』이라고 말하면 세계인의 시각으로는 우리가 주권없이 지내다가 그 때 최초로 독립한 것으로 받아들이지 않을까 염려됩니다.

삼국시대 이전은 논외로 한다고 쳐도 통일신라부터 1300년 넘게 한반도의 단일 주권국가였고 코리아라는 나라이름을 세계에 알리게 된 고려때부터만 따져도 천년이 넘고 조선조만 따져도 500년이 넘는 독립 주권국가였음을 스스로 무색하게 만드는 표현인 듯 합니다. 반만년 역사를 말하는 게 부끄러워지는 일이지요.

일제로 부터의 해방(광복)은 우리가 잊지 말아야 할 역사적 교훈이지만 그것에 스스로 속박당하는 표현은 생각해 볼 문제입니다.

독립투사들에 대한 존경과 감사는 더욱 각별히 하되 기념관의 호칭은 "민족 기념관" 혹은 "국가 기념관", "광복 기념관" 등으로 중지를 모아 검토해 보면 어떨까 합니다.

독립의 상대가 일본이라는 점에서 일제의 잔재 청산이라는 시각에서도 반드시 생각해 볼 문제입니다. 상대에게 과거의 허물을 지적하려면 우리의 옷깃을 먼저 가다듬어야 됩니다.

02 화학식 표현에 관해

둘째 과제는 전문성이 풍겨 일반인의 관심이 덜 할 듯 하지만 화학식의 이름표현에 관해서입니다.

NaCl을 서양인들은 순서대로 Sodium Cloride로 표현하는데 우리는 거꾸로 염화나트륨이라고 합니다. $NaHCO_3$는 탄산수소나트륨으로 표현하는데 길어질수록 난감해져서 똘똘한 사람도 화학식으로 받아쓰기도 어렵고 혼돈이 따르게 됩니다.

모든 학문 용어는 전달이 쉽고 혼돈이 없어야 하는데 지금까지 그래왔다고 그대로 두어야 할까요? 나트륨염화(혹은 나트륨염소)로 부르고 나트륨수소탄산으로 부르면 훨씬 나아지겠죠.

한 세대가 바뀔 기간정도만 겸용하거나 적절한 경과조치를 마련하면 잠시 번거로워도 후손들이 겪어야 할 고심과 혼돈을 줄여줄 수 있을 것 같네요.

화학 학계 분들은 달통해서 괜찮을지 몰라도 모든 국민이(특히 학생시절에) 어려움을 겪는 일이니 검토해 볼 만 합니다. 서양의 과학을 일본을 통해 받아들이면서 그들의 관행에 따른 듯하니 그런 잔재를 지워내는 측면도 있겠네요.

03 세기(Century)의 표현에 관해

셋째 과제는 세계인이 같이 생각할 문제입니다.

2020년을 21세기(Century)로 표현하는데 14세기, 17세기 하면 연도가 쉽게 떠오르지 않습니다. 세기의 표현을 처음 쓸 때 0(Zero)의 개념이 없었기 때문인데 0(Zero)세기 개념을 도입하여, 예수 탄생 년(0년)부터 99년까지는 0세기(창세기), 2000년부터 2099년까지는 20세기로 표현하면 년도의 백 단위까지의 숫자와 세기가 일치하게 되어 혼돈이 없고 이해가 쉬워집니다. 모든 말은 혼돈이 없고 이해가 쉬운 게 제일이죠.

신개념 세기에는 일정한 경과 기간까지는 20세기로 언더바를 표시하거나 다른 묘안을 찾을 수 있겠지요. 세계인이 후손 대대로 다 같이 겪을 혼돈을 우리 대에서 해결해 보자는 취지입니다. 우리가 뜻을 모아 제안하고 UN 혹은 로마클럽같은 기구에서 주관하게 해보면 될 듯합니다. 우리의 제안으로 이루어 질수 있다면 우리의 역사 문화 인식이 세계에 돋보이는 계기가 될 수 있을 것입니다.

04 무분별한 신조어에 대해

　우리의 선조들은 정신문화에 유달리 관심이 깊어 말(언어)을 제대로 다듬어 사용하는데 심혈을 기울여 왔습니다.
　경기도라는 지명을 만들 때 서울 경(京)에 텃밭 기(畿)를 써서 "서울의 텃밭"이라 한 것을 보면 조리에도 맞고 품격있는 표현에 숙연해집니다.
　핸드폰 보급과 누구에게나 알기 쉬운 한글 덕분에 모든 국민이 문자(文字)에 친숙해진 건 우리의 자랑이지만 단편적 생각으로 격에 맞지 않는 줄임말과 신조어, 때로는 비속한 말이 남발되는 건 생각해 볼 문제입니다.
　처음 듣는 표현으로 관심을 끌어보려는 심산이고 우리끼리 통하는 거니 무슨 문제냐고 하겠지만 『말』이란 번져나가는 속성이 있습니다. 퍼 나르는 사람이 있고 때로는 보도 매체까지 생각 없이 실어 우리의 언어생활에 혼란과 속취를 풍깁니다.
　예전 한문이 통용되던 시절에 문자(文字)를 쓰는 것이 식자층의 상징으로 여겨질 때 어설픈 사람들도 어설픈 문자(文字)로 끼어들어 비웃음을 사던 모습이 떠오릅니다.
　밥상에 지저분한 게 올라오면 질색을 하는데 말의 잔치에 그런 게 올라오면 별미인가요? 구미에 맞는 몇몇 때문에 공동의 밥상에 속취를 풍기게 하는 건 부끄러운 일입니다. 육신의 밥상만큼 마음의 밥상도 정갈하게 차려야 하고 고급으로 차려도 돈이 더 들 걱정도 없습니다.

　함부로 만들지 말고, 퍼 나르지 말고. 특히 보도매체에 신중한 태도를 당부드립니다. 공중도덕이 잘 지켜지면 긍지가 되고 무너지면 수치가 되듯이 언어문화에도 긍지를 지킬 수도 있고 수치로 얼룩질 수도 있게 됩니다. 표현의 자유에는 『표현의 품격』 의무가 따라야겠지요.

바로 찾는 **행복의 문**

초판　발행 2019년　1월 19일
개정판 발행 2022년 10월 31일

지은이 이종홍
펴낸이 방성열
펴낸곳 다산글방

출판등록 제313-2003-00328호
주소 서울특별시 마포구 동교로 36
전화 02-338-3630
팩스 02-338-3690
이메일 dasanpublish@daum.net
　　　 dasanpublish@naver.com
홈페이지 www.iebook.co.kr

ⓒ 이종홍, 2022, Printed in Korea
ISBN 979-11-6078-259-2 03810

* 이 책은 저작권법에 의해 보호받는 저작물이며, 저자와 출판사의 서면 허락 없
　이 내용의 전부 또는 일부를 인용하거나 발췌하는 것을 금합니다.
* 제본, 인쇄가 잘못되거나 파손된 책은 구입하신 곳에서 교환해드립니다.
* 책값은 뒤표지에 있습니다.